Ich erzähle meiner Frau

RÜCKBLICK

Autobiographische Materialien

Herausgegeben im Auftrag der
Volkskundlichen Kommission für Westfalen
Landschaftsverband Westfalen-Lippe
begründet von
Ruth-E. Mohrmann und Dietmar Sauermann

Band 5

Waxmann 2006
Münster / New York / München / Berlin

Jānis Jaunsudrabiņš

Ich erzähle meiner Frau

von der Flucht aus Lettland
und dem Exil in Westfalen

Aus dem Lettischen
von Ojārs J. Rozītis

Waxmann
Münster / New York / München / Berlin

Titel der lettischen Originalausgabe: Es stāstu savai sievai
Übersetzung mit freundlicher Genehmigung des
Lettischen Pressevereins e.V., Deutschland

Wir danken allen Spendern,
die die Übersetzung ermöglicht haben, u.a:
Integrationsministerium Lettlands
Lettische Gemeinschaft in Deutschland e.V.
Lettisches Centrum Münster e.V.

Bibliografische Information Der Deutschen Bibliothek
Die Deutsche Bibliothek verzeichnet diese Publikation in der
Deutschen Nationalbibliografie; detaillierte bibliografische
Daten sind im Internet über http://dnb.ddb.de abrufbar.

ISSN 1435-2664
ISBN 978-3-8309-1748-9

© der deutschsprachigen Ausgabe
Waxmann Verlag GmbH, 2006
Steinfurter Straße 555, 48159 Münster

www.waxmann.com
info@waxmann.com

Umschlaggestaltung: Pleßmann Kommunikationsdesign, Ascheberg
Titelfoto: Jānis Vinters, Münster
Lektorat: Martin Richter, Münster
Satz: Stoddart Satz- und Layoutservice, Münster
Gedruckt auf alterungsbeständigem Papier,
säurefrei gemäß ISO 9706

Inhalt

Einleitende Bemerkungen zur vorliegenden Ausgabe

Wer war dieser Jānis Jaunsudrabiņš, der sich wegen der leichteren Lesbarkeit seines Namens in deutschen Texten meist Jan(is) Jaunsudrabinsch schrieb? Seine Fluchtgeschichte von Lettland nach Westfalen wird hier erstmals in deutscher Sprache vorgelegt, nachdem das lettische Original schon 1951 in einem Exilverlag in Schweden erschienen war. – Weshalb lohnt es sich, 62 Jahre nach dem Beginn der Flucht diesen autobiographischen Text bei uns zu veröffentlichen?

Die Einleitung versucht, auf beide Fragen Antwort zu geben.

Nur die wenigsten Deutschen, die Jānis Jaunsudrabiņš im Exil begegneten, wussten, dass sich hinter dem weißhaarigen, freundlichen, aber wortkargen Mann Lettlands größter Dichter im Exil verbarg und ein bedeutender Maler dazu, immerhin einst ein Meisterschüler von Lovis Corinth.

Aus seiner Erscheinung hätte man schließen können, dass er einer großbürgerlichen oder einer Gutsbesitzerfamilie entstammte. Doch er wurde am 25. August 1877 in Nereta (Nerft) in Südlettland als Sohn eines Knechtes geboren. Sein Vater starb, bevor Jānis drei Jahre alt war. Seine Mutter Ieva verließ Nereta nicht, wechselte mit dem Kind aber auf den Hof Riekstiņi, wo auch ihre Eltern arbeiteten. Von 1880 bis 1886 wuchs Jānis Jaunsudrabiņš hier auf. Seine Kindheit war ärmlich und arbeitsreich, doch meist glücklich. Er hat das Leben auf dem Hof so intensiv in allen Einzelheiten, Stimmungen und Farben in sich aufgenommen, dass er es später in den 100 Geschichten seines bekanntesten Buches *Baltā grāmata (Das Weiße Buch)* wieder aufleben lassen konnte. Jeder Geschichte hat er eine Zeichnung beigegeben, die gleichgewichtig neben dem Text steht. Schon als Kind wurde er von allem Gedruckten und Gemalten magisch angezogen, doch schien der Weg zum Schriftsteller und Künstler damals noch unerreichbar fern. Von 1886 bis 1892 diente er als Hütejunge auf verschiedenen Höfen in Nereta; die Gemeindeschule konnte er nur im Winter besuchen. Seine Zeit als Hütejunge hat er in den 80 Geschichten von *Zaļā grāmata (Das Grüne Buch)* beschrieben, das erst in Westfalen fertiggestellt wurde und 1950/51 in einem Exilverlag in Schweden erschien. Doch auch andere Erzählungen und Romane leben aus diesen Jugendeindrücken, so zum Beispiel die bis heute sehr bekannte Romantrilogie *Aija*.

Seine besondere Begabung blieb nicht unbemerkt: 1893/94 wurde es ihm ermöglicht, Russisch und Deutsch zu lernen. Die Kenntnis beider Sprachen war damals im Baltikum Voraussetzung für jeden sozialen Aufstieg. Das Gebiet der heutigen baltischen Staaten gehörte zum russischen Zarenreich, und die Güter auf dem Lande wie die wirtschaftlich, kulturell und wissenschaftlich wichtigen Positionen in den Städten auf dem Gebiet der späteren Staaten Estland und Lettland waren noch überwiegend in deutschbaltischer Hand.

Der Bauernhof Riekstiņi in Nereta, in dem der kleine Jānis von 1880–1886 aufwuchs.

Die neuen Sprachkenntnisse ermöglichten es Jānis Jaunsudrabiņš, von 1895 bis 1897 eine Landwirtschaftsschule zu besuchen und anschließend bis 1899 als Verwalter auf deutschbaltischen Gütern zu arbeiten. In dieser Zeit begann er zu schreiben und als Autodidakt zu malen. Vor allem mit seinen Bildern fand er in seinem Bekanntenkreis so viel Anerkennung, dass er es wagte, schon 1899 die Verwaltertätigkeit endgültig aufzugeben und sich ganz der Kunst zuzuwenden. Bis 1903 studierte er an der Blumschen Zeichenschule in Riga, einer privaten Kunstschule. Als er 1901 seine Jugendliebe Līze Sproģe heiratete und 1902 die Tochter Lilija geboren wurde, konnte die junge Familie nur mit äußerster Sparsamkeit über die Runden kommen. Doch hatte er als Schriftsteller und Redakteur, besonders aber als Maler und Zeichenlehrer bereits einen gewissen Erfolg. Als dann noch ein Mäzen Geld zuschoss, konnte er Anfang 1905 seine erste Auslandsreise unternehmen, eine mehrwöchige Studienfahrt nach München. Viel wichtiger wurde für ihn, dass er 1908 mit Frau und Tochter nach Berlin fahren konnte, wo er zwei Semester bei Lovis Corinth Malerei studierte. Nachdem 1907 sein erster Roman *Vēja ziedi (Blüten des Windes)* erschienen war, wuchs in Lettland auch sein Ruhm als Schriftsteller rasch. In Knut Hamsun und Gerhart Hauptmann sah er seine Lehrmeister auf dem Weg zum eigenen Stil. – Seine wirtschaftliche Lage besserte sich zusehends, sodass er 1913 mit seiner Familie ein eigenes Haus mit Atelier und großem Garten in Pļaviņas (Stockmannshof) beziehen konnte.

Selbstportrait von Jānis Jaunsudrabiņš,
1926 in der lettischen Zeitschrift „Ilustrēts žurnals" erschienen.

Als im Ersten Weltkrieg die deutschen Truppen auf Kurland und Semgallen vor-
rückten, wurden Teile der Bevölkerung von den Russen „evakuiert". Von 1915 bis
Sommer 1918 lebte die Familie Jaunsudrabiņš in Baku im Kaukasus. Der erzwun-
gene Ortswechsel stimulierte bei Jānis Jaunsudrabiņš die Schaffenskraft: Er malte
und zeichnete im Kaukasus so viel wie selten zuvor, schrieb aber auch Romane
und Erzählungen mit kaukasischen Stoffen, auch noch in den Folgejahren, als er
wieder in Lettland war.

In den zwanziger Jahren war Jānis Jaunsudrabiņš zum meistgelesenen Schriftsteller Lettlands avanciert. – In dieser Zeit unternahm er mit seiner Familie auch
große Europa-Reisen, die ihn 1924 bis 1927 nach Deutschland, Belgien, in die
Schweiz, nach Frankreich und Monte Carlo führten, dann nach Italien, vor allem

nach Capri, wo er den Winter 1926/27 verbrachte. Lilija lernte dort den aus Bielefeld stammenden Studenten Willi Stöppler kennen, der ihr Mann wurde. Die Ehe Lilijas mit Stöppler sollte in mehrfacher Hinsicht bedeutsam werden für Jānis Jaunsudrabiņš Rezeption im deutschsprachigen Raum, vor allem aber für seine Exiljahre in Westfalen.

Leider kann hier auf das reiche literarische und malerische Werk vor 1944 nicht näher eingegangen werden, das trotz familiärer Probleme entstand: Seine geliebte Frau Līze starb schon 1921. 1922 heiratete er Elza Zīverte. Die Ehe wurde mit den Jahren immer schwieriger, sodass Jānis Jaunsudrabiņš 1935 fluchtartig Pļaviņas verließ. Nach der Scheidung heiratete er 1938 Frīda Balode und zog mit ihr in ein eigenes Haus mit großem Garten in Ropaži (Rodenpois). Der Tod Frīdas beendete schon nach einem Jahr diese glückliche Verbindung. Erst 1941 heiratete Jānis Jaunsudrabiņš ein viertes Mal: Natālija (Nate) Valdmane, die später auch Flucht und Exil mit ihm teilte und ihn um fast vierzehn Jahre überlebte.

Ab 1939 griff die große Politik massiv auch in das Leben von Jānis Jaunsudrabiņš ein. Im Hitler-Stalin-Pakt hatten die beiden Diktatoren am 23. August 1939 Ostmitteleuropa unter sich aufgeteilt. Dabei waren Estland und Lettland (am 28. September 1939 auch Litauen) Stalins Interessensphäre zugeschlagen worden. Im Juni 1940 okkupierte daraufhin die Sowjetunion das Baltikum. Sie versuchte anfangs, die Bevölkerung zu beruhigen und versprach, die kulturelle Autonomie Lettlands ebenso zu achten wie die Eigenständigkeit der Bauern, der kleinen Gewerbetreibenden und des Handels. Jānis Jaunsudrabiņš stand dem Wechsel, den die Sowjetherrschaft brachte, zu Anfang nicht nur ablehnend gegenüber. Denn als freiheitlicher Sozialist hatte er zur Herrschaft von Kārlis Ulmanis immer Abstand gehalten, der vor dem Einmarsch der Sowjets Lettland seit 1934 autokratisch regiert hatte. Jānis Jaunsudrabiņš glaubte den Versprechungen der Invasoren und trat sogar dem sowjetlettischen Schriftstellerverband bei. Doch die sehr bald einsetzende Gleichschaltung in allen Bereichen, vor allem aber die willkürlichen Verhaftungen, Deportationen und Liquidationen unter der lettischen Intelligenz und den anderen Führungsschichten, trieben ihn zur entschiedenen Opposition, sodass er Publikationsverbot erhielt. Nur der Beginn des Krieges zwischen Deutschland und der Sowjetunion im Sommer 1941 mit der raschen Eroberung Lettlands durch deutsche Truppen bewahrte ihn vor der Deportation nach Sibirien oder noch Schlimmerem.

Jānis Jaunsudrabiņš ist nie ein Anhänger der nationalsozialistischen Eroberungspolitik gewesen, die ja auch die Souveränität und Selbstbestimmung Lettlands missachtete. Doch als die Sowjetunion seit dem Herbst 1944 Lettland zurückeroberte, sah er sich gleich unzähligen seiner Landsleute zur Flucht gezwungen.

Am 3. Oktober 1944 verließen Jānis und Nate Ropaži. Jānis war damals 67 Jahre und Nate über 56 Jahre alt. Ihr Fluchtgepäck hatten sie auf einem leichten zweirädrigen Kutschwagen verstaut. Über den Weg und die Umstände ihrer Flucht berichtet das vorliegende Buch. Es beschreibt zunächst den abenteuerlichen

Jānis Jaunsudrabiņš malt (1953).

Weg nach Riga und die Überfahrt mit einem Flüchtlingsschiff nach Danzig-Neu-fahrwasser. Von dort fuhren sie mit der Bahn nach Bielefeld. Sie hofften, bei den Eltern ihres Schwiegersohnes bleiben zu können, die aber kurz vorher völlig ausge-bombt worden waren.

Mit der Ankunft in Bielefeld begann ihr Exil in Westfalen. Die verschie-denen Stationen und ihre Daten waren: 09.–11.10.1944 Bielefeld, 11.10.1944–27.07.1945 Bünde, 27.07.–29.09.1945 Werfen, 29.09.1945–17.04.1948 Greven und 17.04.1948–28.08.1962 Körbecke am Möhnesee. Die Darstellung endet gut ein Jahr nach dem Umzug nach Körbecke.

Millionen Menschen sind damals aus dem Osten geflohen, meist Deutsche, aber auch über zweihunderttausend Letten. Sehr viele von ihnen haben Schreckli-cheres erlebt und eine schlimmere Flüchtlingszeit gehabt als das Ehepaar Jaunsu-drabiņš, aber die wenigsten von ihnen haben das Erlebte so eindrücklich zu schil-

11

dern gewusst wie Jānis Jaunsudrabiņš. Er ist ein engagierter und gleichzeitig auch distanzierter Beobachter, nicht ohne (Galgen-)Humor. Der Maler verrät sich in der sehr präzisen und farbigen Art, die Dinge zu sehen und darzustellen. Die Direktheit, mit der Handlungen und Personen, die beim Erscheinen des Buches ja zumeist noch lebten, dargestellt und beim Namen genannt sind (nur in Ausnahmefällen hat Jānis Jaunsudrabiņš sie durch Pseudonyme geschützt), mag damals manche schockiert haben. Doch inzwischen liegen die geschilderten Ereignisse so lange zurück, dass auch persönliche und kritische Bemerkungen keinen mehr verletzen können. Da das Werk über die letzten Kriegsmonate in Bielefeld und Bünde, die Wirren dort vor und unmittelbar nach Beginn der britischen Besetzung und die ersten Nachkriegsjahre in Bünde, Werfen, Greven und Körbecke berichtet, ist es auch für die Geschichte Westfalens in jenen Jahren sehr wichtig. Das Besondere ist die Perspektive des Ausländers, der dem einzelnen Deutschen ohne Vorbehalte begegnet. Natürlich spricht Jānis Jaunsudrabiņš auch ausführlich über die Schicksale anderer Letten in Westfalen und die Anfänge einer Selbstorganisation der Flüchtlinge, bis hin zum Leben im Lager Greven.

Der Originaltitel „Es stāstu savai sievai" („Ich erzähle meiner Frau") sagt noch nichts über den Inhalt des Buches aus. Wie es zu dieser Titelwahl kommt, erfahren wir aus der Einleitung des Autors: „,Erzähl doch etwas Lustiges‘, fleht mich meine Frau an, als wir in unserem Nest zusammensitzen und die Nähe des anderen suchen, unter ganz fremden Leuten, der Heimat fern. ,Ich möchte so gerne einmal von ganzem Herzen lachen.‘ ,Gut‘, entgegne ich, ,ich werde dir erzählen, wie wir einst unser Zuhause verließen …‘" Verständlich, dass Nate darauf antwortet: „,… ich kann mich nicht erinnern, auf unserer Fahrt etwas Lustiges erlebt zu haben.‘ ,… man kann weiß Gott nicht sagen, es sei unmöglich, mit etwas gutem Willen sogar unter ziemlich widrigen Umständen auf Heiteres zu stoßen.‘" Da bleibt Nate nur noch der Kommentar: „Ich bin neugierig darauf zu erfahren, wie man aus einer Zwiebel Marmelade kochen kann."

Wer nach diesem Vorspruch eine Humoreske erwartet, wird enttäuscht. Auch diese Flucht ist „nichts zum Lachen". Doch im Rückblick und aus der Distanz kann für einen souveränen Geist wie Jānis Jaunsudrabiņš auch noch im Schweren und Bitteren Situationskomik aufleuchten, und manche Widrigkeiten lassen sich nur mit Galgenhumor ertragen. – Wie grotesk ist zum Beispiel die Situation, als das Ehepaar Jaunsudrabiņš sein Gepäck auf dem zweirädrigen Kutschwagen verstaut hat und sich anschickt, die 30 Kilometer lange Strecke von Ropaži bis ins Zentrum Rigas zu Fuß zu bewältigen, trotz Regen und Wind. Jānis spannt sich als Pferd ein, und Nate schiebt, ein Unterfangen, das entschieden über beider Kräfte geht. Schließlich nimmt sich ein bramarbasierender Fuhrmann und Schwarzhändler ihrer an und erlaubt, dass sie ihren Wagen an seinem anbinden. Als „Lohn" erhält er ihren eleganten Wagen. Vergleichbare Erlebnisse schildert Jānis Jaunsudrabiņš auf allen weiteren Flucht- und Exilstationen, zum Beispiel die Begegnung mit reichen Lebensmittelhändlern aus Riga, die auf dem Flüchtlingsschiff tafeln, als wenn sie auf einer Lustpartie und nicht auf der Flucht wären.

Es dürfte den Tatsachen entsprechen, wenn Jānis immer wieder anschaulich schildert, dass die mehr als zehn Jahre jüngere Nate ihm nicht nur an Durchhaltevermögen, sondern auch in der realistischen Beurteilung von Situationen, vor allem aber im Umgang mit fremden Menschen und mit Behörden überlegen ist.

Die Fluchtgeschichte ist so geschrieben, dass selbst der deutsche Leser des 21. Jahrhunderts kaum eines Kommentars bedarf. Da viele Letten mit Namen genannt werden, wurde bei bekannteren vom Übersetzer eine kurze Erläuterung hinzugefügt, vor allem um deutlich zu machen, wie viele Angehörige des lettischen Kulturlebens, der Wirtschaft und der Politik neben anderen Bürgern damals ihr Land verlassen mussten. Ein paar Worte seien noch zu dem DP- (Displaced Persons-)Lager in Greven gesagt, in dem Jānis und Nate zweieinhalb Jahre verbrachten: Die westlichen Siegermächte hatten sich schon ab April 1945 bemüht, nach Deutschland geflohene Letten, Esten und Litauer in Lagern zusammenzufassen, um sie besser versorgen, aber auch kontrollieren zu können. Die meisten Exilanten standen diesen Plänen zunächst positiv gegenüber, da sie sich auf das Zusammenleben mit Landsleuten freuten und hofften, dass sich ihre Lage insgesamt bessern werde. Bald gab es in den Westzonen Deutschlands Dutzende solcher Lager. Unterhalten wurden sie von der United Nation Relief and Rehabilitation Administration (UNRRA), die ab dem 1. Juli 1947 von der Internationalen Flüchtlingsorganisation IRO abgelöst wurde.

Das Ehepaar Jaunsudrabiņš hatte sich für das Lager in Greven entschieden, weil Landsleute, die dort schon lebten, sie überredet und die Wohn- und Lebensverhältnisse positiv dargestellt hatten. „Für Sie ist ein Zimmer vorgesehen, das in vollständiger Ordnung hergerichtet sein wird." – In Greven hatten die Engländer im April 1945 einen ganzen Ortsteil räumen lassen, in dem zunächst Zwangsarbeiter, vor allem Polen und Russen, untergebracht wurden. Nachdem zuerst die Russen – oft sehr gegen ihren Willen – „repatriiert", das heißt der Roten Armee übergeben worden waren, verließen seit dem Sommer 1945 auch die Polen zunehmend Greven. In die frei gewordenen Zimmer rückten Flüchtlinge aus dem Baltikum nach, vor allem Letten. Ende 1946 lebten im DP-Lager Greven 2 275 Letten, 1 100 Litauer, 406 Esten, 594 Polen und 10 Angehörige anderer Nationalitäten.

Was Jānis und Nate Jaunsudrabiņš in Greven vorfanden, stand freilich in krassem Widerspruch zu den Ankündigungen. Mit Sarkasmus beschreibt Jānis Jaunsudrabiņš, wie sie ein von den polnischen Vorgängern total ausgeräumtes Zimmer vorfanden, in dem nicht nur alle zugesicherten Möbel fehlten, sondern selbst Rolladengurte, Schalter, Steckdosen, Lampenfassungen an der Decke, Türschlösser und -klinken. Solange nichts abzuschließen war, konnten nie beide gleichzeitig das Zimmer verlassen.

Die Möglichkeit, in ein vom Stalinismus befreites Land zurückkehren zu können, war inzwischen in unabsehbare Ferne gerückt, und so musste Jānis Jaunsudrabiņš mit fast 69 Jahren eine Stellung antreten, um Geld zu verdienen. 1946 wurde er Lehrer für Zeichnen und übernahm in den beiden Oberklassen auch den Unterricht für Kunstgeschichte in der Lettischen Lagerschule bzw. dem Lettischen Gymnasium, die für Kinder aus dem DP-Lager eingerichtet wurden. Für die baltischen Schulkinder fehlten zunächst alle Schulbücher. Jānis Jaunsudrabiņš löste das Problem in seinem Fach dadurch, dass er das Lehrbuch selbst schrieb: *Īsa mākslas vēsture (Kleine Kunstgeschichte)* erschien 1947 in einem Exil-Verlag in Halle/Westf. – 1946 übernahm J. J. den Literaturteil der Lagerzeitung *A. Z., Grēvenes Latviešu nedēļas laikraksts (Grevener lettisches Wochenblatt).* Die Zeitung stellte am 03.08.1946 ihr Erscheinen ein. Anfangs arbeitete er auch noch für das Nachfolgeblatt *Grēvenes ziņas (Grevener Nachrichten).* Viel wichtiger für ihn war aber, dass seit 1946 ein Netz von meist kleinen lettischen Exilverlagen entstand, zunächst in den Westzonen Deutschlands, aber auch in anderen Ländern, die eine größere Zahl lettischer Exilanten aufgenommen hatten. – In diesen Verlagen sind seit 1946 viele Titel von Jānis Jaunsudrabiņš erschienen, sowohl Neuauflagen von Arbeiten aus lettischer Zeit als auch eine Reihe von Erstausgaben. Allein von den Exilverlagen der deutschen Westzonen wurden von 1946 bis 1948 mindestens 18 Bücher von Jānis Jaunsudrabiņš publiziert. Außerdem erschienen in der lettischen Exilpresse Deutschlands und anderer westlicher Länder zahlreiche Artikel von ihm.

Zwischen 1948 und 1951 lösten die Alliierten die Lager in Westdeutschland auf, und mehr als 85 % der Letten wanderten aus, viele in die USA, nach Kanada, Australien, Schweden, Dänemark oder Großbritannien. Jānis Jaunsudrabiņš und seine Frau wurden eingeladen, mit einer Gruppe von Landsleuten nach England zu gehen. Er entschied sich aber, in Deutschland zu bleiben. Neben seinem Alter und seinem lebhaften Wunsch nach Unabhängigkeit mag für seine Wahl von Bedeutung gewesen sein, dass er Deutschland und die deutsche Sprache schon recht gut kannte (seine Frau sprach ebenfalls gut deutsch), vor allem aber, dass seine Tochter und sein Schwiegersohn in Westfalen lebten. – Des Lager-Ghettos war Jānis Jaunsudrabiņš längst überdrüssig. Er sehnte sich nach einem einsamen, landschaftlich schön gelegenen Häuschen. Durch Vermittlung des Schwiegersohns gelang es schließlich, sich in Körbecke (heute Teil der Gemeinde Möhnesee) auf dem damals noch einsamen Südufer des Möhnesees in einem Ferienhäuschen einzumieten, das allerdings die Schönheitsfehler hatte, nur unzureichend beheizbar zu sein und damals noch keinen Wasser- und Stromanschluss zu besitzen. Obendrein war es anfangs mit zwei weiteren Parteien belegt. – Trotz aller Unzulänglichkeiten ist Jānis Jaunsudrabiņš diesem von ihm *Mēnesnīca* (Mondscheinhaus) genannten Quartier bis an sein Lebensende treu geblieben, weil ihn in der Landschaft manches an Lettland erinnerte und der Möhnesee mit seinen Zuflüssen ein Anglerparadies zu sein schien. Seit seiner Jugend war er ein passionierter Angler. Eine Angel hatte zu seinem Fluchtgepäck gehört; mit ihr hat er an allen Exilstationen seine oft dürftigen Mahlzeiten aufgebessert.

Die meiste Post in Körbecke bekam durchweg Jānis Jaunsudrabiņš (1952).

Mit der grotesk-komisch geschilderten Übersiedlung des Ehepaars Jaunsudrabiņš von Greven nach Körbecke und der unerwartet kritischen Aufnahme dort endet der Hauptteil des Buches. Es folgen noch zwei Anhänge: Zunächst die beiden frühesten Erzählungen, die den Möhnesee und seine Umgebung zum Thema haben. Den Abschluss bildet dann ein (wieder fiktives) Streitgespräch zwischen Jānis und Nate, in dem Nate ihrem Mann vorwirft, über deutsche Menschen oft zu kritisch zu sprechen. Jānis bringt Gegenbeispiele und weist auf gute Deutsche und – mit einem Seitenhieb auf einige lettische Exilverleger – üble Letten hin. Ein kontroverses Gespräch der Eheleute hat das Buch eröffnet und beschließt es nun auch. Diesmal ist der Disput aber grundsätzlicher als am Beginn. Und doch endet das Buch elegisch-versöhnlich: „Unter den Fenstern des Mondscheinhauses blühen wie in Ropaži und einst in Pļaviņas Gladiolen, Astern und auf jeden Fall Ringel- und Studentenblumen. Auf der Südseite des Hauses habe ich zwei Pfirsich- und zwei Pflaumenbäume gepflanzt. Einer der Pflaumenbäume trug in diesem Sommer schon vier Früchte. Wir haben auch eigene Tomaten, Erbsen und Sonnenblumen. … Von allem, allem haben wir genug. Nur die Heimat fehlt uns."

Das Ehepaar Jaunsudrabiņš hat im „Mondscheinhaus" mehr als vierzehn Jahre gelebt. Jānis Jaunsudrabiņš war auch in dieser Zeit als Maler wie als Schriftsteller tätig. Das größte – nie endende – schriftstellerische Werk wurde aber seine Korrespondenz. Er war im Exil für unzählige Letten in aller Welt Herz und Hirn, ja Inbegriff eines unzerstörbaren freien Lettlands geworden. Dem Journalisten Albert Dalhoff, der ihm im Alter besonders nahe stand, hat er 1961 gesagt, dass er damals (also mit 84 Jahren) noch mit etwa 130 Landsleuten korrespondierte. Hinzu kamen etwa 20 deutsche Briefpartner. An sie schrieb er natürlich in deutscher Sprache, manchmal vier Seiten und mehr, für ihn ein besonders anstrengendes und zeitraubendes Unterfangen.

Von Landsleuten wurde Jānis Jaunsudrabiņš am Möhnesee von Anfang an regelmäßig besucht. Internationale Ehrungen blieben nicht aus. So wurde er vor seinem 75. Geburtstag in Stockholm vom Internationalen PEN-Club für sein Lebenswerk geehrt. Ab Herbst 1952 entdeckten dann auch die Deutschen endlich, dass der am Möhnesee wohnende Emigrant mehr war als ein Fischer und Gartenfreund. Die Regionalpresse wurde auf ihn aufmerksam, brachte Artikel über ihn und druckte Erzählungen von ihm in deutscher Übersetzung. Besonders beliebt waren Kindheitserinnerungen aus dem *Weißen Buch*, aber auch in Westfalen entstandene Erzählungen und Betrachtungen.

Ein weiterer wichtiger Schritt in die deutsche Öffentlichkeit war, dass ihn im Herbst 1954 der Schriftsteller Erwin Sylvanus im „Mondscheinhaus" besuchte und darüber Anfang 1955 einen ausführlichen, begeisterten und begeisternden Artikel im *Westfalenspiegel* veröffentlichte. Gründer und Herausgeber des *Westfalenspiegels*, der Zeitschrift des Landschaftsverbandes Westfalen-Lippe, war Clemens Herbermann, der Jānis Jaunsudrabiņš bald sehr zugetan war und sich für ihn einsetzte. Er lud ihn im März 1955 zum ersten Westfälischen Dichtertag nach Marl ein und auch zum zweiten Dichtertag, der im April 1956 in Schmallenberg stattfand. Damals kam es zu jenem höchst emotionalen und leidenschaftlichen Disput über „westfälische Literatur" und den Heimatbegriff, der als „Schmallenberger Dichterstreit" in die Literaturgeschichte eingegangen ist. Jānis Jaunsudrabiņš hat in die Auseinandersetzung sehr behutsam, aber auch eindeutig eingegriffen. Für ihn war Heimat entschieden mehr als ein Verwaltungsbezirk, es war der Wurzelgrund seiner Existenz, auch seiner künstlerischen. Noch in einem Telegramm zu Jānis Jaunsudrabiņš 85. Geburtstag, das Herbermann dem todkranken Dichter ins Soester Marienhospital schickte, bekannte er: „Dankbar erinnere ich mich unserer Begegnungen und Ihrer weisen Haltung auf den westfälischen Dichtertreffen in Marl und Schmallenberg."

Die wirtschaftliche Lage des Ehepaars Jaunsudrabiņš war meist sehr dürftig, sodass es auf das bescheidene Honorar, das westfälische Zeitschriften und Zeitungen für die Geschichten zahlten, angewiesen war. Aber es ging Jānis Jaunsudrabiņš dabei nicht nur ums Geld. Er hatte in Westfalen im hohen Alter noch mit einigen deutschen Literaten Freundschaft geschlossen und las natürlich ihre Neuerscheinungen. Aber wer konnte etwas von ihm lesen, Bücher, die er im Exil geschrieben hatte, oder einen älteren Roman, eine der sorgsam komponierten Erzählungssammlungen? Sich nur mit gelegentlichen Geschichtchen in der Presse darstellen zu können, war bei seinem Rang zu wenig. So ließ er (wohl meist auf seine Kosten!) neben den kurzen Erzählungen auch längere Prosatexte übersetzen, sogar ein Drama, vor allem aber drei Romane. Doch nichts fand bei den Verlagen

Gnade. Das lag meist nicht an den Originaltexten, aber auch nicht allein an mangelnder Sensibilität oder Risikobereitschaft der Verlage, sondern ganz wesentlich an der Qualität der Übersetzungen, wobei Jānis Jaunsudrabiņš auf seinen Schwiegersohn und eine deutschbaltische Autorin angewiesen war. Jānis Jaunsudrabiņš selbst hat mehrere deutsche Texte ins Lettische übersetzt, er konnte sich mündlich und brieflich gut auf Deutsch verständigen, doch leider reichte es nicht, um seine eigenen Texte adäquat ins Deutsche zu übertragen.

1956 wurde in Sowjetlettland das Publikationsverbot für Jānis Jaunsudrabiņš aufgehoben. Mehrere seiner Werke erschienen in hohen Neuauflagen. Das korrekt abgeführte Autorenhonorar hätte ihn zum reichen Mann, ja fast zum „Rubelmillionär" gemacht, wenn er wiederholten Aufforderungen gefolgt und nach Lettland zurückgekehrt wäre. Er aber zog ein Leben in vergleichsweiser Armut der Rückkehr in ein ihm durch die Sowjetdiktatur völlig entfremdetes Land vor.

Am 28. August 1962 (drei Tage nach seinem 85. Geburtstag) starb Jānis Jaunsudrabiņš in einem Soester Krankenhaus, am 1. September war die Beisetzung in Körbecke. Die Trauerfeier zog sich über Stunden hin. Letten aus dem In- und Ausland waren gekommen, aber auch viele deutsche Freunde. Clemens Herbermann sprach am Grabe: „Es war die Verwandtschaft des Geistes, die so schnell die Brücke der Freundschaft schlug."

In dem Doppelgrab von Jānis Jaunsudrabiņš wurden auch die Tochter Lilija († 13.12.1967) und die Gattin Natālija († 07.06.1976) beigesetzt. Alle drei hatten gewünscht, wenn Lettland wieder frei sein sollte, in die Heimaterde umgebettet zu werden. 1997 fand die Überführung statt. Im Dom zu Riga wurde am 13. September in Anwesenheit des lettischen Staatspräsidenten ein feierliches Totenamt durch den evangelisch-lutherischen Erzbischof zelebriert.

Jānis Jaunsudrabiņš hat im Exil mit seinen westfälischen Freunden europäische Integration vorgelebt, als dies noch die große Ausnahme war. Zum Abschluss ein Zitat aus *Maza runa (Kleine Rede)*, die er anlässlich der Feier seines 80. Geburtstages vor Letten aus aller Welt und vielen prominenten westfälischen Gästen auf Lettisch und Deutsch in Münster gehalten hat: „Herzlichen Dank dem zweiten Lande nach Lettland – Westfalen. Ich freue mich, dass ich in dieser mit Naturschönheiten so gesegneten Landschaft Unterschlupf gefunden habe. Und wenn ich Orte und Personen näher nenne, sage ich Dank dem Dorfe Körbecke, das mich in sein Einwohnerverzeichnis aufgenommen und mir in letzter Zeit auch die Existenz erleichtert hat. Großen Dank der Sippe Ostermann für das mir überlassene bequeme Obdach in ihrem Wochenendhaus am Möhnesee. Dieser See bereitet mir besondere Freude, denn er erinnert mich an Lettlands größten Fluss, die Düna oberhalb von Dünaburg. Dank den westfälischen Kollegen, die mich ganz als den Ihren in ihrer Mitte aufgenommen haben. Dank der Presse, die mich und damit auch den Namen meines Volkes dann und wann hervorgehoben hat."

Wolfhard Raub

Jānis und Nate Jaunsudrabiņš am 25. August 1947 im Lager Greven,
als Jānis Jaunsudrabiņš siebzig Jahre alt wurde.

Notizen zu dieser Übersetzung

Der Übersetzer hat sich nicht nur bemüht, einen gut lesbaren deutschen Text zu bieten, sondern ist gleichzeitig dem Wortlaut des Originals so genau wie möglich gefolgt. Leider wurde dies dadurch erschwert, dass die 1951 im Exilverlag *Ziemeļblāzma* in Schweden erschienene lettische Erstausgabe sehr nachlässig und fehlerhaft gesetzt wurde. Offensichtlich hat vor dem Druck weder der Autor noch ein Lektor Korrektur gelesen. Bei den Fehlern handelt es sich nicht nur um „normale" Setzfehler, sondern Wörter können so verdreht gedruckt sein, dass sich nur noch erraten lässt, was in der Vorlage stand. Gelegentlich fehlen sinntragende Wörter, ja halbe Sätze, oder der Setzer hat ihm unverständliche Wendungen verschlimmbessert. Vom Übersetzer waren hier besonderes Einfühlungsvermögen und Fingerspitzengefühl gefordert. Auf einzelne, besonders krasse setzerische Fehlleistungen verweist die Übersetzung in den Fußnoten. In fünf Fällen hat sich der Übersetzer entschlossen, absolut unverständliche Satzteile – in der Regel kaum mehr als drei, vier Worte – ganz auszulassen. Ein im Original offensichtlich fehlender Halbsatz ist in der Übersetzung sinngemäß ergänzt worden, die entsprechende Stelle ist durch eckige Klammern und eine Fußnote ausgewiesen.

Zu den Orts-, Straßen- und geographischen Namen Lettlands in dieser Übersetzung: Jānis Jaunsudrabiņš hat in den zu seinen Lebzeiten auf Deutsch erschienenen Texten immer die bei den Deutschbalten üblichen Namen gewählt. Jetzt bringt der Übersetzer von *Es stāstu savai sievai* bei der erstmaligen Nennung eines Namens zuerst die lettische Form und in eckigen Klammern die deutsche Entsprechung, bei weiteren Nennungen dann nur den lettischen Namen. Eine Ausnahme macht Riga, wo generell die deutsche Schreibung gewählt wurde.

Derselbe Familienname hat im Lettischen unterschiedliche Endungen, je nachdem, ob ein Mann oder eine Frau gemeint ist. Männernamen enden so gut wie immer auf -s oder -š, Frauennamen auf -e oder -a: Die Frau von Herrn Norvilis heißt also Norvile, und Frau Lapiņa ist verheiratet mit Herrn Lapiņš. Wo eine Familie oder Ehepartner gemeint sind – im Sinne von „die Müllers" oder „Schmidts" – wurde in der Übersetzung die männliche Form verwendet.

Jaunsudrabiņš hat in seinem lettischen Text gelegentlich fremdsprachliche, vor allem deutsche Wörter und Begriffe verwendet. Diese wurden natürlich in die Übersetzung übernommen und durch Kursivdruck hervorgehoben.

Glücklicherweise stand dem Übersetzer die „Bibel" der lettischen Sprache zur Verfügung, das *Lettisch-deutsche Wörterbuch* von K. Mīlenbachs und J. Endzelīns – und nicht selten stieß er in den Belegstellen auf den Namen von Jānis Jaunsudrabiņš, was auch einiges über die sprachgeschichtliche und -schöpferische Bedeutung dieses Schriftstellers aussagt. Das erwähnte Nachschlagewerk erwies sich als unentbehrlich; so manche Passage von *Es stāstu savai sievai* ließ sich erst nach einem Blick in das dort verzeichnete geschichtliche oder regionale Material adäquat übertragen. Doch gab es auch Fälle, in denen der Übersetzer zusätzlichen Rat einholen musste.

So klärte ihn Frau Dr. Magdalene Huelmann vom Institut für Interdisziplinäre Baltische Studien an der Westfälischen Wilhelms-Universität Münster über ein litauisches Nationalgericht auf. Māra Miķelsone, hauptberuflich stellvertretende Chefredakteurin der größten lettischen Tageszeitung *Diena*, half bei einigen russischen Phrasen aus. Frau Dr. Ludmila Višņevska, Leiterin der Datenbank am Nationalen Botanischen Garten Lettlands, teilte ihr Wissen über Haseln und historische Rosensorten mit. Für den zuletzt genannten Punkt konnte als Quelle überdies Frau Dzidra Rieksta gewonnen werden, die als angesehenste Rosenzüchterin des Landes gilt.

Besonderer Dank gebührt jedoch zwei weiteren Mitmenschen. Zum einen Herrn Dr. Wolfhard Raub, Bibliotheksdirektor a. D. Es ist nämlich mehr als fraglich, ob ohne sein Engagement dieses Projekt überhaupt zustande gekommen wäre. Nicht nur, dass er es angestoßen hat – er hat es auch über Jahre begleitet, betreut und durch alle Untiefen gesteuert. Dank seiner Beharrlichkeit fanden sich für diese Übersetzung auch finanzielle Mittel. Dr. Raub scheute auch nicht die Mühe, eine frühere Fassung des Manuskripts sorgfältig gegenzulesen; die daran anschließenden Diskussionen waren auf jeden Fall anregend und für den letzten Schliff erhellend.

Zum anderen Lāsma Rozīte, der Frau des Übersetzers. Besonders in den letzten Monaten wurde sie zu einem ausgesprochenen Jaunsudrabiņš-Opfer. Ihr Los lässt sich dabei am besten in die Worte kleiden, die sich in der Danksagung zu einem englischsprachigen Werk finden: „who had to put up with all this", will heißen: „die sich mit all dem abfinden musste". Sie hat es zweifelsohne getan, wenn auch nicht ohne Protest, so, wenn der Übersetzer wieder einmal eine gemeinsame Unternehmung absagte: „Du verstehst doch, die *Es-stāstu-savai-sievai*-Übersetzung …" Aber letztlich hat sie ihm in kritischen Phasen stets den Rücken freigehalten – und insofern ist der nachfolgende Text, wie es sich in einer ordentlichen Ehe gehört, auch ein Stück Gemeinschaftsarbeit.

Ojārs J. Rozītis

Dort wird das Lachen furchtbar teuer
Wenn alles verzehrt ist vom Feuer.
(Ein altes Kirchenlied)

Einleitung

Es gibt Zeiten, in denen man wenig zu lachen hat. Deshalb spüren die Menschen besonders in diesen Zeiten das Verlangen zu lachen. – Da tappt zum Beispiel ein Kind durchs grüne Gras, strauchelt, plumpst mit ausgestreckten Händen auf den Po – und lacht. Es kommen zwei Jungen aus der Schule, reißen einander die Mütze vom Kopf und prusten lauthals los, als wäre es der allergrößte Witz. Es kommen Mädchen vorbei, halten an, sehen die Jungen und lachen mit ihnen. Und ein Greis fühlt sich wohl, wenn ein Lachen seine Mundwinkel nach oben zieht. Alle möchten lachen um des Lachens willen. – „Komm, lass uns ins Kino gehen und lachen!", sagt jemand zu seinem Freund am Sonntagnachmittag. So ziehen sie los und hoffen, dass sie den Film zu Ende sehen können, bevor der Fliegeralarm einsetzt.

„Erzähl doch etwas Lustiges", fleht mich meine Frau an, als wir in unserem Nest zusammensitzen und die Nähe des anderen suchen, unter ganz fremden Leuten, der Heimat fern. „Ich möchte so gerne einmal von ganzem Herzen lachen."

„Gut", entgegne ich, „ich werde dir erzählen, wie wir einst unser Zuhause verließen, irgendwo dort im Osten."

„Schön", stimmt meine Frau zu, „dann werde ich sehen, wie viel Wahrheit du in deine Geschichten packst und wie viel du hinzudichtest. Und sei mir nicht böse, wenn ich dir ins Wort fallen oder dich gar korrigieren werde, solltest du zu sehr von der Wahrheit abweichen. Denn ich bin bis nach Riga keinen Schritt von deiner Seite gewichen. Doch das eine muss ich schon vorab sagen – ich kann mich nicht erinnern, auf unserer Fahrt etwas Lustiges erlebt zu haben."

„Vielleicht hast du dich nicht daran erinnern wollen. Kummer drängt sich von alleine auf, Freude aber muss man suchen, sogar kaufen. Und man kann weiß Gott nicht sagen, es sei unmöglich, mit etwas gutem Willen sogar unter ziemlich widrigen Umständen auf Heiteres zu stoßen. Keine Beerdigung kommt ohne ein bestimmtes Maß Witze aus, sonst würde ja niemand kommen, um dem armen Verblichenen das letzte Geleit zu geben, insbesondere, wenn er eines natürlichen Todes gestorben ist. Diese Wahrheit ist doch schon sprichwörtlich."

„Nun erzähl schon mal, ohne lange Umschweife. Ich bin neugierig darauf zu erfahren, wie man aus einer Zwiebel Marmelade kochen kann."

„Ja. Und das stimmt überhaupt nicht, dass du keinen einzigen Schritt von meiner Seite gewichen wärst. Erinnerst du dich denn nicht mehr, wie ich mich zum Schluss dermaßen überanstrengt hatte, dass ich mich wie Hans im Glück fühlte, als ich an der Endstation der Čiekurkalna-[Schreyenbusch-]Linie den Straßenbahnwagen erblickte? Damals bliebst du auf der Landstraße allein zurück."

„Das habe ich nicht vergessen. Aber da hatten wir, so scheint mir, allen Kummer bereits hinter uns gebracht."

„Du kommst stets auf Kummer zu sprechen."

„Das kann man doch nicht einen Anlass zur Freude nennen, wenn jemand sagt, – ich hatte mich überanstrengt. Etwas, was einem Witz nahekommt, trug sich ganz zum Schluss zu, in der Wohnung der Patentante, beim Abendbrot. Aber wir werden sehen, wie du das aufgefasst hast."

„Danke für den Hinweis. Also beginne ich jetzt mit dem Erzählen."

„Ich werde geduldig zuhören."

Abschied von der Heimat

1.

Es war der Zweite Weltkrieg. Wir mussten innerhalb einer Stunde den Ort verlassen, wo wir jahrelang gelebt hatten. Die Zeit, die man uns für ein derart bedeutendes Unterfangen belassen hatte, war kurz bemessen. Du bliebst in der Küche, die uns noch als Ess-, Schlaf- und auch Wohnzimmer verblieben war und legtest dieses und jenes zusammen, und ich machte mich auf den Weg zum unweit gelegenen Haus des Chaussee-Wartes, um den Wagen zu holen. Denn einen Fuhrmann zu suchen wäre vergebliche Liebesmüh gewesen, zumal wir fürs Bezahlen weder Butter noch Fleisch noch Schnaps oder Papyrossi[1] zur Verfügung hatten.

Der Chaussee-Wart war einer unserer besten Nachbarn. Mir persönlich war er in mancher Hinsicht sogar Freund und zugleich auch Feind, weil wir beide in der Krievupīte [wörtlich: Russenflüsschen] Nachthaken für Quappen auslegten und darauf hofften, auch mal einen Aal zu fangen. Bei diesem Nachbarn war vor einigen Tagen der Schwager aus Ogre [Oger] eingetroffen, man wollte sich von hier aus gemeinsam auf die Flucht nach Kurzeme [Kurland] machen. Den Weg hierher hatte er in einem leichten Federwagen zurückgelegt, in dem kaum zwei Menschen Platz nehmen konnten. Aber nun waren sie zusammen mit den Kindern sechs Personen und jede Menge Gepäck. Schließlich glückte es ihnen aber, ein echtes Rigaer Lastfuhrwerk aufzutreiben, und als mein Freund zum Abschied zu uns kam, sagte er: „Dort drüben auf meinem Hof bleibt der Wagen meines Schwagers zurück, ganz neu, ein guter Wagen. Wenn ihr ein Pferd kaufen könnt, spannt es ein und fahrt, wohin ihr wollt. Das wird hier ein Kampfgebiet sein; ihr werdet nicht hierbleiben können."

„Danke. Schön wär's. Gestern übernachtete Doktor Ārlavs bei uns. Er hatte für bares Geld einen ziemlich schönen Schimmel gekauft und unterwegs noch einen fast ebenso großen reinrassigen Schafbock. Vielleicht ist auch uns das Glück hold."

Es war uns aber nicht gelungen, rechtzeitig ein Pferd zu kaufen, und es war nicht daran zu denken, jetzt binnen Stundenfrist eines zu beschaffen. Wir hätten nämlich vorher ein Schwein, einen Sack Zucker oder etwas anderes erwerben müssen, was dem Wert eines lebenden Pferdes entspricht. So machte ich mich denn allein und zu Fuß zu dem Haus am Rande der Landstraße auf, sah mit wahrer Freude den hübschen Wagen noch auf dem Hof stehen, obgleich es überall von Soldaten nur so wimmelte, griff mir die Deichseln und legte mich ins Zeug. Zwar

---

1   Papyrossi – russische Zigaretten. Diese und die folgenden Fußnoten sind Anmerkungen des Übersetzers.

lief, wieherte und schmiss ich nicht die Beine zur Seite, wie ich es in den Tagen des *Weißen Buchs*[2] getan hätte – doch stand der Wagen bereits nach wenigen Minuten vor unserer Haustür.

Die Soldaten, mit denen auch unser Haus schon mehrere Tage lang von oben bis unten überfüllt war, sprachen uns ihr tief empfundenes Mitgefühl aus, zumindest in Worten. Einige halfen sogar, die schwereren Gepäckstücke zu tragen und richtig zu verstauen, damit die Fuhre nicht schon hier auf dem Hof auseinanderfiel. Denn der Wagen war wirklich nicht viel größer als ein besserer Klubsessel.

Als die Fuhre beladen und alles mit einem Netz aus Schnüren, Bindfäden und Stricken festgezurrt war, betrat ich noch einmal mein ehemaliges Arbeitszimmer, das sich nun Nachrichtenzentrale nannte, und sagte dem Chef dieser Einrichtung: „Leben Sie nun wohl. Hüten Sie das Haus, als wäre es Ihr eigenes. Sollte jedoch der Befehl kommen, den Rückzug anzutreten und alles zu verwüsten, legen Sie Feuer. Aber schauen Sie zuerst nach, ob es unter meinen zweitausend Büchern nicht welche gibt, die der eine oder andere von Ihren Leuten gerne haben möchte. Aber nur zu! Einige davon sind auch in deutscher Sprache. Zum Beispiel Meyers Großes Lexikon und viele Monographien über Maler. Auch Romane. Dann die Gemälde an den Wänden. Das hier ist Rozentāls[3] und dort hängt Purvītis[4]. Das sind große Namen. Oben werden Sie auch noch Arbeiten von Tilbergs[5], Kalve[6], Štrāls[7] finden. An dieser Wand hängen einige Kleinigkeiten, die ich selbst gezeichnet habe. Wenn Sie möchten, greifen Sie ruhig zu. Und dieser bärtige Mann bin ich. Das soll ruhig verbrennen, wie schon vieles in meinem Leben verbrannt und zerstoben ist. Zwar hat ein bedeutender Mann von Weltruf das Porträt zu meinem fünfundfünfzigsten Geburtstag angefertigt, doch jeder, der es sieht, fragt, ob das mein Vater sei."

„Genau das wollte ich jetzt auch fragen", meldete sich jemand zu Wort.

---

2 *Das Weiße Buch – Baltā grāmata*, das wohl bekannteste literarische Werk von Jānis Jaunsudrabiņš. Ursprünglich in zwei Teilen 1914 und 1921 erschienen, verarbeitet es in 100 Geschichten und ebenso vielen kongenialen Zeichnungen die Kindheit des Autors als Sohn eines Knechtes im südlettischen Flecken Nereta [Nerft], im Landesteil Zemgale [Semgallen]. Siehe dazu auch Wolfhard Raub, „Asyl in Westfalen. Jānis Jaunsudrabiņš 1944 bis 1962" in *Literatur in Westfalen. Beiträge zur Forschung 7*, im Auftrag der Literaturkommission in Westfalen hg. v. Walter Gödden, Bielefeld 2004, S. 60 f.
3 Janis Rozentāls (1866–1916), lettischer Maler, bekannt vor allem als Porträtist und Darsteller ländlicher Szenen in realistischer Manier. Jānis Jaunsudrabiņš hatte vor 1905 eine Zeitlang in seiner Werkstatt gearbeitet.
4 Vilhelms Purvītis (1872–1945), lettischer Landschafts- und Naturmaler. Vertreter eines realistischen Stils mit impressionistischen, pointillistischen und expressionistischen Einflüssen.
5 Jānis Roberts Tilbergs (1880–1972), lettischer Maler, Grafiker, Bildhauer und Kunstpädagoge.
6 Pēteris (1882–1913) und Kārlis (1877–1903) Kalve, lettische Landschaftsmaler, wobei Pēteris als der bedeutendere und erfolgreichere der beiden Brüder gilt. Ebenso wie Jānis Jaunsudrabiņš studierte er bei Lovis Corinth in Berlin.
7 Aleksandrs Štrāls (1879–1947), impressionistischer lettischer Maler und Zeichner. Er war zur selben Zeit Kunstlehrer in Pļaviņas [Stockmannshof], als Jānis Jaunsudrabiņš dort wohnte, und hat einzelne seiner Bücher illustriert.

„Der Bart verleitet dazu. Und dann muss ich jedem Fragesteller erzählen, dass ich bei einer Begegnung mit meinem Vater im Jenseits in eine ziemlich merkwürdige Situation geraten könnte. Dort wird selbst der allerstrengste Engel ungläubig lächeln, weil er denken wird, dass ich auf jeden Fall der Vater meines Vaters bin."

„Das verstehe ich jetzt nicht", wurde der Soldat neugierig.

„Was gibt es da nicht zu verstehen? Mein Vater ist im Alter von sechsundzwanzig Jahren verstorben, und er wird doch im Paradies, wo die Zeit stillsteht, nicht älter geworden sein. Außerdem rasierte er sich. Ich hingegen schicke mich mit meinen sechsundsechzig Jahren an, noch ein neues Leben nach dem Krieg anzufangen, in Kurzeme oder auch woanders. Wenngleich ich derzeit, wie Ihr selbst seht, keinen Bart trage – bis ich ins Jenseits komme, werde ich vielleicht genauso grauhaarig und runzelig wie meine Mutter sein, die letzten Sommer verstorben ist. Nicht nur der Bart, sondern auch die Jahre lassen den Menschen älter erscheinen."

„Hahaha!", lachten alle Soldaten zu meiner Freude los.

„Benutzen Sie das Radio! Die Röhren sind zwar arg abgenutzt, doch neue konnte ich nicht bekommen. Ebenso gehört mein Fahrrad dort im Hausflur nicht mehr zu den allerneuesten, doch fahren kann man noch damit. Ein jeder nehme, was ihm gefällt."

„Danke, danke", ließ jeder der Soldaten hören, dem ich beim Reden in die Augen schaute. „Bloß …"

Alle verstummten, doch mir war das Weitere klar, ohne dass es ausgesprochen wurde. Ihnen machte es ebenso wenig Freude, diese Sachen anzunehmen, wie mir, sie zu verschenken. Was konnten sie denn in ihren kleinen Rucksack packen, der bereits alles Notwendige enthielt? Und Postpakete in die Heimat wurden nicht mehr angenommen.

Und dann führtest du den dunkelhaarigen Jungen aus Westfalen, der uns die ganze Zeit Vater und Mutter genannt hatte, in den Keller, um die Gläser mit den gesalzenen Fischen, Konfitüren und eingelegten Gurken zu zeigen. Anschließend sagtest du völlig unnötigerweise, sie sollten sich im Garten an den Kartoffeln, Kohlrüben und Möhren gütlich tun – unnötigerweise, weil sie diese bereits abgeerntet hatten. Die Kohlköpfe waren besonders gut geraten. Der Junge musste versprechen, dass er unsere Katze Minkāns[8] füttern würde und du holtest meinen Kescher hervor und zeigtest ihm, wie man Karauschen aus dem Becken hebt.

Die Soldaten halfen uns, über die sandige Strecke zur Landstraße zu gelangen, und kehrten um. Ich hob noch den Hut. Du winktest mit dem Tüchlein. Dieser Abschiedsgruß galt jenen, die an unserem Brunnen standen und uns nachblickten. Vielleicht wurde ihnen erst jetzt richtig bewußt, was sie erwartet. Dann zogen wir

---

8   „Minka" ist in verschiedenen Variationen im Lettischen ein typischer Name für eine Katze, vergleichbar etwa mit dem deutschen Wort „Mieze". Bei „Minkāns" dürfte es sich im Übrigen um einen Kater handeln.

auf die rechte Straßenseite, damit wir den anderen Flüchtlingen nicht in die Quere kamen und uns die Militärfahrzeuge nicht zermalmten.

Wir durften nicht verweilen; doch bevor wir uns auf den Weg machten, fragte ich: „Sag mal, worum tut es dir am meisten leid?", und du sagtest ohne nachzudenken: „Um meinen kleinen Kater Minkāns. Und dir?"

„Um vieles. Zu allererst um die Gauja [Livländische Aa]. Dann um die jungen Apfelbäume, die ich im letzten Frühjahr mit großer Mühe und Hilfe guter Menschen pflanzen konnte. Einige davon hätten im kommenden Frühjahr sicherlich schon geblüht. Und ebenso gewiss werden Hasen sie nun im Winter annagen. Wer wird sie denn umwickeln? Auch tut es mir um den Wald leid und die Abendwolken darüber. Aber da es keine Tasche gibt, in die ich sie packen könnte, mögen sie hierbleiben."

2.

Nachdem wir mit einer Wäscheleine die Deichseln so eng wie möglich zusammengebunden hatten, sollte es losgehen. Ich stemmte mich mit der Brust gegen die Verschnürung, hielt mich mit den Händen an den straff angezogenen Femersträngen[9] fest und begriff erst jetzt, dass es für ein Pferd, selbst auf einer asphaltierten Landstraße, gar nicht so leicht war, eine Fuhre zu ziehen, wie wir uns das vorstellten. Hättest du nicht mit aller Kraft geschoben, wäre ich nicht weit gekommen. Aber auch so hatte ich nach hundert Schritten ein Gefühl, als ob heiße Nadeln durch meine Haut führen, und nach weiteren hundert hielt ich bereits an und wischte mir den Schweiß ab.

„Ist es nicht zu schwer für dich?", fragte ich und blickte dabei weg.

„Für mich?", fragtest du ziemlich heiter. „Ich schiebe ja bloß. Aber lass uns rasten, wenn du möchtest. Wozu die Eile? Wir sind ja jetzt vom Hof runter."

Lange konnten wir uns aber nicht ausruhen. Im Südwesten stiegen ziemlich verdächtige Wolken auf. „Schau", sagte ich, „wie gut wäre es doch, wenn man auch bei uns den Kühen beigebracht hätte, eine Fuhre zu ziehen. Zu einem schnellen Fortkommen würde ein solches Hornvieh zwar nicht taugen, doch in Fällen wie diesem könnte man sich damit ganz gut behelfen."

„Recht hast du", sagtest du. „Aber wir haben doch nie eine Kuh oder ein Pferd gehalten. Auf unserem Hektar Meeressand konnten wir ja nicht einmal ein paar Kaninchen durchfüttern." Das hatte ich bei meinen Gedanken nicht berücksichtigt. Und um an ein solches Zugtier zu gelangen, bedurfte es einer gewissen

---

9   Femerstränge – eine im baltischen Deutsch gebräuchliche Bezeichnung für die Nebenstränge, durch die bei einem Wagen die Enden der Vorderachse mit den Femern bzw. den Zugstangen verbunden werden.

Menge an wertvollen Rohstoffen, über die wir auch nicht verfügten. Ich griff mir also die Femerstränge und die Fuhre zuckelte in kleinem Trab voran.

Bei der nächsten Rast richteten sich unsere Gedanken schon mehr darauf, wie wir unser Verhängnis besser meistern könnten. – An den Tagen zuvor, sogar noch heute Morgen, waren Flüchtlingswagen in schier endloser Folge unterwegs gewesen. Möglicherweise hätte jemand von all diesen Hunderten für Geld oder auch gute Worte gestattet, dass wir die Deichseln unseres Wagens an seine Fuhre koppeln. Aber nun, es war wie verhext, mühten wir uns allein auf weiter Flur voran. Und wenn schon ein Privater passierte, dann war er auf Leerfahrt und hatte es so eilig, dass ihm keine Zeit blieb, um mit uns ein Wort zu wechseln. Ich trocknete nochmals meine Stirn ab, du warfst die Strickjacke auf den Wagen und wir zogen weiter.

Bei einer anderen Rast sprachen wir nicht mehr von unerreichbaren Erleichterungen: weder von Pferden noch von Kühen oder menschlicher Güte und Mitgefühl. Wir beklagten lediglich, dass wir dem Schmied nicht aufgetragen hatten, unsere Fahrräder auseinanderzunehmen und zwei zweirädrige Wagen oder auch einen richtigen Karren mit vier Rädern zusammenzubauen. Diese wären auf Gummirädern und Kugellagern so leicht dahergerollt, dass abwechselnd der eine hätte ziehen und der andere draufsitzen können; selbst dann hätten wir uns nicht so arg abstrampeln müssen wie jetzt. Doch auch dieses Gerede war kaum sinnvoller als die vorigen Überlegungen. Erstens waren die Fahrräder schon weg und zweitens – um an solche leichtgängigen zwei- oder vierrädrigen Wagen zu gelangen, hätten wir unsere Räder dem Schmied vielleicht zu Beginn dieses Jahrhunderts aushändigen sollen. Doch wer weiß, ob dieser Faulpelz da schon geboren war.

Du sagtest: „Wenn er es schon in drei Jahren nicht geschafft hat, mir ein kleines Hackeisen zu schmieden, damit ich das Grünfutter für die Hühner zerkleinern kann, wo ich ihm doch die breite, dünne Schneide der Zimmermannsaxt aus allerbestem Stahl gegeben hatte, dann hätte er doch ein dermaßen großes Gerät nicht einmal dann fertiggestellt, wenn es deine Mutter bei seinem Großvater bestellt hätte, der möglicherweise gar kein Schmied war."

Die nächste Rast sollte genau an einem Kilometerstein sein. Bei dieser Gelegenheit hätten wir ein kleines Jubiläum begehen können: Ein Zwanzigstel des Weges war damit geschafft. Aber plötzlich begann Wagen auf Wagen aus dem Wald vor uns hervorzukommen und wir mussten warten, bis sie alle auf der Landstraße waren.

Der Waldweg war sandig und ging etwas bergauf. Die Männer schlugen auf die Pferde ein und brüllten, die Frauen trieben Kühe vor sich her, die Kinder hockten wie kleine Eulen hoch oben zwischen Säcken und Körben. Die größeren Jungen und Mädchen gingen zu Fuß und halfen, das Vieh zu lenken, da es noch nicht verstand, sich der Gangart der Pferde anzupassen. Eine kleine Herde Schafe lief vorbei und hielt sich dicht bei den Kühen. Ein Mann führte einen großen, braunen Stier an einer verschwindend dünnen Leine. Es sah aus, als würde der Stier den

Mann führen, so scheinbar ungezwungen schritten sie nebeneinander her. Aber bei näherem Hinschauen konnte man deutlich sehen, dass das Ende der Leine durch einen Metallring lief und dass dieser Ring in der Wand zwischen den beiden Nüstern steckte. Das liebe Vieh trug sein Kreuz genauso unwillig wie alle Tiere dieser Welt, die zum Schlachten bestimmt sind. Denn möglicherweise war es dem Stier bewusst, dass man ihn ohne Rücksicht auf seinen prächtigen Stammbaum in Riga nicht zur Freude der dortigen Kühe halten, sondern verzehren wollte.

Wir standen da und beobachteten geduldig die Fuhren. Wir versuchten, nach Augenschein zu bestimmen, wie schwer oder leicht sie waren. Einige Pferde schafften es nur mit Mühe, sich aus dem Sand hervorzuarbeiten. Als sie es bis zur Landstraße geschafft hatten, lächelten die Fahrer der ganzen Welt zu. Wir trauten uns trotzdem nicht, diese Glücklichen mit unserem Kummer anzugehen und unseren Wagen zum Ankoppeln anzubieten, denn wir sahen, dass dieses Glücksgefühl allzu persönlich war und allein auf den gerade überstandenen Schwierigkeiten gründete. Im Gegensatz dazu zogen diejenigen, die den Sandfluss ohne Anstrengung durchquert hatten, ein derart sorgenvolles Gesicht, dass wir ihnen eher hätten Hilfe anbieten müssen als solche von ihnen zu verlangen.

So fuhren diese Menschen ihres Weges und verschwanden in der Ferne. Aber auch wir blieben nicht stehen. Wir hatten uns fest vorgenommen, nunmehr jeden Fahrer, der uns passierte, anzusprechen und ihn um Hilfe zu bitten. Der Weg ging die ganze Zeit ein wenig bergan, und wir als die Langsamsten mussten uns ganz außen halten, sodass nicht selten nicht nur zwei Räder von der Asphaltdecke abkamen, sondern alle vier. In solchen Fällen musste alle Mühe daran gesetzt werden, um wieder auf die feste Straße zu gelangen. Den Schweiß wischten wir uns nicht mehr ab; hätten wir dies tun wollen, so hätten wir in einem der zugänglicheren Gepäckstücke nach einem Badetuch suchen müssen. Wir hielten nur ab und zu an, wischten mit der Hand über die Augen und schöpften wortlos Atem.

3.

Nachdem wir drei weitere weiße Kilometersteine hinter uns gelassen hatten und unter Telegraphenmasten gingen, die wie eine Reihe von blühenden Kirschbäumen aussahen, holten uns drei Wagen ein.

„Endlich! Nun lass sie bloß nicht vorbei, ohne sie anzusprechen", sagte ich und hielt an.

Die beiden ersten hatten uns gerade passiert. Auf dem dritten Wagen konnte man ganz unten geschwungenen Flachs sehen. Natürlich war das in Kriegszeiten eine wichtige Ware, die man dem Feind nicht überlassen durfte. Weiter oben, unter sorgfältig geschnürten Decken, zeigten sich Körbe, Wannen, Fässer, die unter diesen Umständen Pökelfleisch, Geflügel, Butter, Fett bedeuteten. In den Säcken, die sich prall unter den Decken hervorschoben, mochte sich feines Weizenmehl verbergen, vielleicht auch Roggen, Gerste, Erbsen. Keinerlei Gerümpel. Gleichsam Ware pur. Nicht einmal ein Stück Vieh am Ende des Wagens. Ich öffnete schon den Mund, um zu sagen, dass gerade solche Leute uns ganz sicher mitnehmen werden, als sich der letzte Fahrer umdrehte und – während er mit der Peitsche in der Luft spielerisch kunstvolle Figuren schlug – uns zurief: „Zieh, Alter, zieh – selber schuld, dass du das Pferd nicht gefüttert hast!"

Ich hielt an und drehte mich dir zu.

Du wandtest dich ab. Soweit ich mich erinnere, benutztest du diesmal ein Taschentuch, um den Schweiß wegzuwischen.

„Das macht nichts", sagte ich nach einer guten Weile. „Heute bin ich tatsächlich ein Pferd, sogar ein sehr altes und geschundenes Pferd. Aber irgendwann mal werde ich wieder ein zu Kräften gekommener Mensch sein. Und dann werden dieselben Männekes wieder applaudieren, wenn ich in ihrem Vereinshaus aus meinen Büchern lese. Und wenn die Zahl meiner Jahre mit fünf oder null endet, werden sie sogar wieder Jubiläumsfeierlichkeiten veranstalten, ganz wie zuvor. Und bei meinem Ableben wird's eine ganz große Sause geben. Also – auf geht's, alter Gaul!"

Ich legte mich wieder ins Zeug. Es fing an zu nieseln. Der Regen war fein, aber da Wind aufkam und sich einzelne magermilchblaue Wolken vor die Wolkenwand schoben, konnte man nicht darauf hoffen, dass er aufhören würde. Ganz im Gegenteil – alle Zeichen standen auf lang anhaltenden Regen. Wir zogen unsere Jacken an, ich später sogar den Mantel, um nicht auch noch von oben her durchnässt zu werden.

Und nun war mir plötzlich so, als wollte ich nicht mehr in die Haut des Menschen zurück. Mir schien, als ob auch du nicht mehr hofftest, jemand würde uns helfen. Wir setzten daher voller Geduld Schritt vor Schritt, und gebeugt, wie wir gingen, sahen wir nur den allermonotonsten Streifen Asphalt unter den Füßen zurückweichen. Riga lag doch nicht hinter den sieben Bergen.

Plötzlich bohrten sich meine Deichseln in einen Wagen, den ich erst im letzten Augenblick bemerkte. Ich hob den Blick.

„Die Pferde brauchen ein wenig Rast", sagte derselbe Mann, der mich vorhin indirekt angesprochen hatte, und blickte dabei in die Wipfel der Kiefern.

Ich erkannte diesen Menschen weniger an der Stimme als vielmehr an der Peitsche, mit der er aus Gewohnheit in der Luft herumfuhrwerkte. Ich antwortete aber mit keinem Wort, denn ich wurde ja nicht gefragt. Aber dann fragte er ganz direkt: „Wie kommt es, dass Sie einen Wagen haben, aber kein Pferd?"

„Glauben Sie, es wäre besser ein Pferd zu haben statt eines Wagens?"

„Warum kommen Sie mir denn so? Ich meine, dass es gerade ein Pferd ist, das zum Wagen gehört. Ich habe noch nie gesehen, dass ein Federwagen von einem Menschen gezogen wird."

Der Mann ging zweimal um unseren Wagen herum.

„Ein schöner Ausflugswagen. Einen solchen habe ich mir schon lange gewünscht", sagte er. „Möchten Sie ihn nicht verkaufen?"

Ich schaute dich an, du mich.

„Verkaufen?", sagte ich. „Wollen Sie den nicht lieber als Geschenk haben, sagen wir einmal, zu Ihrem vergangenen oder zum nächsten Geburtstag?"

Der Mann lachte herzhaft auf.

„Entweder halten Sie mich für einen Dummkopf oder Sie wollen, dass ich Sie dafür halte. – Derzeit wird Ihnen niemand für ein Dankeschön auch nur Feuer für die Pfeife reichen."

Ich schaute wieder, was du sagen würdest, und mir schien, in deinem Gesicht war deutlich zu lesen: „Hätte es nicht diesen Berg gegeben, und gäbe es auf dem weiteren Weg nicht den hohen Baložu-[Tauben-]Berg, der gerade von dieser Seite aus so steil ist, und ginge es nicht auf den Abend zu, und hätte es nicht immer stärker zu regnen begonnen, würde ich mit diesem Menschen nicht einmal reden wollen. Aber nun …" Und ich sagte:

„Das ist kein Scherz. Wenn Sie unsere Habe nach Riga bringen, an eine bestimmte Stelle, können Sie den Wagen völlig umsonst haben."

„Wo wohnen Sie denn?"

„Wir wohnen nirgends. Aber gleich hinter der Eisenbahnüberführung Gaisa tilts wohnt unsere Patentante. Wir sind zu ihr unterwegs."

„Es kommt selten vor, dass Mann und Frau die gleiche Patentante haben."

„Um ehrlich zu sein – sie ist keinem von uns eine Patentante. Wir nennen sie bloß so, ihres guten Herzens wegen."

„Wer zum Teufel wird sich denn durch Nacht und Regen so weit abquälen wollen?! Mein Ziel ist gleich die Džutas-[Jute-]Straße. Wenn Sie möchten, dann können wir Folgendes vereinbaren: Ich werde Sie, das heißt, Ihren Wagen, hinten an den meinen anbinden und ihn bis zur Ecke der Džutas-Straße schaffen. Sie werden sich bis dahin gut erholt haben und können dann über die Ropažu-[Rodenpois-]Straße weiter zu Ihrer Patentante fahren. Den Wagen werden Sie morgen früh zu mir bringen und dem Hausverwalter Herrn Tilviķis übergeben, sollte ich nicht zu Hause sein."

„Großartig! Aber falls wir keine Zeit haben? Oder erkranken? Und wie können Sie wissen, ob wir ehrliche Menschen sind?"

„Ich werde keine großartigen Nachforschungen anstellen, ob Sie ehrlich oder unehrlich sind. Auf der Flucht nimmt niemand unnützes Gepäck mit. Einige Stücke, mit denen Sie ohne weiteres in die Straßenbahn gelangen werden, behalte ich als Pfand, und damit ist die Sache sicher. Aber ganz wie Sie wünschen. – Um ehrlich zu sein, derzeit brauche ich den Wagen ebenso wenig wie Sie. Nur dass ich mir seit Langem so einen wünsche, doch ist mir bislang stets irgendetwas dazwischengekommen."

„Nun, dann wird auch diesmal dieses Irgendetwas Ihren Traum zerplatzen lassen. Wenn Sie nicht einmal den einen Kilometer, den Sie ihr Pferd weitertreiben müssten, als Bezahlung leisten wollen, gibt es nichts, worüber man mit Ihnen sprechen könnte. Lass uns weiterfahren und keine Zeit mehr vergeuden!"

„Sagten Sie ‚einen Kilometer'? Es sind mindestens sieben!"

„Von der Džutas-Straße bis zur Eisenbahnüberführung?!"

Ich kann mich nicht mehr erinnern, ob ich wirklich wütend war oder nur so tat, doch ich hatte mich bereits an die Deichseln gestellt und du griffst zum Schieben in die Verschnürung der Fuhre.

„Halt, halt!", regte sich der Mann auf. „Dann können wir doch noch ins Gespräch kommen."

In diesem Augenblick fuhr in einem Wagen eine durchnässte Dame vorbei, deren Namen mir partout nicht einfallen wollte, und rief dir forsch zu: „Guten Tag, Frau Jaunsudrabiņa!"

Sie rief es dir zu und flog wie ein Vogel vorbei. Aber bei unserem Wagenkäufer war plötzlich eine Veränderung eingetreten. Ich sah ihn an dich herantreten und hörte ihn leise fragen, ob ich tatsächlich dein Gatte sei. Und kaum hattest du zustimmend genickt, trat er heran, reichte mir die Hand und sagte: „Ich freue mich Sie kennenzulernen, Herr Schriftsteller. Ich habe mir das schon gedacht. Brimerberģis ist mein Name."

Die Höflichkeit verlangte es, dass auch ich meine Freude kundtat. Und anfangs war ich wirklich froh, allein schon deswegen, weil dieser Mensch überhaupt wusste, was Schriftstellerei ist und dass mein Name etwas damit zu tun hat. Als er aber versuchte, seine Kenntnisse dieser Kunst unter Beweis zu stellen und mir lediglich Werke anderer Autoren zuschrieb, bat ich ihn darum, auf unser vorheriges Gespräch über den Wagen zurückzukommen.

Dieser Mensch, der sich mit einem Wimpernschlag von einem Fremden zu Herrn Brimerberģis verwandelt hatte, war nun bereit, vieles für uns zu tun.

„Ach nein, was für ein Zufall!", kicherte er vor sich hin und streichelte dabei seinen angegrauten, kurz geschnittenen Bart. „Ich habe mir schon gleich gedacht …" „… dass das kein richtiges Pferd ist", beeilte ich mich, den Satz als Stichelei zu Ende zu bringen.

„Aber nicht doch!", wehrte er sich. „Ich bemerkte es sofort und sagte meinen Begleitern – ‚schaut, das ist sicherlich kein gewöhnlicher Mensch. Jeder andere würde doch ein Pferd anspannen, aber der hier zieht den Wagen selbst.' – Was den Wagen angeht, so machen Sie sich keine Sorgen. Wenn nichts Unvorhergesehenes passiert, werde ich zuerst in die Džutas-Straße Nr. 2 fahren. Und dann werden wir den Gaul vor Ihren Wagen spannen und zu Ihnen fahren – wie es Herren geziemt. Was für ein Wagen! Das wird mir ein kostbares und liebes Andenken an Sie sein, gewissermaßen vom Verfasser von ‚Asiņaina gaisma aust'[10]. Was sage ich da! Nicht

---

10 Brimerberģis unterlaufen hier gleich zwei Fehler. Erstens stammt die von ihm zitierte Zeile nicht von Jānis Jaunsudrabiņš, sondern aus dem Poem Gaismas pils [Burg des Lichts] des lettischen Dichters Au-seklis (1850–1879). Zweitens heißt es nicht „Asiņaina gaisma ausa" [„Ein blutig' Morgen brach an"], sondern „Asiņainas dienas ausa" [„Blut'ge Tage brachen an"]. Der zweite

nur mir – auch meinen Kindern und Kindeskindern. Denn ich werde ihn nur zu hohen Festen und Feierlichkeiten benutzen."

Den Wagen wusste ich nun in guten Händen, worüber ich mich sichtlich freute. Sonst wäre er womöglich ins Literaturmuseum gekommen, und wer weiß, wie die Bolschewiken damit umgegangen wären.

„Es gibt Leute, denen ist aber auch gar nichts heilig", sagte Brimerberģis bei sich und schlug geschäftig das Ende eines Seils, eine Art Fußfessel für Pferde, um die Schnur, mit dem die Deichseln unseres Wagens zusammengebunden waren.

Wir beobachteten alles mit unverhohlener Freude. Ich probierte sogar insgeheim aus, ob es nicht möglich sein würde, mich ab und zu auf den Flügel des Wagens zu setzen und den Füßen ein wenig Ruhe zu gönnen. Ich war sehr erschöpft. In der vorigen Nacht hatte ich aus Sorge über die Ungewissheit kaum geschlafen. Nun war aber alles in Ordnung. Wir waren keine Fußgänger mehr, die man auslachen konnte, sondern Fuhrleute. Wir zogen nicht mehr, sondern wurden gezogen wie alle Sterblichen.

4.

Der Wind hatte unterdessen zugenommen. Die Regentropfen schlugen uns waagerecht entgegen. Wir hielten uns hinter dem hohen Wagen unseres Retters und achteten darauf, dass uns das gekünstelte Geschlinge seiner Peitsche nicht ins Gesicht traf. Verwunderlich genug, aber uns erwischte kein einziger Wurf.

Wir hielten uns alle drei eng beieinander und Brimerberģis erzählte einiges über sich, vor allem über seine Jugend, die Zeit beim Militär. – Ach, damals habe auch er sich mit dem Schreiben von Gedichten abgegeben! Natürlich, er selbst habe diese nicht verfassen können, doch habe er in einer Kladde alle aufgeschrieben, die er in Zeitungen oder Kalendern gefunden habe. Dreihundert davon habe er auswendig gelernt und sie mitten in der Nacht aufsagen können. Ein dermaßen vergeistigter Mensch sei er einst gewesen. Jawohl! Man habe es ihm nicht angesehen.

An dieser Stelle unterbricht mich die Zuhörerin wie aus heiterem Himmel: „Übertreibst du in all deinen Geschichten die Dinge und Ereignisse so arg wie hier? Zudem versuchst du, Scherz durch Ernst zu ersetzen und umgekehrt. Wozu soll das gut sein?"

„Aber du wolltest doch lachen. Würde die Darstellung der Ereignisse dem eigentlichen Gang der Dinge entsprechen, dann gäbe es doch nichts zu lachen. Lass mich jetzt weitererzählen!"

Patzer ist umso peinlicher, weil das Poem in der 1899 entstandenen Vertonung von Jāzeps Vītols (1863–1948) zum sprichwörtlichen ehernen Bestand der lettischen Chorliteratur gehört und das Zitat somit vielen Letten in der korrekten Fassung bekannt ist.

„Nur noch eine konkrete Anmerkung zu den Gedichten. Dieser Mensch, daran erinnere ich mich genau, gab doch an, sich einhundert davon eingepaukt zu haben, aber du fügst weitere zweihundert hinzu."

„Glaubtest du denn, er sei in der Lage, sich auch nur einhundert einzupauken?"

„Nein. Ich hatte starke Zweifel."

„Na, siehst du. Ist es dann nicht schöner, dreihundert anstelle von einhundert zu sagen? Vielleicht war es in Wirklichkeit so, dass er tatsächlich an die drei aufsagen konnte, richtig oder falsch. Es ist keine Heldentat, ein kleines Gedicht aufzusagen. Das ist nichts, womit man angeben kann. Mir scheint, mit etwas gutem Willen könnte selbst ich das, zumal, wenn es um ein von mir selbst verfasstes ginge. Aber jetzt hör zu und lach doch wenigstens einmal. Sonst werde ich genau so erzählen, wie es war, und dann wirst du weinen. Und vor allem – unterbrich mich nicht! Unnötiges Gerede lässt den Erzählfaden reißen und verwirrt ihn. Da hast du's! Ich weiß nicht mehr, wie weit wir gekommen sind."

„Wir hatten den Wagen bereits weggegeben und fühlten uns glücklich."

„Genau. Wir fuhren jetzt. Das heißt – eigentlich mußten wir die ganze Zeit marschieren, denn die Fuhre war zum Ziehen beladen, nicht zum Aufsitzen. Die Pferde waren gut ausgeruht, sie machten lange und rasche Schritte. Wir kamen da kaum mit. War's nicht so?"

„Ach, du Witzbold!", lacht meine Frau. „Was soll die Frage? Ich darf doch nicht reden."

„Ich entschuldige mich!"

Und ich erzähle: Es war schon eine Freude zu sehen, wie leicht sich die Räder des Wagens nun drehten. Schnell hatten wir die Hügelkuppe erreicht, und als es abwärts ging, setzte ich mich auf den ausgeguckten Flügel und fuhr etwa einen Kilometer mit. Und ich wäre noch länger gefahren, hätte ich nicht befürchtet, mich nach dem Schwitzen zu erkälten. Denn der Wind war nicht nur stark, sondern auch kühl, obwohl er von Süden her wehte. Deshalb ging ich wieder zu Fuß. Ich klappte den Kragen hoch und nahm gelegentlich den Hut vom Kopf, um das Wasser abzuschütteln. Du zogst die Ecken des Kopftuchs fester unter dem Kinn zusammen.

Das Gehen wurde immer schwerer. Der sandige Streifen, an den wir uns hielten, hatte sich zu Kissel[11] verwandelt. Ob man nun wollte oder nicht – man musste den Windschatten verlassen und dem Wagen folgen. Militärfahrzeuge jagten hin und her und der Schmutz spritzte in alle Richtungen. Bald ähnelten unsere Seiten bis hoch zu den Schultern jenen Pfosten entlang der Landstraße, die verhindern sollten, dass ängstliche Pferde oder betrunkene Fahrer die Böschung herunterfallen. Doch dies bedeutete nicht, dass wir uns nicht vor den Vorüberfah-

---

11 Kissel ist in der deutschbaltischen Küche eine typische Nachspeise – ein mit Kartoffelmehl zubereitetes Kompott aus Beeren oder Rhabarber. Man kennt Kissel jedoch auch als Speise aus ungesiebtem Hafermehl mit Kleie oder säuerlichem Mehlbrei.

renden hätten hüten müssen. Das einzig Gute war, dass wir die Widrigkeiten, die das schlechte Wetter mit sich brachte, umso gleichgültiger wahrnahmen, je buntscheckiger wir wurden. Waren beispielsweise die Schuhe schon einmal durchnässt, musste man sich nicht mehr davor hüten, in die Pfützen zu treten, denen wir anfangs ausgewichen waren.

Der Baložu-Berg reckte uns schon seinen Buckel entgegen, als wir plötzlich halten mussten. Was war denn nun los? Hatten wir irgendwelche Verkehrsregeln missachtet? Oder wollte man uns hier entlausen? – Die Pferde schüttelten die Ohren, die Leute steckten die Köpfe zusammen und flüsterten untereinander. Der neue Besitzer unseres Wagens trippelte wie eine Ameise um seine Fuhre, steckte Decken unter die Verschnürung, zupfte und glättete hier und da und murmelte dabei etwas vor sich hin, was sich keineswegs nach Lyrik anhörte.

„Weißt du was?", sagtest du leise. „Diese drei sind allesamt Schwarzhändler. Lass uns bloß unseren Wagen losbinden und auf die alte Weise fortbewegen. Wer weiß, für wie lange man uns hier festhält und was dabei am Ende herauskommt."

Ich wandte mich an einen Soldaten, der grau, moosgrün und braun wie die allerprächtigste Raupe ausschaute, und bat um eine Erklärung, warum wir nicht weiterkönnen, wo doch der Weg vorne frei sei? Aus welchem Grund?

Es gab keinen Grund. Es musste nur darauf gewartet werden, bis sich zwanzig Pferde versammelt hatten. Hier standen aber bloß acht. Jemand protestierte: „Wieso acht? Es sind doch neun!"

„Acht, lassen Sie sich das gesagt sein: Fuhren ohne Pferd zählen nicht."

Wenn das das Problem war, dann konnten wir hier zwei Fohlen vorweisen. Aber auch die gingen nicht als Pferde durch, und so blieb es bei acht. Wir blickten nicht mehr nach vorne, sondern zurück nach Osten, denn nur aus dieser Richtung konnten die fehlenden zwölf[12] Pferde kommen.

Erst nach einer guten halben Stunde war die benötigte Anzahl von Pferden erreicht. Dann tat sich ein weiteres Problem auf. Zuletzt waren vier Pferde hinzugekommen; wir brauchten jedoch nur zwei. Und da die Pferde von einem Hof kamen und zusammengehörten, bogen sie alle vier in den Wald ab. Nun waren es wieder zu wenige und wir mussten warten. Die Dämmerung setzte bereits ein, als es den Anschein hatte, wir könnten nun endlich losfahren.

Doch dies erwies sich als Irrtum. Wir hatten noch keine hundert Schritte zurückgelegt, als derselbe bunte junge Mann uns einholte, an uns vorbeilief, mit seiner rotweißen Kelle winkte und rief, die Vorderen sollten anhalten.

---

12 In der 1951 erschienenen Erstausgabe von *Es stāstu savai sievai*, nach der auch diese Übersetzung erfolgt, wird an dieser Stelle die Zahl der benötigten Pferde mit acht angegeben – was rechnerisch nicht zutrifft. Entsprechend ist diese Angabe in der letzten Werkausgabe stillschweigend auf zwölf korrigiert worden und dürfte ansonsten als Beleg für einen eher lieblosen Umgang mit dem Manuskript gelten. „Das Buch ist schön, aber unachtsam gedruckt. Bereits der Anfang ist fehlerhaft – die Einleitung zum gesamten Buch erscheint als Beginn des ersten Kapitels. Es gibt grobe Druckfehler, einige Sätze brechen ab", so der Herausgeber der Werkausgabe, Ilgonis Bērsons, Bd. XII, Riga 1984, S. 429. Siehe auch S. 251.

Nun machte sich der Besitzer unseres Wagens noch rühriger an seiner Fuhre zu schaffen. Dann trat er an uns heran und sagte besorgt: „Ein Hauch von Tod! – Sollten Sie in Ihrem Wagen irgendwelche unerlaubten Dinge haben, kann es passieren, dass … Nö, ich will kein Unglück herbeireden!"

Wir hatten zwar zwei Kilo gepökeltes Rindfleisch dabei; aus den Zeitungen wussten wir aber, dass Flüchtlinge Lebensmittel in unbegrenzter Menge ausführen dürfen. Wir wollten Brimerberģis beruhigen und sagten ihm dies.

„Ach so! Ihr seid ja richtige Flüchtlinge. – Zum Teufel! Wir haben allerdings das eine oder andere, was ein wenig versteckt gehört." Und dann ging er wieder zurück, um die Decken sorgfältiger zurechtzuzupfen.

„Was sagte ich dir?", wolltest du deinen vorherigen Gedanken noch einmal bekräftigen. „Ein Schwarzhändler, jawohl!"

„Hätten wir dies eher gewusst, hätten wir den Wagen nicht ganz umsonst hergeben sollen", erregte auch ich mich jetzt. „Wenigstens ein Kilo Butter oder andere Zukost hätte man dafür verlangen können."

„Aber dann wären wir selber Schwarzhändler. Nein. Das Verabredete soll weiterhin gelten. In diesen Zeiten ist es nicht schwer, reich zu werden, aber solcher Reichtum verfliegt wie Spreu. Das haben wir schon im letzten Krieg gesehen."

Während unserer Unterhaltung hatte man schon wieder den Weg freigegeben, worüber unser Patron geradezu in Euphorie verfiel. Er kam herüber und flüsterte mir so ins Ohr, dass auch du es hörtest: „Im schlimmsten Fall hätte ich Sie sehr darum gebeten, dass Sie einen Teil meiner Lebensmittel auf Ihre Kappe nehmen."

„Oh!", antwortetest du lachend, „das hätten wir getan, auch ohne besonders darum gebeten zu werden."

„Das heißt", verbesserte er sich, „ich hätte darum gebeten, dass Sie als Auswanderer, oder wie man Sie sonst nennen sollte, erklären, dass dieses Schwein, dieses Lamm, diese ausgelassene Butter und die beiden Säckchen besonders fein gemahlenen reinen Mehles Ihnen gehören. Und dass Sie enge Verwandte von mir sind und dass ich Sie zum Schiff begleite. *Zum Schiff!* Sie verstehen doch Deutsch?!"

„Mit den wunderbaren Lebensmitteln – allein deren Nennung lässt einem das Wasser im Mund zusammenlaufen – wäre es in Ordnung gegangen, wenn Sie uns tatsächlich einen Teil davon zugesprochen hätten", scherzten wir. „Aber mit der Verwandtschaft auf gar keinen Fall. Denn vor zwei Stunden kannten wir uns ja nicht einmal. Da hätten wir lügen müssen. Und Sie wissen doch – lügen ist so gut wie stehlen."

„Nun ja. Jetzt ist das auch nicht mehr erforderlich. Vielleicht macht uns am Baložu-[Tauben-]Gasthof oder auf der Jugla-[Jägel-]Brücke noch jemand Ärger. Aber wer ist schon in der Lage, all die Tausende von Menschen zu überprüfen? Und zudem bei diesem Hundewetter."

Und tatsächlich hielt uns niemand mehr an, weder am Baložu-Gasthof noch auf der Brücke. Wir fuhren ungestört. Der Wind spielte in den Bäumen und den Leitungsdrähten. Wir hätten auch den Wellenschlag des Sees gehört, hätten nicht ständig Motoren gedröhnt, unser Wagen gerattert und der Regen um unsere Ohren gepeitscht. Es war jetzt so dunkel, dass wir wie angebunden dem Wagen hinterhergehen mussten. Spritzte es um die Räder heftiger auf, dann begann es auch in unseren Schuhen stärker zu plätschern, und wir hatten die Gewissheit, dass wir wieder in eine Pfütze getreten waren. Ich wollte überhaupt nicht mehr gehen, aber da ich in der Finsternis nicht mehr auf den Wagenflügel hinaufzuklettern vermochte, setzte ich trotzdem einen Schritt vor den anderen. Und auch du gingst, ganz leise, als gäbe es dich gar nicht. Deshalb rief ich ab und zu: „Nate, bist du noch da?"

Und als du dich meldetest, fühlte ich sicherheitshalber noch nach deinem Ärmel, der nichts als Wasser war, in das man Wolle getaucht hatte.

Und so zogen wir dahin, stolperten vor uns her, wurden gezerrt, gezogen und angehalten, dann wieder gezogen, erschöpfter noch als zuvor, als wir selbst gezogen hatten. Aber zu guter Letzt konnte man die Stadt erahnen. Und dann sagtest du: „Gäbe es nicht den verfluchten Wagen, den Krempel und die Gepäckstücke, könnten wir uns nun beide hinsetzen und fahren."

„Wie sollten wir denn ohne Wagen fahren können?"

„Siehst du denn nicht? Die Straßenbahn!"

Das war tatsächlich der Doppelwagen der Čiekurkalna-Linie, der dort stand.

Und dann entließest du mich; ich sollte gehen und mich dort hineinsetzen, wofür ich dir noch heute dankbar bin.

5.

Es folgten einige Minuten der Wonne und kurz darauf durfte ich mich ein weiteres Mal hinsetzen, doch nun bereits in der Wohnung der Patentante bei einer Kanne heißen Tees. Ich hatte die Wäsche ihres verstorbenen Gatten, seine engen Arbeitshosen und den langen Sonntagsrock an.

Wie kurz sind doch die Augenblicke der Gemütlichkeit im Vergleich zu jenen, die wir in Kummer und Sorge verbringen. Als die Uhr schlug war kaum eine Stunde vergangen und doch begann ich schon mich deinetwegen zu sorgen.

„Sie werden schon kommen!", beruhigte mich Patentante und beruhigte dabei teilweise auch sich selbst. „Sie können ja nicht schnell fahren – es ist so dunkel, dass man seine Hand nicht vor den Augen sieht."

Aber nachdem der lange Zeiger sich auf die Sechs zugeneigt hatte, begann sie als Erste: „Herrgott – wo bleiben sie denn bloß? Nach neun Uhr darf man sich ja ohne Sondererlaubnis nicht mehr auf der Straße zeigen. Wie will dieser Mensch denn zurück zu seinem Hof gelangen?"

Sie öffnete ein Fenster zur Straße hin, lehnte sich hinaus und starrte in die undurchdringliche Dunkelheit, in jene Richtung, aus der ihr kommen musstet.

Besser gesagt: Sie lauschte hinaus. Aber das Dröhnen der Militärtransporte, das Brausen der Autos, das Rasseln der Panzer, zuweilen vermischt mit dem Lärm der Straßenbahnen, erfüllte die ganze Häuserschlucht ohne Unterlass wie ein Wasserfall. Aus dem allgemeinen Rauschen ließ sich kein bestimmtes Geräusch heraushören. Zudem legte sich – wie eine Scheibe Gurke aufs Butterbrot – über das Gesamt der Geräusche das unablässige Gluckern des Regenwassers in den Abflussrohren und den Gullis der Rinnsteine.

„Keine Spur von ihnen!", sagte sie, nachdem sie das Fenster geschlossen hatte, und schüttelte sich vor Kälte. Ihre schlohweißen Haare waren voll kleiner Wasserperlen.

Die Uhr zeigte genau zehn vor zehn, als Patentante zum letzten Mal versuchte, das Fenster zu öffnen.

„Wenn sie jetzt nicht kommen, dann werden sie verabredet haben, dort zu bleiben. In jedem Haus ist doch so viel Platz, dass sich ein Mensch mehr hinlegen kann, und sei es nur auf dem Fußboden. Und wenn es dann noch auf dem Wagen, wie du sagst, Decken gibt und kleine Kissen, sollten wir uns keine Sorgen machen."

Sie öffnete und schloss das Fenster jetzt genauso vergeblich wie alle anderen Male zuvor. Auch ich wollte zum wer weiß wievielten Mal hinuntersteigen, um nachzuschauen, ob ihr inzwischen nicht schon auf den Hof gefahren seid. Doch dann dröhnten Pferdehufe und Wagenräder, die auf die rundlichen Steine schlugen, mit denen die Durchfahrt von der Straße zum Hof direkt unter der Wohnung der Patentante gepflastert waren, durch das ganze Haus.

„Das sind sie!", rief ich aus und stürzte die Treppen hinunter.

Bis ich hinuntergestiegen war, hattest du schon den Hausflur betreten, wo eine blau verkleidete Glühbirne ein ziemlich gespenstisches Licht von der Decke warf. Ich hatte befürchtet, du könntest dich bei meinem Anblick erschrecken; aber du riefst ziemlich fröhlich: „Guten Abend, Patenonkel!" Und du küsstest meine Hand.

Erst als ich zu reden begann, war es so, als ob du zu dir kommen würdest, und du erschrakst. – Bei der Bewältigung der Gefahren hattest du völlig vergessen, dass Patenonkel seit August auf dem Waldfriedhof lag, und dies hier war nur seine äußere Hülle, die dir entgegenkam.

Ich hatte mich gut erholt und konnte wieder gehen und steigen. Du musstest so schnell wie irgend möglich etwas Trockenes anziehen.

Als ich auf den Hof trat, sah ich anfangs nur schwarze Finsternis. Dann schälte sich wie aus Decken direkt vor meinen Augen ein Pferderücken hervor. Das Joch ragte hoch in den Himmel. Etwas knirschte und raschelte. Der Kopf eines Mannes erschien.

„Binden Sie selber auf!", sagte dieser sehr mürrisch. „Ich weiß nicht, wo der Anfang ist. Ich habe schon ganz rissige Finger. Da habe ich mir Ärger aufgehalst."

Ich selber hatte den letzten Knoten festgezurrt und wusste zumindest, wo er zu suchen war. Und nachdem die erste Schnur gelöst war, machte es keine Schwierigkeiten mehr, die übrigen zu lösen. Nun erklärte sich der Herr bereit, damit fortzufahren; ich solle ruhig die Gepäckstücke hochschleppen. Und das tat ich dann auch, wobei mir warm wurde und immer wärmer bis ich schließlich wieder in Schweiß ausbrach, wie beim Ziehen des Wagens. Als ich das letzte Stück geschultert hatte, war auch Brimerberǵis mit dem Aufschnüren fertig.

„Danke! Und stehe Ihnen Gott bei!", sagte ich, nachdem ich seine Hand ertastet hatte.

Brimerberǵis gab keine Antwort. Seine Hand rollte wie tot aus meiner. Als ich hochstieg, folgte er mir, die Stricke über die Hand geworfen wie ein Fischer seine Netze.

„Ein paar Gläser heißen Tees würden jetzt ganz gut zupass kommen", sagte er anstelle eines „Guten Abend!", als er die Stube betrat, worauf Patentante freundlich antwortete: „Aber bitte! Nehmen Sie doch Platz."

Du saßest bereits und hattest neben dem Brotteller eine Flasche Hochprozentiges hingestellt. Bei diesem Anblick richteten sich bei Brimerberǵis die kurz geschnittenen Schnurrbarthaare auf wie bei einem Fisch die Flossen. In diesem Augenblick beeiltest du dich zu sagen:

„Auf die glückliche Ankunft!"

Du fülltest Aufgesetzten aus Pielbaumbeeren[13] in die Gläser und stelltest dem Gast das vollste hin. Wir stießen an.

„Das schmeckt ja nach mehr!", rief Brimerberǵis und ließ die Luft geräuschvoll aus den Wangen entweichen, spießte eine Frikadelle auf die Gabel – insgesamt gab es nur zwei – und begann zu schmatzen wie ein Ferkel.

Dir reichte ein Glas, mir zwei. Auch Brimerberǵis bekam nicht so viel, wie er vielleicht gewollt hätte; denn für einen hingebungsvollen Trinker ist keine Flasche groß genug. Aber auch schon dieser Tropfen hatte ihn viel gesprächiger gemacht, als er von Natur aus war.

„Haben Sie vielleicht sonst noch etwas zu verkaufen?", wandte er sich an dich, denn du hattest ihm unterwegs für ein Kilo Butter schon meine Gummistiefel und den großen Regenschirm weggegeben, Dinge, die dir als Beschwernis erschienen, sollte der Weg uns weiter führen.

„Da gibt's wohl nichts mehr, was wir entbehren könnten", sagte ich.

„Vielleicht ein Rundfunkgerät? Oder eine Nähmaschine? Deren Wert kann nur steigen. Und unter der Uhr – was ist das für ein Bündel?"

Das war meine „Urania piccola", auf der ich noch heute schreibe, und ich sagte: „Die Nähmaschine hättet ihr tatsächlich haben können; nur ließ sie sich leider Gottes irgendwie nicht mitnehmen. Wie hätten wir denn so schwere Gegenstände schleppen können?"

---

13 Pielbaumbeeren – im baltischen Deutsch traditionelle Bezeichnung für Vogel- bzw. Ebereschenbeeren.

„Solche Dummköpfe!", entfuhr es Brimerbergis.

Als wollte er uns eine Lektion erteilen, sagte er uns nun besonders gute Preise zu. Für eine Handnähmaschine hätten wir zwei Kilo Speck bekommen, und eine mit Fußantrieb – drei. Und was für einen Speck, ohne einen einzigen Magerfleischstreifen. Nichts als reine Ware. „In Butter dagegen kann man das eine oder andere hineinpanschen, das wissen Sie doch selbst."

„Wie hätten wir dies voraussehen sollen?"

„Und was hatten Sie sonst noch, das heißt – zu Hause?"

„Dort hatten wir vieles, wie Leute eben, die längere Zeit an einem Ort gewohnt haben. In meinem Arbeitszimmer Möbel aus erlesener Fichte, nach einem Entwurf von Rubis[14], in anderen Zimmern mit Eichenfurnier. Metallbetten und Federkissen. Auch Schlafsofas. In der Küche einen Herd mit Sparkochstellen und eine Wasserpumpe. Im Schuppen viel Holz, das ich im Winter selbst im Wald geschlagen, auf einem Schlitten nach Hause gezogen und dort zerkleinert habe. Auf dem Hof eine zweite Pumpe mit Windrad und einen Zementtrog, der 120 Eimer fasst – zum Bewässern des Gartens. Das alles hätten Sie fast umsonst haben können. Es gelang uns noch, einige der kleineren Sachen zu verschenken. Dies und das wurde im Boden vergraben."

„Verrückte Leute! Im Boden! Das wird doch nass und verrottet oder verrostet."

„Soll es doch verrotten! Deshalb vergräbt man ja Sachen – damit sie verrotten und nicht herumliegen."

„Und Sie haben keine Angst, dass jemand sie ausgraben könnte?"

„Ist denn der Mensch nicht das Allerteuerste, und trotzdem scheuen wir nicht davor zurück, selbst Angehörige zu vergraben. Und wenn dann jemand doch ausgegraben worden ist, dann um eines Schmuckstücks oder Ringes willen. Sollen sie graben, Herr Brimerbergis. Ein Reicher wird ohnehin nicht graben."

„Sagen Sie das bloß nicht! Wissen Sie was? Ihr Haus ist, gnädige Frau, wie Sie berichteten, das erste auf der rechten Seite, wenn man von Riga kommt. Nicht wahr? Ich werde morgen hinfahren und noch an mich nehmen, was einigermaßen wertvoll ist. Geben Sie mir bloß ein entsprechendes Schreiben mit. Wenigstens diese Nähmaschine. Für das Buffet sollen Sie zwei, lassen sie uns nicht kleinlich sein, drei Kilo Butter bekommen. Für den Kleiderschrank ebensoviel. Sicherlich werde ich noch mehr finden, was mir zusagt. Sie können es mir ruhig anvertrauen. Wie ich schon sagte, ich kenne doch hundert Gedichte auswendig. Oder möchten Sie mitfahren? Das wäre noch besser."

---

14   Pauls Rūdolfs Rubis (1897–1970), lettischer Kunsthandwerker, Aquarellist und Gefängnisreformer. Auf seinen Vorschlag hin verabschiedete die verfassungsgebende Versammlung Lettlands 1921 ein Gesetz, das Insassen der Vollzugsanstalten die Möglichkeit freiwilliger Arbeit bot. Große allgemeine Popularität erlangten daraufhin vor allem die im ethnographischen Stil gehaltenen Möbel aus den Gefängniswerkstätten.

„Darum geht es nicht!", sagte ich und reichte ihm die Hand. „Aber jetzt müssen Sie los. Es geht schon auf Mitternacht zu. Patentante muss morgen früh aus den Federn. Sie möchte Sie zum Tor hinauslassen. Vielen Dank für die Hilfe."

„Aber nicht doch", gab Brimerbergis wohlwollend zurück. „Aber das Schreiben, das Schreiben!"

„Ach ja, das Schreiben."

Ich ging ins andere Zimmer und schrieb an den Leiter der Nachrichtenabteilung, er möge dem Überbringer dieser Notiz alle leeren Flaschen aushändigen, die sich im Küchenschrank finden ließen. Sonst nichts. Dann händigte ich den sorgfältig zugeklebten Brief Brimerbergis aus, der ihn mit den Worten in Empfang nahm:

„Das mit der Bezahlung regeln wir dann morgen Abend. Kommen Sie doch alleine oder beide in die Džutas-Straße Nr. 2."

„Was sollen wir da über Bezahlung reden. Sie haben sich uns gegenüber doch so entgegenkommend verhalten."

„Nicht wahr? Genau genommen würden Sie noch nicht hier sitzen, wenn ich Sie nicht abgeschleppt hätte. Stimmt doch?"

Er ergriff deine Hand und du sagtest mit abgewandtem Blick: „Sicher."

„Ist es denn nicht schön, auf gute Menschen zu treffen?"

Nun schüttelte Brimerbergis herzlich deine Hand und hörte damit auch dann nicht auf, als du sagtest, dass es wirklich schön sei, auf gute Menschen zu treffen.

„Sehen Sie, das ist das wahre Leben", ließ er seine Stimme in feierliche Höhen steigen. „Man kann sagen – bunter als in jedem Roman. Oh, was alles ließe sich über mich schreiben, wenn ich damit beginnen würde zu erzählen", wandte er sich nun wieder an mich.

„Das glaube ich."

„Wenn Sie sich erholt haben, schreiben Sie doch fürs Erste etwas über unser merkwürdiges Zusammentreffen auf der Vidzemes-Landstraße [Livländische Chaussee] zu Fluchtzeiten. Da werden die Leute was zum Lesen haben. Ich selbst werde es lesen und schmunzeln."

„Wie denn anders! Über einen guten Witz muss doch jeder lachen. Aber nun würden wir doch sehr bitten …"

„Ich selbst war in meinen jungen Jahren ein wahrer Büchermensch. Hundert Gedichte hatte ich auswendig gelernt. Wirklich! Ich hatte nicht so einen Holzkopp wie manch anderer. Ich nahm mir vor, sie auswendig zu lernen, und ich lernte sie auswendig. Ein Klacks war das! Noch jetzt kann ich sie aufsagen, und sei es auch mitten in der Nacht."

„Zum Beispiel?"

„Nun, wie wär's gleich mit diesem hier – wie hieß es bloß … Wissen Sie, man kann ja nicht für sein Leben lang Verse so vieler Dichter behalten. Warten Sie, wie war da bloß der Anfang … Hm!"

„Versuchen Sie sich zu erinnern. Wenigstens ein Gedicht müssen Sie aufsagen. Es ist fast schon Mitternacht. Wir haben ein Gespräch über Lyrik begonnen. Es sind Frikadellen verzehrt und Aufgesetzter aus Pielbaumbeeren getrunken worden. Da müsste doch der Überschwang der Jugend wieder zum Leben erwachen!"

Brimerberģis' Gesicht zeigte nicht die geringste Spur von Begeisterung. Einen Augenblick lang stand er noch da, seine Lippen taten so, als würden sie Worte bilden, und dann räumte er ein: „Sehen Sie, wie man alles vergisst, wenn einem die Zeit fehlt, in Ruhe zu ordnen, was man mal gewusst hat. – Haben Sie zum Abschied vielleicht eine Zigarette?"

„Hier, bitte. – Nun wird's aber Zeit!"

„Wie, das ganze Päckchen?! Nun ja, wenn man schon selber nicht raucht … Danke, danke!"

„Keine Ursache!"

„Wenn man es genau nimmt – wäre ich nicht aufgetaucht, würden Sie sich noch jetzt mit Ihrem schweren Wagen über die löcherige Ropažu-Straße quälen, vorausgesetzt, Sie hätten es überhaupt den Baložu-Berg hinaufgeschafft. – Nun, dann bis morgen Abend. Im ersten Haus auf der rechten Seite. Nicht wahr?"

Brimerberģis verabschiedete sich noch einmal mit einer Hand, die kalt war wie Eis – obgleich er Schnaps und heißen Tee getrunken und in einem halbwegs warmen, dennoch ungeheizten Raum gesessen hatte.

6.

Nachdem unser Gast fort war, unterhielten wir uns noch einen Augenblick lang über die Erlebnisse des Tages. Am meisten wurde der Name Brimerberģis genannt. Du konntest ihm die Unverschämtheit nicht nachsehen, mit der er mich beim ersten Zusammentreffen angesprochen hatte. Ich grollte darüber, dass er dich bei den Stiefeln übers Ohr gehauen hatte, für die er mitten in der Nacht das Fünffache dessen erhalten würde, was du ihm dafür gezahlt hattest. Zudem hatte er uns die beiden Frikadellen quasi aus dem Mund gerissen und die ganze Flasche Likör geleert. Und zu guter Letzt mussten wir uns noch in seiner Schuld wähnen, weil er uns von dem Wagen befreit hatte. Was für ein Schurke!

Aber dann begannen wir, die Sache auch von der anderen Seite zu betrachten, und erschraken nicht wenig. – Hatte ich womöglich falsch gehandelt, als ich ihn dazu brachte, für nichts und wieder nichts einen so weiten Weg mit einem derart beschämenden Brief zurückzulegen? Brimerberģis war doch der einzige Mensch gewesen, der uns seine Hand zur Hilfe reichte, wenn auch nicht ohne eigennützige Absichten.

Mit dem Schiff nach Deutschland

1.

Du erinnerst dich, dass wir nach Kurzeme wollten, um nach dem Eintreffen der Wunderwaffen schneller zurückkehren zu können. Der Militärarzt, der in unserem Haus wohnte, wurde mit samt dem Hospital nach Saldus [Frauenburg] verlegt und sagte doch zu, uns mitzunehmen. Aber wie es in der Regel so ist: Fremde Wünsche dienen niemals unseren Absichten. Als der Augenblick kam, an dem wir ins Auto steigen sollten, reichte der Platz dort nicht einmal für uns selbst, ganz zu schweigen von Paketen und Bündeln, die sich wie Kletten an einem haften, sobald man sein Zuhause verlässt.

Ja, hier waren wir nun in Riga, im Herzen Lettlands, selber Letten aus ganzem Herzen; lange Jahre hatten wir hier gewohnt, gearbeitet. Weshalb erschien hier alles nun so fremd? Wohin man sich auch wandte – man kam nirgendwo hinein. Gleich am Morgen, während Patentante und du die durchnässten Bündel umgepackt, gebügelt und euch zurechtgemacht habt, hatte ich bereits viele Wohnungen von Kollegen und Freunden aufgesucht. Nirgends wurde mir geöffnet, egal ob ich klingelte oder an der Tür klopfte. Offensichtlich waren sie alle fort oder sie spürten, dass der Umbruch bereits in der Luft lag, und kapselten sich deshalb ab. Keine Anschrift taugte mehr was. Ich versuchte, die einst so vertraute Redaktion in der Kalēju-[Schmiede-]Straße zu betreten. Eine andere Zeitung, ein fremder Raum, kein Redaktionsjunge. Jemand erkannte mich dennoch und fragte: „Sie sind noch hier?"

„Ja", stotterte ich. „Ich weiß nicht, was ich tun soll. Ich suche nach Bekannten."

„Wenn Sie noch wegwollen, dann ist dafür jetzt der letzte Augenblick. Die Deutschen werden Riga nicht halten. Der Bolschewik hat bereits die Verbindung über Land abgeschnürt. Die einzige Möglichkeit sind Schiffe. Zwei oder drei stehen noch im Exporthafen. Gehen Sie an Bord, sofern Sie kein Sklavendasein führen wollen."

Der freundliche Fremde, zweifelsohne einer der Redakteure, schob mich auf den Flur hinaus und empfahl mir, die Meldestelle aufzusuchen, und nannte mir die Anschrift. Ich weiß bis heute nicht, um welche Behörde es sich handelte, aber als ich dort hineinging und fragte, ob ich nicht auf ein Schiff gelangen könnte, weil ich einen kleinen Ausflug nach Deutschland im Sinn habe, winkte das weibliche Wesen mit dem Kopf: „Ihren Pass!"

„Ja, aber ich werde nicht alleine sein."

„Frau? Kinder? – Wir brauchen sie nicht zu sehen. Wir brauchen nur die Ausweise, um diese abstempeln zu können."

Zum Glück hatte ich deinen Pass schon gestern an mich genommen, weil du ihn nirgends bei dir einstecken konntest. Ich reichte beide hinüber. Dort wurde auf der Innenseite des vorderen Einbands etwas Großes und Lilafarbenes hineingestempelt. Zusätzlich eine Bescheinigung, die man vorzeigen musste, um auf das Schiff zu gelangen, einen alten französischen Dampfer, wie wir später sahen. Sein Name war *Malgache*[15]. Ich ging gleich zum Hafen hinunter und überzeugte mich. Ja, dort stand er, hoch wie ein dreistöckiges Gebäude.

Vom Daugava-[Düna-]Ufer aus fuhr ich mit der Straßenbahn direkt zur Wohnung von Patentante, wo ich euch ziemlich besorgt vorfand. – Die Polizei hatte angeordnet, dass alle Häuser in diesem Bezirk bis morgen früh geräumt werden müssten. Du standest inmitten deiner Bündel, als ob du sie verkaufen wolltest. Patentante rang ihre Hände:

„Es ist ein Kreuz, nichts als Kummer! Wo sollen wir denn bloß bleiben? Wäre doch wenigstens Eidis aus Ikšķile [Üxküll] in die Stadt gekommen. Aber der kann einfach nicht aufhören, Abschied zu nehmen vom elterlichen Hof, den der Bolschewik sich sowieso früher oder später aneignen wird …“

Es lag jetzt nicht an uns zu jammern oder uns unnütz zu grämen. Das Schicksal selbst hatte uns zur rechten Zeit einen Weg geebnet. Uns blieb nur, die Bündel neu zu schnüren, die Riemen um die Koffer festzuziehen, zu entscheiden, was wir als Gepäck aufgeben und was wir bei uns behalten wollten. Zwei alte Koffer, vollgestopft mit Wäsche, Kleidern und Skizzen. Die konnte man gefahrlos herumwerfen und im Bauch des Schiffes stauen und knillen[16]. Als Handgepäck außerdem ein kleiner Koffer, aus Schweinsleder glaube ich, von der Art, die man als Necessaire bezeichnet. Dann ein Rucksack für jeden von uns mit Lebensmitteln und den allerwertvollsten Sachen. Deiner war sogar groß genug für eine 4-Liter-Milchkanne, voll mit Honig aus den Bienenstöcken deines Bruders. Noch passten dort silberne Löffel, Messer und Gabeln hinein – ein kostbares Andenken von einem Jubiläum. Ich selbst hätte ja so etwas nicht gekauft. Prüfend hoben wir die Gepäckstücke an und schätzen das Gewicht, damit wir die erlaubten 40 Kilo pro Person bloß nicht überschritten. Zum wievielten Mal stellte ich ganz in die Mitte der Sachen meine beiden zusammensteckbaren Angelruten, die gleichfalls liebe Auszeichnungen zu einem Jubiläum waren. Aber nun türmte sich über all dem die allergrößte Sorge auf: Wie schaffen wir das Gepäck bis zum Hafen? Ich sagte:

„Geschadet hätte es nicht, wenn wir Brimerberģis diesen Wagen nicht überlassen hätten. Wir würden dann alle Sachen redlich wieder aufladen, ich würde zwischen die Deichseln treten und du würdest schieben. Wer hätte dies voraussehen können …“

Patentante vergaß für einen Augenblick ihren Kummer. Sie band ihre Schürze los, strich sich das weiße Haar zurecht und sagte:

---

15 Malgache – französische Bezeichnung für Madagaskar.
16 Knillen – deutschbaltische Bezeichnung für knautschen.

„Wartet! Ich werde gleich zum Hausmeister hinunterlaufen. Er hat einen großen zweirädrigen Wagen, wie die Gepäckträger beim Bahnhof."

Sie lief hinunter und kehrte gleich wieder zurück.

„Er knurrt zwar, aber er wird schon nachgeben, wenn er Schnaps sieht. Dem Scheusal steht der reine Fusel bis zur Halskrause. Ich werde ihm dies hier andrehen!"

Patentante holte aus dem Küchenschrank ein Viertelliterfläschchen hervor und stellte es auf den Tisch. Dazu merktest du an:

„Wir werden es dir zurückgeben. Wir haben zwei Flaschen Schnaps und eine halbe Flasche Cognac. Sieben Flaschen haben wir unter dem Johannisbeerstrauch vergraben. In diesem Jahr hat mein Mann drei Bücher veröffentlicht, und für jedes teilte die Lebensmittelverwaltung sechs Flaschen einfachen Schnaps und zwei Flaschen Likör zu, gedacht zu Repräsentationszwecken. Es ist uns gelungen, sie für einige Esswaren einzutauschen, vor allem Fett."

Inzwischen stand der Hausmeister bereits in der Zimmertür. Ein Mann wie ein Löwe. Er knurrte nicht, sondern polterte:

„Man darf keine Katze im Sack kaufen. Was soll denn hier weggebracht werden? Ach so, alles, was auf dem Boden liegt?! Diese Menge! Die Rucksäcke werdet ihr selbstverständlich selber tragen müssen und einiges Handgepäck dazu. Ja. Das wird wohl draufpassen. Geld braucht heutzutage niemand mehr. Wenn das für euch in Ordnung geht – sechs Flaschen Schnaps vom Staatsmonopol und etwas zum Rauchen."

Du gingst in das andere Zimmer. Ich setzte mich hin und begann, eine alte Zeitung zu lesen.

„Sie haben weder Schnaps noch Papyrossi", sagte Patentante entschieden. „Sie haben zwei Kilo frisches Rindfleisch. Vielleicht könnten Sie dafür Ihren Wagen für, sagen wir einmal, zwei, drei Stunden ausleihen?"

„Meinen Wagen gebe ich auch für tausend Mark nicht aus den Händen. Wissen Sie, in einigen Tagen wird die Mark 10 Kopeken wert sein. Der Rubel steht gleich vor der Tür. Und Rindfleisch, – da muss man etwas dazutun, erst nach drei Stunden Kochen kann man es überhaupt runterschlucken."

„Ich wollte auch den Viertelliter Schnaps anbieten."

„Dass ich nicht lache! Halten Sie mich für einen Säugling? Das ist doch ein Schnuller!"

Der Hausmeister wandte sich um und ging genauso ruhig, wie er hereingekommen war, auch wieder hinaus. Kein „Guten Tag", kein „Auf Wiedersehen". Ich faltete die Zeitung zusammen und legte sie weg. Du kamst herein und sagtest:

„Als ich jung war und in der Hospitāļu-[Hospital-]Straße 3 wohnte, wuchs unter meinem Fenster eine stattliche Birke. Durch die Zweige hindurch konnte man einen großen Hof der Schwerlastfuhrleute sehen, mit dem Tor zur Torģeles-[Torgelschen]Straße hin. Ich glaube, dass dort auch jetzt noch Fuhrleute verkehren. Ich werde hingehen, mich umschauen und sei es der Allerschäbigste und Allerteuerste, ich werde ihn anheuern. Wir müssen doch von hier wegkommen."

„Das stimmt", unterbrach ich dich, „aber wäre es nicht vernünftiger, für den Abtransport die Straßenbahn zu nutzen? Das ist kein Scherz. Betriebsbeginn ist doch um sechs, nicht wahr? Wenn wir mit der ersten Straßenbahn alle drei bis zur Daugava gelangen, bleibst du bei den Sachen und Patentante und ich [fahren noch einmal zurück][17] – die Gepäckstücke sind doch so geschnürt und bemessen, dass man sie leicht tragen kann. Es wären nicht mehr als zwei Fahrten nötig."

Während meiner ganzen Ausführungen winkte Patentante mit beiden Händen ab, und sobald ich aufgehört hatte, sprudelte sie los:

„Du Verrückter! Du hast vergessen, dass wir mit der Straßenbahn bloß bis zur Ecke der Valdemāra-[Waldemar-]Straße oder bis zum Schloss kommen. Der Exporthafen liegt aber hinter dem Zollgarten, ungefähr dort, wo der Viestura-Park [Wiesturgarten] ist. Nein, nein!"

Sie hatte recht, nun besann auch ich mich und erinnerte mich, dass ich lange zu unserer *Malgache* unterwegs gewesen war. Wir ließen dich zur Torǵeles-Straße gehen, von der du trotz allem etwas fröhlicher zurückkehrtest als du losgezogen warst, wenngleich du keine Klarheit gewonnen hattest. Aber zumindest konntest du uns berichten, dass dir beim Gang durch eine kurze Querstraße unvermittelt ein ehrenhafter Fuhrmann eingefallen war, der deiner Schwester früher manches geliefert hatte.

Ohne auch nur einen Augenblick zu verlieren, seiest du durch das enge Tor eingetreten. Er selbst sei nicht zu Hause gewesen, doch habe seine Frau gesagt, du solltest doch noch mal am Abend vorbeischauen. Als du noch hinzugefügt hattest, du seiest die Schwester der Frau Soundso, sei die Frau des Fuhrmanns ganz freundlich geworden und habe gesagt: „Das wird schon."

Und dann gingst du am Abend noch einmal los und kehrtest spät zurück, doch ganz beruhigt und froh, denn der Fuhrmann habe zugesagt, pünktlich um sieben da zu sein. Das Entgelt: fünfzig Mark in bar, die beiden Kilo Fleisch, eine Flasche Branntwein. Und weil er sich so bescheiden gezeigt hatte, habe sie noch drei von den vielen Zigarettenpäckchen draufgelegt, die sich bei uns angesammelt hatten.

Wir gingen gleich zu Bett und schliefen ziemlich fest. Nur wenn ich mich auf die andere Seite drehte, vernahm ich den dröhnenden Boden unter uns und spürte das Gemäuer zittern. Denn die deutschen Streitkräfte zogen in einem ständigen Strom über die ehemalige Brīvības-[Freiheits-]Straße[18] nach Kurzeme.

---

17 Der Text in den eckigen Klammern ist im Original nicht vorhanden und hier sinngemäß ergänzt worden.

18 Ehemalige Brīvības-Straße – wie überall unter nationalsozialistischer Besatzung war auch in Riga die Hauptstraße der Stadt nach Adolf Hitler benannt worden.

2.

Uns war freundlicherweise das Schlafzimmer der Tochter und des Schwiegersohnes von Patentante zur Verfügung gestellt worden, dort schliefen wir wie zu Friedenszeiten. Und trotzdem ließen uns die Abreisesorgen früh aufwachen. Nachdem wir wach geworden waren, hörten wir im vorderen Zimmer leises Gemurmel. Patentante war also nicht allein. Die Stimmen schwollen gelegentlich zu Wellen an. Nach genauem Hinhören sprangst du auf:

„Das ist Ellas Mann!"

Wir wuschen uns schnell, zogen uns an und gesellten uns zu denen, die dort in der Morgendämmerung am Tisch saßen. Die Uhr schlug sechs.

Es war tatsächlich Bernāts, der Schwiegersohn von Patentante. Nachdem wir uns begrüßt hatten, setzten die beiden das angefangene Gespräch fort. Über unser Schicksal war Bernāts bereits unterrichtet worden; nun wurden wir Zuhörer einer ziemlich dramatischen Auseinandersetzung. Du selbst hattest gesagt, dass Schwiegersohn und Schwiegermutter gar nicht gut miteinander auskommen. Nun zeigte sich dies ziemlich offen.

„Schaut, wie sich das nun darstellt", wandte sich Bernāts an uns. „Ich bin ein verlassener Mann, sonst nichts."

„Was schwätzt du da!", gab Patentante zornig zurück. „Du selbst lässt Frau und Kinder in Ungewissheit zurück, lebst in Ikšķile ohne Sinn und Zweck. Alle jungen Leute fliehen – wohin, egal, nur weg. Der Russe kommt. Wen wundert's, dass sie dann mit der Schwester von unserer Nate hier nach Durbe [Durben] fährt? Sagtest du nicht selbst, man müsse sich an die Familie Balodis halten?"

„Von Durbe war keine Rede. Was ist denn Durbe schon? Dort verkriechen sie sich jetzt alle wie Mäuse unter dem letzten Haferhaufen. An die Hundert allein von meinen Verwandten. – Wenn schon der Deutsche auf der gesamten Front zurückweicht, sozusagen flieht, was soll dann Kurzeme gegen die russische Lawine anfangen? O weh! Weshalb hat sie die paar Tage nicht gewartet? Wir hätten uns beraten können, was tun, – bleiben oder fliehen. Eidis hat sich auch wie ein Verrückter nach Durbe davongemacht."

„Für dich sind doch alle verrückt, die nach Durbe fahren."

„Dann werde ich ihnen doch nicht hinterherlaufen. Ich habe einen ganzen Sack Mehl mitgebracht und ein halbes Schwein." Er wies mit dem Kopf zum Flur, wo man durch die offene Tür tatsächlich rundliche Umrisse ausmachen konnte. „Ich bleibe hier, komme was da wolle. Oder ich vertraue alles deiner Obhut an und werde mit denen hier nach Deutschland fahren."

Nach diesen Worten begann der große, kräftige Mann zu weinen; er bettete die Stirn in seine Handflächen und sackte auf dem Tisch geradezu zusammen. Du versuchtest ihn zu beschwichtigen:

„Bernāts, rede doch keinen Unsinn. Versuche dich nach Durbe durchzuschlagen. Du hast ein Fahrrad. Zwei Tage wirst du dafür brauchen. Mit uns zusammen kannst du nicht mehr fort. Der Anmeldeschluss für unser Schiff war gestern. Es sticht heute um elf in See. Bringe Patentante mit den Lebensmitteln irgendwo in der Nähe bei Bekannten unter, solche hast du ja reichlich. Mein Rat wäre, die Wohnung abzuschließen und, sobald der Russe einmarschiert ist, wieder zurückzukehren. Denn die werden wiederum ihre eigenen Anweisungen haben."

„Ich habe mich bereits darauf eingestellt, auf dieser Erde oder im Jenseits zu weilen. Was zählt denn zu Kriegszeiten das Leben einer alten Frau, wo doch Menschen in ihrer Blüte wie Fliegen sterben. Fahr schon! Dann wird's allen ruhiger ums Herz sein. Der Himmel hat sich aufgeklärt, die Wege werden schon getrocknet sein. Es sind weniger Leute unterwegs. In der Zeitung heißt es, die Russen seien aus Tukums [Tuckum] wieder zurückgedrängt worden. Vielleicht gelingt es dir, dich durchzuschlagen und mit einigem Glück nach Durbe zu gelangen."

„Ach soll ich jetzt hinterherlaufen, heulend wie ein Welpe?"

„Gehst du aber nicht, wirst du hier heulen. Du hast es ja nicht gesehen –", an dieser Stelle fing auch Patentante an zu weinen und hielt sich den Zipfel der Schürze vor die Augen, „nicht gesehen, wie sie heulte, als du nicht kamst und sie nicht wusste, was sie tun sollte. Kinder sind ja Kinder – für die ist jede Fahrt ein Vergnügen; aber Ella ist nicht gerne gefahren. Sie fuhr nur deshalb, weil ihr verabredet hattet, ihr würdet in der Nähe der Verwandten bleiben."

Während ihr euch unterhieltet, öffnete ich ab und zu das Fenster, lehnte mich hinaus und blickte nach unten. Die Straße hatte sich geleert. Nur selten raste ein Personenkraftwagen in Richtung Innenstadt. Wer weiß, dachte ich, ob bei uns zu Hause bereits andere Nachrichtenleute Quartier bezogen haben. Was soll's, gut, dass sich die Deutschen schon davongemacht haben. Auf den so still gewordenen Straßen würden wir es leichter haben, bis zur Daugava zu gelangen. Und wie gut, dass keine Bomben fallen. Wäre eine für uns bestimmt, wie leicht hätten wir aus dem dritten Stock in den Keller stürzen und dort unten vergraben werden können. Auch unser Schiff konnte untergehen oder in die Luft fliegen. Aber nun werden wir uns mit ihm auf den Weg in ein Land machen, wo Bomber, wie es in den Zeitungen heißt, die Städte mit Teppichen belegen.

Endlich war es an der Zeit. Die Uhr schlug gerade sieben, als unser Fahrer eintraf und damit einen jähen Schlussstrich unter alle Gespräche zog und allem, was noch zu besprechen war. Wir beide ließen uns nun von der einen Welt verschlingen, die beiden anderen dagegen womöglich jeder von seiner eigenen. War es für kurze Zeit? Für lange Jahre? Für immer und ewig? – Selbst heute wissen wir das noch nicht.

3.

Wir ließen die Beine gemütlich über den Wagenrand baumeln und waren bis zum Strēlnieku-[Schützen-]Garten gelangt, als ich bat anzuhalten. Dort überquerte Ernests Veilands[19] gerade die Straße, sein Bart ganz weiß. Ich winkte mit der Hand und mit einem angenehmen Lächeln trat er zu uns.

„Nimm's nicht übel", entschuldigte ich mich. „Herabzusteigen wäre ein Leichtes, doch bin ich schwer angezogen und wieder hochzuklettern wäre kein Spaß. Schau, unter dem Wintermantel habe ich noch einen zweiten Mantel. Wir fahren weg. Was spazierst du so gemächlich über die nobelste aller Straßen?"

„Von wegen Gemächlichkeit und Noblesse. Ich muss noch das eine oder andere erledigen. Und wohin gedenkst du dich abzusetzen?"

„Man kann ja nirgends hin als nur nach Deutschland. Wir fahren mit dem Schiff. Das soll nach Danzig gehen. Was das Weitere angeht – das liegt für mich derzeit im Dunkeln."

„Hast du keine Angst, versenkt zu werden?"

„Wenn ich hier bleibe, gehe ich genauso unter. Ich habe schon versucht, in solchen Gewässern zu schwimmen. Ich kann es nicht."

Gestern war es mir nicht gelungen, auch nur einen einzigen Bekannten aufzutreiben. Heute traf ich mitten auf der Straße einen Kollegen und Freund. Aber wie rasch hatten wir alles gesagt. Ich sah, dass er etwas hinter seinem weißen Bart verbarg. Ebenso sah er, was sich in mir verbarg. Wir verstanden uns. Wir taten einander leid. Er zumindest erahnte sein Schicksal: Er würde bleiben! Unseres hingegen nahm irgendwo anders Gestalt an und ist, wie du siehst, uns stets gewogen gewesen. Denn mich behütete immer und überall meine eigene Vergangenheit.

Ich weiß genau, es hat keinen Zweck, gegen die Zukunft anzurennen. Was den kommenden Tag angeht, sind wir genauso unwissend wie irgendein anderer Gras- oder Fleischfresser.

4.

Erinnere dich doch, wie übervoll wir den weiten Platz um das Schiff herum vorfanden. Viele hatten sich bereits gestern Nachmittag hier eingefunden und die Nacht entweder an oder auf ihren Habseligkeiten verdöst, die allesamt ziemlich ähnlich aussahen. Zum größten Teil Säcke, Säckchen, Koffer, Kisten, sogar alte Aussteuer-Truhen. Ganz in unserer Nähe stand eine Frau in mittleren Jahren, die

---

19 Ernests Veilands (1885–1963), lettischer Maler, schuf hauptsächlich realistisch gehaltene, detailgetreue Landschaften und Stillleben. Floh nicht vor der zweiten sowjetischen Besatzung, avancierte nach dem Krieg zum „Meister der angewandten Kunst".

bis auf ein Binsen-Körbchen nur einen einzigen Gegenstand bei sich hatte, eine *Singer*-Nähmaschine. Und du sagtest:

„Die wird nicht verhungern."

Ich ließ dich bei unserem Gepäck zurück und schritt den Platz ab, um zu sehen, ob wir nicht zu sehr beladen waren und wie die anderen Reisenden ihr Gepäck markiert hatten. Zu lernen gab es da wenig, von Verstehen ganz zu schweigen. Dort gab es zum Beispiel neue, aus gespundeten Brettern gezimmerte Kisten – so groß, dass man drinnen zu viert sitzen, trinken und Karten spielen konnte. Mit schwarzer Farbe stand auf jeder Wand der Name und die Anschrift in Riga geschrieben, ebenso auf dem Deckel und möglicherweise auch auf dem Boden. Egal wie man sie wenden mochte – sie würden stets aufrecht stehen. Als ich mich an einer dieser Kisten vorbeizwängte, versuchte ich ganz „unabsichtlich", sie mit der Schulter wegzudrücken. Sie haftete wie angeklebt an dem Kopfsteinpflaster.

Nun, zumindest konnten wir sicher sein, dass unsere Gepäckstücke weder Gewicht noch Umfang überschritten hatten.

Bald hatte ich die Sachen, die wir als Gepäck aufgeben wollten, mit meinem Namen versehen. Und da der Name so lang und kompliziert ist, konnten diejenigen, die hier die Aufsicht führten oder etwas zu sagen hatten, einen Teil davon als Adresse ansehen. Denn so ganz klar war niemandem, ob man den alten oder den neuen Wohnsitz angeben sollte. Beide waren doch nicht richtig – der eine war nicht mehr zutreffend und der andere noch nicht sicher. Abgesehen davon, vielleicht liefen wir auf eine Mine oder es fiel etwas von oben auf uns herab.

Wir vertrieben uns die Zeit, indem wir einiges umpackten, anhoben und wieder hinstellten und zuschauten, was unsere nächsten Nachbarn taten. Es ging bereits auf zehn Uhr zu. Bald sollte das Schiff in See stechen, aber noch immer kamen neue Reisende hinzu, die sich geschickt vor uns einreihten. Schließlich aber schwebte das erste Netz herab; es nahm Sachen mit äußerst widerstandsfähiger oder ganz weicher Hülle auf. Unsere Siebensachen von unbestimmter Gestalt gerieten zu einer Art Kehraus und kamen ganz zum Schluss dran. Der Gepäckberg auf dem Achterdeck des Schiffes wuchs nur so in die Höhe. Wollte anfangs jeder beobachten, wo seine Habe zum Liegen oder Stehen kommt, musste man sich später mit der Sorge begnügen, wie man dies alles bei der Ankunft wieder einsammeln würde.

Erst am späten Nachmittag wurde das lange Fallreep, das sich die Bordwand entlangzog, für Passagiere freigegeben. Dann aber drängten die Menschen in einem ununterbrochenen Strom nach oben, die Hände voller Lasten, unterm Arm nichts frei, mit umgehängtem, angehängtem oder gehaltenem Kleinzeug versehen. Nicht selten mussten die Kontrolleure den Passagieren die Dokumente aus den Zähnen hervorzerren und wieder in den Mund zurückstecken. Wir wurden von den Jüngeren immer weiter vom Fallreep weggeschoben, obgleich wir aus aller Kraft vorwärts drängten.

Endlich waren auch wir oben angelangt. Nur du ein wenig früher, aber es reichte, damit ich dich auf Deck nicht wiederfand. Zum Glück war ich gelassen genug, dass ich nicht nach dir suchte, sondern mich aufmachte, einen Platz für uns zu finden.

Ja, aber wo war hier denn noch etwas frei? Wohin man sich auch wandte, überall wühlten schon kleine Gruppen von Menschen. „Das ist unser Platz! Das ist meiner! Hier ist für uns vier besetzt! Trampeln Sie doch nicht auf uns herum!"

Ich stieg ins erste Deck hinab. Hier gab es einen großen Raum, in dem es furchtbar stank, aber er war geräumig und nur wenig besetzt. „Lasst uns nach unten gehen, dort soll es Pritschen zum Schlafen geben!", ermunterten sich die Leute gegenseitig, zogen aber nicht sofort los.

Zusammen mit den Flinken lief ich zur Treppe. Meine Gepäckstücke waren schon längst bleischwer geworden. Ich schwitzte, denn die beiden Mäntel und der dicke Anzug verhinderten, dass auch nur eine einzige Wärmekalorie in den Raum entwich. Nun war ich auf dem unteren Deck.

„Tiefer runter geht's nicht?", fragte ich einen Mann in meinem Alter, denn hier saßen in einer unglaublich langen Reihe bereits Männer, Frauen, Kinder auf zweistöckigen Pritschen. Nachdem ich keine Antwort erhalten hatte, wandte ich mich zu den Pritschen und versuchte einen anderen Anlauf: „Sagt mal, gibt's da nicht irgendwo eine kleine Ritze, wo noch zwei unterkommen könnten?"

Auch diesmal antwortete niemand, alles klammerte sich bloß noch fester an die Pritschenränder. Ich stieg hoch aufs obere Deck. Aber nun gab es auch hier keine Lagerplätze mehr. Der ganze Boden war belegt, nur die Verkehrswege hatte man noch freigelassen. Und unter der Treppe waren noch ein paar Quadratmeter unbesetzt. Rasch breitete ich meine Gepäckstücke aus: den Koffer, die Schreibmaschine, den Rucksack, die Angelruten. Einen Teil deckte ich mit dem ersten Mantel ab, den anderen – mit dem zweiten, und zuletzt warf ich den Hut darauf. Nun war dieses Plätzchen unser. Nun konnte ich mir Gedanken machen, wie ich dich finden und diesen Ort unter der Treppe in deinen Augen als den angenehmsten auf dem ganzen Schiff ausmalen sollte. Schau her, nahm ich mir vor dir zu sagen, in erster Linie berücksichtigte ich deine Abneigung gegen das Schaukeln. Hier ist die exakte Mitte des Schiffes, sozusagen seine Achse. Seine beiden Enden mögen sich in den Wellen wie Waagschalen heben und senken, aber uns wird es nie so arg herumschleudern, dass es in der Magengrube zu kitzeln beginnt. Das hat mir ein alter Tatare auf dem Kaspischen Meer nahegelegt, bei Windstärke zehn auf einem 700-Tonnen-Dampfer. Dort legte ich mich ebenso in der Mitte des Schiffes auf den Rücken und blickte frohgemut in den Himmel, während die Menschen oben und unten wie Kälber brüllten …

Aber da kamst du schon, und ich musste nicht mehr überlegen, was ich weiter sagen sollte, wenn dich diese Erklärung nicht zufriedenstellte. Du warst bis ganz nach unten hinabgestiegen, genau wie ich, und hattest sogar ein freies Plätzchen auf der obersten Pritsche im weichen Stroh gefunden. Aber dann war dir schon allein bei der Vorstellung, dass das Schiff ins Schwanken geraten könnte, das Herz erschlafft und du warst nach oben gestiegen, näher an die frische Luft. Der Geruch dort unten im Kellergeschoss – wie von Leichen oder stark stinkenden Pilzen.

„Ach hier hast du dich niedergelassen? Wie schön! Hier wird uns von oben immer mal eine frische Brise erreichen. Da es eine Art Verschlag ist, wird uns hier niemand auf den Füßen herumtrampeln. Wie ich sehe, befinden sich dort am Ende die Toiletten. Und weißt Du, unten bin ich dem Mädchen aus Ropaži begegnet, unserer Postbotin. Sie versprach uns aufzusuchen."

Nun, was will man noch mehr. So weit hatten wir es glücklich geschafft, auch wenn wir noch nicht vom Fleck gekommen waren.

5.

Es hatte geheißen, dass das Schiff um elf vom Ufer ablegen würde; aber noch immer kamen beladene Fuhrwerke an und stiegen Leute hoch, jetzt schon bequem, ohne überflüssiges Gedränge. Über den Fichten von Iļģciems [Ilgeziem] sank die Sonne bereits dem Abend entgegen. Die Menschen begannen unruhig zu werden – so könne der Bolschewik einem noch den Weg abschneiden. Einige wussten zu berichten, dass bei Vecāķi [Wezahken] schon russische Kanonen in Stellung gebracht worden seien, dass an der Hafeneinfahrt jeder Dampfer und jedes Boot versenkt werden solle, das versuchen würde, in See zu stechen. Andere hingegen nannten einen noch glaubwürdigeren Grund: In der Meeresenge zwischen Kurzeme und Saarema [Ösel], wo die Russen schon das Sagen hatten, konnte man Schiffe tagsüber unter Beschuss nehmen. Jawohl!

Gerüchte konnten auf so engem und überfülltem Raum binnen Sekundenbruchteilen die Runde machen. Diejenigen aber, die nicht alles glaubten, taten gut daran.

Abwechselnd erkundeten wir das Schiff, um uns mit diesem Bauwerk vertraut zu machen, das uns vorübergehend als Wohnsitz dienen musste. Du gingst als Erste, dann ich. Jedes Mal brachten wir eine neue Nachricht oder Entdeckung mit hinunter in unseren Verschlag unter der Treppe. Du sagtest erregt:

„Schon als wir auf das Schiff kamen, sah ich es – in einer Ecke, an der Wand zur Kapitänskajüte saß ein Mensch in einem besonderen Stuhl. Jetzt weiß ich, wer er ist. In der Nähe standen zwei Herren und unterhielten sich. Das ist Uhrmachermeister Valdmanis. Er hat einen Schlaganfall gehabt. Beim Vorbeigehen sah ich, dass seine Augen weit aufgerissen sind, doch spürte ich, dass er dabei nichts sieht. Und niemand war bei ihm."

„Ich hingegen sah vorhin eine Rolle Zeichenpapier, auch irgendwo oben. Auf der Rolle stand in großen Buchstaben hübsch aufgetragen: Alberts Prande[20]. Die Rolle steht noch immer da, nur hat sich deren Eigentümer nicht eingefunden. Gerne hätte ich ihn getroffen, denn seine Rasma ist meine Patentochter."

Dann kam unsere schlanke Postbotin zu uns und fragte, ob wir nicht ein Gefäß hätten – sie würde uns Kaffee bringen. – Ob wir zu Mittag gegessen hätten? Es habe eine fette Erbsensuppe gegeben. Nein, von einem Mittagessen wussten wir nichts. Wir gaben dem Mädchen unsere Reiseflasche mit und bekamen wässrigen Schiffskaffee zu trinken; dazu aßen wir lettisches Schwarzbrot, mit dem wir uns für möglichst lange Zeit eingedeckt hatten.

Ich machte abermals einen Gang durch das Schiff, um bei Tageslicht zu sehen, ob noch weitere Bekannte anzutreffen wären. Und tatsächlich fand ich einen – Edvards Vītols[21], irgendwo tief unten auf einer Pritsche ausgestreckt. Neben ihm, die Hände um ein Knie gekrampft, saß seine Gattin im Heu, eine Opernsängerin, die mit ihrem dünnen Mezzosopran wie ein kleiner Ball über die Bühne rollte, während er dort als Bühnenbildner tätig war. – Er malt große Aquarelle, dachte ich bei mir, und wir grüßten uns. Und oben auf dem offenen Deck schoss Vītoliņš[22], der junge Professor am Konservatorium, wie die Nadel einer Nähmaschine hin und her. Wir nickten einander aus der Ferne zu, da er sich reserviert gab.

Die Sonne war schon hinter den Fichten verschwunden. Endlich zog ein kleines Dampfschiff den Bug unseres Schiffes vom Ufer weg und richtete ihn so aus, dass das große Schiff damit beginnen konnte, sich mit schwerem Stampfen aus eigener Kraft flussabwärts zu schieben. Dein Gesicht verfinsterte sich; ich stieg aber nach oben, um noch die Daugava zu sehen. Bald versank die Stadt hinter

---

20 Alberts Prande (1893–1957), lettischer Maler, Journalist und Kulturschaffender. In seinem künstlerischen Werk widmete er sich vor allem dem Landschaftsgenre. Von 1919–20 leitete er die graphische Abteilung an der Druckerei für Staatspapiere der Republik Lettland und überwachte den Druck der lettischen Banknoten in Helsinki. Von 1927–31 war A. Prande zuerst Inspektor und anschließend Direktor der Nationaloper Lettlands. Außerdem war er zu verschiedenen Zeiten als Redakteur für den illustrativen Teil etlicher Zeitschriften zuständig. Für Jānis Jaunsudrabiņš hat A. Prande die Buchfassung des Romans *Neskaties saulē* [*Schau nicht in die Sonne*] (1936) illustriert. A. Prande war es auch, der 1926 in der Kunstzeitschrift *Ilustrēts žurnāls* einen reich bebilderten Artikel über J. Jaunsudrabiņš veröffentlichte, s. Wolfhard Raub, *op. cit.*, S. 64. A. Prande floh vor der erneuten sowjetischen Besatzung nach Deutschland und wanderte 1951 in die USA aus.

21 Edvards Vītols – die Angaben von Jānis Jaunsudrabiņš passen bis auf ein wichtiges Detail auf den Maler und Bühnenbildner der Nationaloper Lettlands, Eduards Vītols (1877–1954), der sich in konventionell realistischer Manier vor allem Landschaften und Stillleben widmete. Während J. Jaunsudrabiņš dem Künstler aber auf der Flucht nach Deutschland begegnet, gehen exillettische Lexika davon aus, dass er 1944 in Lettland verblieben sei. Auch sowjetlettische Quellen erwähnen keine Flucht aus der Heimat und führen stattdessen eine Lehrtätigkeit an der Staatlichen Kunstakademie Lettlands ab 1946 an.

22 Vītoliņš – aller Wahrscheinlichkeit nach handelt es sich um den lettischen Musikwissenschaftler Jēkabs Vītoliņš (1898–1977), der von 1940–44 den Lehrstuhl für Musikgeschichte am Staatlichen Konservatorium Lettlands innehatte. Zwar floh er 1944 ins Sudetenland, ließ sich aber später repatriieren.

uns wie im Wasser. Über Spilve [Spilwe] zog ein Flugzeug gespenstisch Kehren im Tiefflug, entweder war es gerade gestartet oder setzte zur Landung an.

In diesem Moment dachte ich an das, was hinter mir zurückblieb und was uns in der Fremde erwartete. War dies nicht der passende Augenblick, um sentimental zu werden? Ach! Eine grausame, unmenschliche Macht hatte mir das Herz aus der Brust herausgerissen und an seine Stelle einen Stein hineingedrückt.

6.

Ganz so schön, wie wir uns das anfangs vorgestellt hatten, war unser Verschlag unter der Treppe nicht. In der Treppe waren Risse. Niemand konnte es den Leuten verwehren, hoch und runter zu steigen, auch ohne besonderen Grund. Unablässig dröhnten Schritte über den Kopf hinweg und mit jedem Tritt rieselte etwas herunter. Zum Glück wurde bei Anbruch der Dunkelheit die obere Tür geschlossen – als Zeichen dafür, dass es jetzt Nacht ist, dass es draußen nichts mehr zu sehen gibt, dass man sich aufs Ohr legen soll, sofern man denn dazu Platz hat.

Ob jemand in dieser Nacht tatsächlich auch einschlief und süße Träume hatte – das vermag ich dir nicht zu sagen. Wir zumindest langweilten uns, sei es bei leiser gemeinsamer Zwiesprache, sei es bei gedämpften Selbstgesprächen. Dich hatte es weniger auf der Welt umhergeworfen, und vielleicht nahm dich diese Reise deshalb sehr viel mehr mit. Ich hatte da schon meine Übung aus dem ersten Krieg. Auf der zehn Tage und Nächte langen Reise von Vidzeme [Livland] nach Transkaukasien war ich zu Fuß gelaufen, hatte mich in Güterzügen herumgetrieben, bin aber auch in der dritten, zweiten, gar ersten Wagenklasse gewesen. Auf dem Rückweg dem Sturm die Stirn geboten, auf dem Seeweg nach Astrachan, – drei Tage und drei Nächte lang. Dann die Wolga flussaufwärts bis Ribinsk, während des Eisgangs. An allen Knotenpunkten lange Verzögerungen, Aufenthalte und die ewige Ungewissheit, wie du weiterkommen wirst und was dich morgen und übermorgen erwartet. Diese Fahrt hier war bloß die Wiederholung einer früheren, sozusagen in anderer Kulisse. Ich wusste, dass wir von dem Schiff wieder aufs Land gelangen würden, dass wir auch irgendwann einen Ort erreichen würden, wo wir uns ein wenig erholen konnten. Die Heimat blieb nun zwar hinter uns, aber es würde auch einmal ein Augenblick kommen, wo der Bug des Schiffes, der Automotor oder die Eisenbahnlokomotive genau nach Lettland ausgerichtet sein würden. Denn von Landkarten kann man einen Staat wohl tilgen, doch in Wirklichkeit lebt er als Ort solange wie die Erde selbst. Und solange es jemanden auf dieser Welt gibt, der sich nach genau diesem Ort sehnt, ist die Hoffnung, ihn wiederzusehen, nicht verloren …

Unsere unmittelbaren Nachbarn, die vermutlich Großhändler waren, da sich bei ihnen allerlei Lebensmittel auf zwei zusammengeschobenen Koffern befanden, machten sich daran, ein vergnügtes Abendessen zu sich zu nehmen.

Von klein auf hat man mir beigebracht, nicht hinzuschauen, was andere Leute essen und wie, aber der Anblick des mit weißem Papier bezogenen Tisches, mit einer dicken Kerze in der Mitte, mit einem wetzsteingroßen Laib Käse und einem ebenso großen, in Pergamentpapier gehüllten Klumpen Butter, geöffneten und ungeöffneten Konservendosen, diversen Broten und Brötchen, griff mich geradezu an. Von irgendwoher tauchten noch ein paar junge Leute auf. Es wurden allerhand Flaschen verteilt, was die Gesellschaft immer lauter werden ließ, bis wir schließlich nicht mehr unseren leisen Gedanken nachgingen, sondern ihren Gesprächen zuhörten, bei denen es nur um Essen und Trinken ging.

Das war eine wahrlich seltsame Gesellschaft. Hier vermischten sich alle drei einheimischen Sprachen, und nur durch genaues Hinhören konnten wir nachvollziehen, wie sie sich verteilten. – Der Mann sprach mit seiner Frau Russisch. Die Jungen – der älteste mochte etwa sechzehn Jahre alt sein – sprachen Deutsch. Allen gemeinsam war das Lettische, mit dem für Rigenser so charakteristischen „Ich ist" und „Ich ist nicht" sowie „Ich mit meines Frau". Da befahl die Frau ihrem Mann etwas auf Russisch, wobei sie ihn beim Namen nannte, und du flüstertest:

„Jetzt hab ich's! Das ging mir die ganze Zeit durch den Kopf – die Leute kennst du doch irgendwoher. Und nun weiß ich es: Sie hatten auf der Matīsa-[Matthäi-]Straße gegenüber vom Markt ein großes Lebensmittelgeschäft. Aber das ist nicht das Wichtigste. Genauso wie jetzt sind wir gemeinsam nach dem ersten Krieg von Russland nach Lettland gefahren, in einem Viehwagen. Sie waren damals ein junges Paar. Herrje, wie sie ihn damals terrorisierte! … Jaša … Na klar doch, er ist's, und das da ist sie. Nur war sie damals schlank wie eine Wespe, und heute ist sie rund wie eine Hummel. – Jaša, podavai stakan! Jaša, otkuprivai! Jaša, pocelui mena![23] – Schau, so trifft man sich wieder."

So begannen wir, diese Menschen als gute, alte Bekannte zu betrachten, die man gleichwohl nur aus der Ferne anschauen durfte. Zumindest ihre Lautstärke störte uns überhaupt nicht mehr, ja, auf gewisse Weise beruhigte sie uns; denn einen der unbekannten Teilnehmer der abendlichen Mahlzeit hatte es, wahrscheinlich durch den Getränkeverzehr, auf das offene Deck getrieben, und nach seiner Rückkehr verkündete er:

„Ihr könnt beruhigt schlafen. Neun Kanonenboote begleiten unser Schiff. Die Enge zwischen Dundaga [Dondangen] und Saarema haben wir bereits passiert. Der Mond scheint."

Es war etwas wie Ungläubigkeit, das den ganzen Raum durchrauschte, vor allem hinsichtlich der Begleitboote, aber man tat besser, daran zu glauben. Und so

---

23 Russisch: Jaša, gib das Glas her! Jaša, entkorke! Jaša, küss mich!

rückten wir, ebenso wie Hunderte anderer, unsere Sachen so zurecht, dass wir uns halbwegs zurücklegen und ausstrecken konnten.

Aber dann war ebenderselbe von Unruhe getriebene Mensch ins untere Deck hinuntergeklettert, von wo er in sonderbarer Aufmachung zurückkehrte. Er hatte nun eine Rettungsweste aus Kork an. Das brachte alle dazu sich emporzurecken, zumindest sich auf den Ellenbogen aufzustützen und die merkwürdige Uniform zu bewundern. Diese war weniger ein Augenschmaus denn nützlich.

Der bestaunte junge Mann war nicht missgünstig. Man solle bloß hinuntergehen, dort würden solche verteilt. Eine pro Familie. Möge derjenige überleben, der den größeren Lebenswillen habe. – Die Menschen sputeten sich.

„Jaša! Shoģi, – dļa meņa!",[24] rief unsere Nachbarin.

Jaša ging zum Hinterteil des Schiffes, wo die Treppe hinunterführte. Mich schicktest du nicht los, stattdessen gingst du selbst hin. Gingst hin und kamst mit leeren Händen zurück. Nach deiner Rückkehr erzähltest du, dass es mit dem Verteilen der Westen genauso zugehe wie mit allem, was es zu verteilen gibt. Der Verteilende bekomme was ab, einige der Umstehenden auch; wer aber weiter weg steht, der gehe leer aus. Du hattest die Frau des Verteilenden selbst gesehen. Eine Weste habe sie angehabt, die zweite im Schoß und die dritte im Stroh versteckt, unter dem Kopfkissen.

„Und es ist gut so!", tröstete ich dich. „Warum solltest du dich vor dem Tod noch mit Schwimmen belasten? Du wirst dir bloß das Herz überanstrengen. Merk' dir das gut: Den Untergang des Schiffes kann allein eine Mine oder eine herabgeworfene Bombe bewirken. Und sollte uns eine davon erwischen, dann wird unsere *Malgache* samt aller Westen so schnell untergehen, dass du es nicht einmal schaffen wirst, den Mund zu schließen. Aber einen Mund voll Meerwasser zu verschlucken ist wie wenn man einen Keulenschlag auf die Stirn bekommt."

„Da hast du recht", stimmtest du mir zu, und wir streckten uns wieder hin.

Aber ich hatte trotzdem den begründeten Verdacht, dich habe die ganze Nacht der Wunsch gepeinigt, solch eine Rettungsjacke – oder wie das Ding zum Teufel auch heißen mag – unter dem Kopfkissen zu haben. Denn genau solch ein Wunsch ließ mich selber nicht einschlafen. Ja, wenn es um sein Leben geht, wird der Mensch kleinlich.

---

24 Russisch: Jaša, geh meinethalben!

Bei Tagesanbruch wurden Fenster und Luken freigelegt, die blau getönte Beleuchtung auf dem Schiff gelöscht. Ich stieg ans offene Deck und sah die Sonne aufgehen. Sie sah groß und beherrschend aus. Von den neun zusammengeflunkerten Kanonenbooten war nur ein kleiner Dampfer übrig geblieben, der wie ein größerer Schlepper aussah, Rauchschwaden über das Wasser ziehen ließ und ansonsten stramm mit uns mithielt. Unser Schiff war so groß – es hieß, es sei ein 7 000-Tonner –, dass wir das Begleitschiff von oben sahen. Gleichwohl schien es, als sei dieser Winzling zu unserer Sicherheit da, und tatsächlich fühlten wir uns sicherer.

Aber ich sah auch etwas Schönes und Bewegendes.

So, wie Jānis Veselis von Gott und zwei Göttinnen[25] über das Wasser geleitet worden war, begleitete mich eine grüngraue Meise. Sie kletterte auf den Tauen herum, den stummelartigen Schiffsmasten, setzte sich da- und dorthin, die ganze Zeit in meiner Nähe, lebhaft, leise, wie ein Mädchen nach der morgendlichen Wäsche. Vielleicht begleitete sie mich schon von den Fichten in Ropaži, wo sie in einem Astloch zur Welt gekommen war. Aber vielleicht war sie, wie in dem Volkslied, von der Spitze des Rigaer Turms herabgeflogen, voller Liebe, wie alle angenehmen Träume … Später, als sich mehr Menschen auf dem Deck einfanden, habe ich sie nicht mehr gesehen. Ob sie sich über der Kombüse aufhielt oder sich in einem Gepäckhaufen versteckt hatte – wer weiß das schon? Aber ich gehe davon aus, dass sie auf dem direktesten Weg zurück in ihre Heimat geflogen ist, nachdem sie mich am Leben und bei guter Gesundheit gesehen hatte. – Wann werden wir, liebe Nate, dies tun können?

Wir mochten uns auf der Höhe von Liepāja [Libau] befinden. Nach der Enge von Saarema war das der zweitgefährlichste Abschnitt der Reise. Hier versenkten russische Bomber regelmäßig Schiffe. Jedoch drohte uns auch hier nichts Böses – von außen her; dafür hatte sich aber im Innern des Schiffes etwas Unschönes ereignet, was unser ganzes Deck in Aufregung versetzte. Aber darüber werde ich dir später berichten, zusammen mit anderen Misslichkeiten, mit etwas Abstand zu unserer Haubenmeise.

---

25 Jānis Veselis (1896–1962), lettischer Prosaautor. Stammt wie Jānis Jaunsudrabiņš aus Nereta. Veröffentlichte zunächst in den frühen 1920er Jahren expressionistische Erzählungen, schwenkte später jedoch zum realistischen Roman sowie historischen Stoffen. 1944 Flucht nach Deutschland, 1950 Auswanderung in die USA.
Die Anspielung auf „Gott und zwei Göttinnen" lässt sich nicht eindeutig entschlüsseln. Sie könnte sich jedoch auf die lettische *Dievturi*-Bewegung beziehen, die in Abkehr von den christlichen Konfessionen vor allem in der Folklore und dem Brauchtum eine indigene (Natur-)Religion wiederzubeleben suchte – im Mittelpunkt Gott Pērkons mit den Göttinnen Māra und Laima an seiner Seite. Es gibt Quellen, wonach beide – J. Jaunsudrabiņš und J. Veselis – wenigstens zeitweise der *Dievturi*-Bewegung nahegestanden haben. Dazu würde auch passen, dass es sich bei der Meise auf der Spitze des Rigaer Turms (s. denselben Absatz weiter unten) um ein bekanntes Motiv der lettischen Folklore handelt.

Es war jetzt so, dass sich auf der freien Seite des Schiffes, die zum promenieren vorgesehen war, eine Menschenschlange bildete. Irgendwo hatte es einen Aushang gegeben, dass zwischen acht und zehn Uhr Kaffee ausgegeben werden soll. Ich eilte zu dir, und du gabst mir ein Gefäß mit, verbunden mit dem Wunsch, ich möge in der Schlange nicht ermatten.

Nun, ich gehöre nicht zu jenen, die nicht bis zum Ende durchhalten. Ich zog den wärmeren Mantel an, denn der Morgen war frisch, und eilte zurück. Aber nun war die Schlange bereits so lang, dass man ihr Ende mindestens fünfzig Schritte von der Kombüse entfernt suchen musste. Und in Wirklichkeit war es keine Schlange mehr, – über die gesamte Schiffsseite hinweg hatte sich ein dichtes Gedränge gebildet. Ich hatte schon ein gutes Weilchen angestanden und dachte, ich sei näher herangelangt, als ich zurückschaute und hinter mir nur einen jungen Mann erblickte. Erst jetzt ging mir auf, dass alle Spätergekommenen sich an mir vorbeigeschoben hatten, wie dies im Kleinen manchmal an Kartenschaltern vorkommt, wo keine strenge Ordnung herrscht. Ich gab mir einen Ruck. Nun, mein lieber Herr Gesangsverein – so geht das aber nicht! Ich sprach den hinter mir stehenden Jüngling an, – „Hör mal, wollen wir da nichts unternehmen? Wir kommen doch keinen Schritt voran."

„Die Leute sind unverschämt", sagte der rechtschaffene junge Mann und blickte dabei einer älteren Frau in die Augen, die neben ihm stand und sich gerade anschickte, sich an mir vorbeizuschieben.

„Bis hierhin und keinen Schritt weiter!", rief ich pathetisch aus und versperrte mit meinem Arm der Aufdringlichen den Weg.

Als Antwort bekam ich mit dem Flaschenboden solch einen Hieb auf den Unterarm, dass ich den blauen Fleck mit nach Bielefeld brachte und er erst in Bünde ins Gelbe überging. Ich wich zurück, denn alle Umstehenden lachten – vermutlich über mich. Noch war ich nicht so verblendet, um mich auf donquichottische Kämpfe einzulassen.

Da tauchte, wie vom Herrgott selbst gesandt, unsere Postbotin auf. „Ei!", rief sie aus, – „so werden sie ohne Kaffee auskommen müssen. Sie sind ja das Schlusslicht! Geben Sie her …"

Sie nahm mir das Gefäß aus der Hand, hakte sich mit dem anderen Arm bei einem jungen Matrosen ein und beide schlichen sich an der anderen Seite der Kajüte vorbei, wo der Zutritt eigentlich verboten war, und verschwanden in Richtung Kombüse, um nach wenigen Minuten auf demselben Weg zurückzukehren.

Du zeigtest dich über meine Leistung sehr erfreut, woraufhin ich den arg angeschwollenen Arm vorzeigte und heldenhaft sechs Noten aus einer Oper sang: „Aber um welchen Preis!"

Ohne Sturm verläuft eine Fahrt übers Meer allzu glatt, eintönig und deshalb langweilig. Von oben her sieht man ringsum nur kleine Wellen wie Ackerfurchen; sie blenden, wenn man sie gegen die Sonne betrachtet, und erscheinen stahlgrau, wenn der Blick mit der Sonne geht. Das Begleitschiff in gleichbleibendem Abstand. Keine Wolke über dem Kopf, keine Möwe.

So mussten wir einen ganzen Tag verbringen. Ab und zu stieg ich aufs offene Deck hinauf, nicht um etwas zu betrachten, sondern um frische Luft zu schnappen, kam dann wieder herunter, setzte mich neben dich, streckte mich aus, bettete den Kopf auf ein weicheres Gepäckstück. Und möglicherweise schlief ich auch für einige Augenblicke ein.

Du klagtest über Kopfweh und freutest dich zugleich, dass das Schiff so ruhig schwimmt. Vermutlich durch Seitenwinde war es in der Nacht zeitweise in ein leichtes Rollen geraten – was ich nicht bemerkt hatte – und du warst zur Toilette geeilt, um dich zu übergeben.

„Ansonsten ist es gar nicht so übel. Wir werden ja nicht ewig unterwegs sein. Die Leute erzählen sich, dass wir in der kommenden Nacht am Ziel sein werden. Wenn bloß der Raum nicht so abscheulich stinken würde. Und wenn die Leute weniger rauf- und runtersteigen würden. Mancher hat einen Tritt wie ein Pferd. Dann hat man das Gefühl, man bekäme Schläge auf den Kopf. Und es rieselt immer mehr Graus herab. Schau doch her, wie wir aussehen."

Du erhobst dich, tratest etwas aus unserer Höhle heraus und schütteltest dich. Als unsere Nachbarin deine Worte hörte und dich in einem Zustand erblickte, als seiest du gerade aus einem Strohhaufen hervorgekrochen, rief sie:

„Jaša, posobi!"[26]

„Tatsächlich", rief der Mann. „Dass ich nicht eher darauf gekommen bin. Wir haben doch eine große Plane. Und Nägel habe ich auch." Er schritt sofort zur Tat. Bereits nach einer halben Stunde saßen wir wie in einem Zelt. Die Luft schlug nicht mehr so rasch um und es gab überhaupt keinen herabrieselnden Strohgraus. Du danktest herzlich – sowohl ihm als auch ihr.

Aber da muss sich bloß jemand in der Öffentlichkeit als geschickt erweisen, und umgehend bemächtigt man sich seiner. Plötzlich trat eine Frau in mittleren Jahren heran, dem Aussehen und Benehmen nach eine Lehrerin oder wohltätige Dame, und sagte:

„Kommen Sie doch bitte in den vorderen Bereich und schauen Sie nach, was dort kaputt ist. Wasser beginnt uns dort zu bedrängen. Ich war bereits beim Kapitän, aber er entgegnete kurz angebunden, dass es seine Aufgabe sei, uns nach Danzig zu bringen. Für Ordnung auf dem Schiff hätten die Passagiere selbst zu sorgen."

---

26 Jaša, posobi! – russisch für „Jaša, hilf doch!"

Die Dame wandte sich schon zum Gehen. Der geschickte Nachbar machte Anstalten, als wolle er ihr folgen.

„Jaša!"

Diesmal sagte Frau Jaša nicht, er möge helfen. Sie ließ das Weiß ihrer Augen hervortreten, kniff die Lippen zusammen und schüttelte den Kopf dermaßen, dass sich ihr Mann umgehend hinsetzte.

Die Dame kehrte zurück und sagte, als ob es nur darum ginge, einen Nagel herauszuziehen:

„Es kann an nichts anderem liegen, es ist bloß verstopft. Schauen Sie sich das an, die Flüssigkeit zieht bereits ins Stroh."

„Meine Pflicht ist es, für meine Familie zu sorgen", gab unser Nachbar zurück und erhob sich nicht.

Seit der letzten Grippe bin ich unempfindlich gegen Gerüche und Düfte gleichermaßen. Meine Augen sind lebenslang darin geübt worden, Natur malerisch zu sehen. Da ich zudem das unaufschiebbare Bedürfnis hatte, das betreffende Örtchen aufzusuchen, sah ich, was dort passiert war. Mit einem Wort: Überschwemmung. Der ganze stählerne Boden war übersät mit Apfelbutzen, Bananenschalen, ganzen Zeitungen, Wattebäuschen und allerlei Unrat. Der Abfluss war mit Schmutz angefüllt und es war wieder und wieder gespült worden. Mit flachen Schuhen konnte man den Raum überhaupt nicht mehr betreten.

„Weiber! Weiber!", rief bei diesem Anblick jeder aus, der hereinkam. „Oder hat man jemals einen Mann gesehen, der Watte oder Lappen benutzt?"

Währenddessen suchte die energische Dame im Schiffsraum unter den Männern noch immer nach Helfern. Schließlich rief sie mit herrischer Geste:

„Wenn es denn niemanden gibt, der dies übernimmt, dann werde ich es selbst tun. Hat keiner einen Stock?" Ihr schweifender Blick kam auf einen Punkt zu ruhen.

Tatsächlich, dort war ein Stock, hübsch und braun lackiert. Aufgeregt eilte die Frau hin und griff sich den Stock. Aber im gleichen Augenblick richtete sich ein stämmiger Mann in die Höhe.

„Nur gemach, Madame!", sagte er und musste sich wegen seiner Beinprothese arg zur Seite neigen, als er der Frau hinterhereilte.

Einige Männer traten der taktlosen Frau in den Weg. Der Stock wurde ihr weggenommen. Der Mann bedankte sich und fügte hinzu:

„Dieser Stock – er bedeutet mir Frau und Kinder."

Alle Sympathie war auf seiner Seite. Diese Stimmung ließ einen Maulhelden jedoch zu weit gehen und lauthals hinausposaunen, anstelle des Stocks könne Katrīnīte[27] gut ihre lange Nase einsetzen. Daraufhin brach die Frau an der Stelle, wo sie stand, weinend zusammen. Plötzlich trat im weiten Raum vollständige Stille ein. Nur das Herz des Schiffes schlug dumpf.

---

27 Katrīnīte – Koseform des lettischen Frauenvornamens Katrīna.

Damals ahnte noch keiner von uns, dass wir Jahre in ähnlicher Beengtheit oder in etwas weniger primitiven DP-Lagern[28] zu verbringen hatten.

9.

Für alles gibt es irgendwann einen Ausgleich. Es verging dieser Tag, es verging auch eine weitere Nacht. Ganz ohne Schlaf kann der Mensch nicht auskommen, und man muss sagen – diese Nacht hatten wir gut geschlafen. Beim Erwachen hörte ich merkwürdige Geräusche. Als ob etwas die Wände entlangschrappen würde, als ob Wasser sprudeln würde. Na schön, dachte ich, – wahrscheinlich gehen wir unter! Eine Art Zittern durchlief den Rumpf des Schiffes. Es war, als würden Glöcklein läuten. Dann stießen wir an den Meeresgrund. Sofern alle Luken dicht sind, werden wir noch einen Augenblick lang am Leben sein … Dann hob ich meinen Kopf und tauchte endgültig aus dem Schlaf auf.

Hellwach stieg ich nach oben und hob eine Luke an. Nun sah ich, dass wir, von grünlichen Buchten umrahmt, auf der Stelle lagen. Offensichtlich waren wir vor Anker gegangen. Wir befanden uns im Hafen.

---

28 DP – Abkürzung für den englischen Begriff *Displaced Persons*, der sich im Deutschen nur schwer nachbilden lässt und im Prinzip Menschen meint, die aus verschiedenen Gründen ihre Heimat verlassen haben. Im Nachkriegsdeutschland konnten dies sowohl ehemalige NS-Zwangsarbeiter und Holocaust-Überlebende aus Mittel- und Osteuropa sein als auch Balten, die vor der Sowjet-armee nach Westen geflohen waren.

Mit der Bahn durch Deutschland

1.

Die Sonne stand schon ziemlich hoch, als wir ans Ufer herangezogen wurden. Hatten wir uns während der Überfahrt gelegentlich Sorgen gemacht, wie wir vom Schiff heruntergelangen würden, wie unsere Habe einsammeln, so ging das nun ganz wie von alleine. Hatten wir das Schiff in Riga in einem ununterbrochenen Strom auf der einen Seite bestiegen, so kletterten wir jetzt genauso auf der anderen herunter. Es fiel sogar noch viel leichter. Denn jetzt ging es abwärts und man musste sich nicht mit dem Vorzeigen der Dokumente abgeben. Die erholsame Nacht ließ den gestrigen Tag vergessen. Ein frischer Duft von Erde zog herüber. Bekannte tauschten Blicke aus, lächelten einander zu. Ungefähr nach einer Stunde war das lange Fallreep leer. Das Schiff hob sich um einen Meter.

In unserer Umgebung befanden sich mehrere größere und kleinere Baracken. Zwischen diesen und dem Schiff verliefen Bahngleise. Unsere erste Aufgabe war es jetzt, die Umsiedlungsscheine abzuholen, die das auf der Innenseite des Passdeckels eingestempelte Visum bestätigten und uns berechtigten, an einem anderen Tisch Lebensmittelkarten für drei Tag zu erhalten. Du ließest den Blick über alle Rubriken schweifen und sagtest, dass sie jenen in Lettland deutlich überlegen seien.

In einer anderen Baracke wurde kostenlos Milch an Kinder verteilt. Wir bekamen heißen Kaffee. Alles ging freundlich und geschwind vonstatten, nirgendwo haperte es. Wir glitten wie auf einem Fließband. Nur war ringsum ein Stacheldrahtzaun gezogen. Am Tor Wachen. Aber wir mussten ja nicht fliehen, wir waren geflohen. Wir fühlten uns frei und unbeschwert.

Nachdem man, wie man so sagt, Luft geholt hatte, begannen die Kräne mit ihrer Arbeit. Netz auf Netz schwebte vom Deck des Schiffs herab, doch das Gepäck staute sich nicht zu einem Berg. Ein gewandter Ausrufer las mit kräftiger Stimme die Namen vor, die auf den Gepäckstücken standen, und der Aufgerufene war sogleich zur Stelle, um seine Habe in Empfang zu nehmen und sie dorthin zu schaffen, wo er sich bereits niedergelassen hatte. Bei den schwereren Kisten packten Soldaten an, die wir lettisch reden hörten. Das waren noch unsere eigenen Jungs, und einen von ihnen sicherten wir uns für später. Bald hörten wir auch meinen Namen.

Als die letzte Ladung unten angelangt war, fehlte niemandem auch nur das Geringste. Nun schauten wir noch ruhig zu, wie mit einem kleineren Kran am Heck des Schiffes Pferde heruntergehoben wurden, jeweils zu zweit in einem engen Verschlag, der einem Vogelkäfig ähnelte. Wo waren die nur untergebracht gewesen? Niemand hatte sie gesehen oder gehört. Du hattest allerdings gelegentlich gesagt, es rieche nach Pferd; aber du hattest ja auch diese überaus feine Nase.

Du wundertest dich ja auch nicht über den Hund von Dr. Doolittle[29], der über mehrere Meilen hinweg die zum Trocknen aufgehängten gestärkten Spitzenvorhänge witterte. Ich lachte damals bloß und antwortete dir: „Wahrscheinlich sind wir nicht weit vom Ufer entfernt."

Es waren nicht viele Pferde. Auf gar keinen Fall mehr als zwanzig. Das waren weder walzenförmige Oldenburger noch eckige englische Reitpferde. Das waren gut gewachsene lettische Braune. Sie verhielten sich ohne Furcht. Sie spitzten bloß ihre Ohren in alle Richtungen, als sie unten noch vertraute Laute hörten und gewissermaßen eigene Leute erblickten.

Wo die Pferde verblieben sind, haben wir nicht beobachtet, denn auch nach Empfang des Gepäcks hatten wir noch genug Sorgen. Wir hatten noch nicht einmal entschieden, wo wir uns hinwenden sollten, denn es gab drei Möglichkeiten:

1) Ein unbekanntes Lager, irgendwo in der Gegend von Danzig, von dem aus man uns nach unbestimmter Zeit verlegen würde, je nach Gutdünken und Möglichkeiten der Regierung.

2) Der Weg nach Litzmannstadt[30], wo unsere Tochter wohnte, wohin wir eingeladen waren und wo man uns erwartete.

3) Nach Bielefeld in Westfalen, zu den Schwiegereltern unserer Tochter, die keine Ahnung von unserer Flucht hatten.

Durch Lager zu ziehen erschien uns zu beschwerlich. Dies hieße doch für uns, weiterhin auf unseren Bündeln zu sitzen. Am liebsten hätten wir die zweite Möglichkeit gewählt, doch dann gab es dieses Gefühl, als ob jemand unablässig wiederholen würde: Nichts wird mehr eine zusammengebrochene Armee retten. Glaubt nicht an die Wunderwaffen! – Als wir noch daheim waren, hatten wir doch selbst von unzähligen deutschen Soldaten nur eines gehört: *Nach Hause!* Wenn schon Hunderte von eroberten Städten wieder preisgegeben worden sind, dann werden auch die übrigen fallen, bis vielleicht schließlich die eigenen Städte und Dörfer an der Reihe sind. Deshalb war es besser, sich möglichst weit nach Westen abzusetzen: Sollten wir eine neue Besetzung erleben, dann konnten wir dort nur unter die Herrschaft der Engländer oder Amerikaner geraten.

Und so entschieden wir uns für Bielefeld.

Bei der Auskunft unterrichtete man uns, was wir als Nächstes zu tun hatten. Wir bekamen eine Anweisung für zwei kostenlose Eisenbahn-Fahrkarten zum genannten Ort, sowie Anhänger für die Sachen, die als Gepäck befördert werden sollten. Mit Hilfe „unseres" Soldaten luden wir sie in den bereitgestellten Güterzug. Anschließend wurde es uns freigestellt, in die Stadt zu gehen, von der wir bisher nicht einmal die Türme erblickt hatten.

---

29 Dr. Doolittle und seine tierischen Freunde aus der Feder von Hugh Loftings waren Jānis Jaunsudrabiņš bestens vertraut: Für eine 1937 erschienene lettische Übersetzung verfasste er das Vorwort.

30 Litzmannstadt – die während der deutschen Besatzungszeit übliche Bezeichnung für die polnische Stadt Łódž.

Und dabei sollte es auch bleiben, denn bis wir alles erledigt hatten, war bereits die Dämmerung angebrochen.

– An dieser Stelle unterbrichst du mich wieder einmal nach langem, geduldigem Zuhören mit dem Hinweis, dass ich den einen oder die andere, die mit uns gemeinsam gereist waren, überhaupt nicht erwähnt habe. So zum Beispiel die Lehrerin im Mädchen-Sommerlager in Ropaži, Frau Petmane, mit ihren Kindern; ihr Mann war zum Militär eingezogen worden. Auch wäre es angebracht gewesen, ich hätte ein paar Worte über die Anhänglichkeit verloren, die Tiere Menschen entgegenbringen. Denn eine gestandene Landfrau, die im Danziger Hafen bei ihren Sachen gesessen hat, habe unter dem Mantel einen Kater gehalten, den man habe mitnehmen müssen: Beim Verlassen des Hofes sei er auf den Wagen gesprungen und habe sich nicht von ihr wegzerren lassen. Überhaupt habe es meiner Schilderung der Überfahrt an Anschaulichkeit gemangelt. Ginge es nach dem, was ich erzählt habe, sei der Raum, auf dem mit uns zusammen fast eintausend Menschen untergebracht waren, eine größere Gesindestube gewesen. Wo sei denn das Weinen der Kinder geblieben? Wo das Stöhnen der Menschen – im Schlaf, aber auch im Wachsein?

Darauf antworte ich:

„Um alles so auszudrücken, wie du das wünschst, haben Worte zu wenig Kraft. Vielleicht werde ich das in einigen Jahrtausenden können, nach meiner Wiedergeburt als großer Komponist, in einer gewaltigen Symphonie. Dann wird es die entsprechenden Instrumente geben, aber auch Konzertsäle, die so gebaut sind, dass sie nicht unter den Klängen zusammenstürzen, die den mittleren Abschnitt unseres Jahrhunderts wiedergeben werden. – Derzeit kann ich nur die eine oder andere Episode in die Luft werfen, bei weitem nicht die charakteristischste. Der Knäuel an Qualen, den jeder Mensch in seiner Brust trägt, bleibt entweder völlig unsichtbar oder scheint bestenfalls in einem traurigen Lächeln auf."

2.

Wir durchquerten eine tief gelegene Ebene, eine Art sumpfige Niederung – im Gänsemarsch, denn ab und zu schoss ein Auto vorbei. Noch konnte man die Straßenränder erkennen, aber dann wurde es völlig dunkel, als ob Nebel aufkäme.

Der Soldat hatte gesagt, dass es bis zur Straßenbahn nicht weit sei. Aber uns schien es, als seien wir schon recht lange gelaufen. Du setztest dein Bündel ab. Wir gönnten den Händen etwas Erholung, und dann marschierten wir wieder, bis unser Begleiter endlich sagte: „Hier ist nun die Haltestelle."

Sehen konnte man nichts. Mich interessierte auch nicht, ob es hier eine Straße, eine Chaussee oder bloß nackte Straßenbahngleise gab. Wir wollten nichts anderes als zum Bahnhof gelangen.

Die Straßenbahn fuhr alle Viertelstunde und so nutzten wir die Wartezeit, um unsere Rechnung bei dem Soldaten zu begleichen. Danach gefragt, was er denn für seine Mühen verlange, erwiderte er ausweichend, dass dies sein Dienst sei. Man würde sie jeden Tag, sechs oder acht Mann hoch, zum Hafen abkommandieren, um beim Entladen des Gepäcks oder sonst wie zu helfen.

Du hast daraufhin in der Dunkelheit einige Päckchen Zigaretten ertastet, die wir von der Genossenschaft in Ropaži zugeteilt bekommen hatten, und es fiel dir nicht schwer, den Soldaten zu überreden, sie anzunehmen. Auch mir blieb nur der Tastsinn, mit dem ich aus der mit Dokumenten überfüllten Brieftasche fünf oder zehn Mark herausfischte und sie in seine Hand gleiten ließ. Dann sagte ich: „Wenn Sie sich nicht zu früher Stunde in der Kaserne einfinden müssen, würden wir Sie bitten, uns dabei zu helfen, in den Bahnhof hineinzugelangen und zusammen mit uns zu Abend zu essen."

Oh ja, das könne er wohl. Solange er sich mit Pflichten herausreden könne, dürfe er ungestraft um halb elf, sogar um elf zurückkehren.

So folgten wir, nachdem wir die Straßenbahn verlassen hatten, wieder dem Soldaten. Wir gelangten in einen weiten, überfüllten, rauchgeschwängerten und lauten Wartesaal, der zugleich etwas von einer Kneipe und der geschlossenen Abteilung eines Irrenhauses hatte. Nur schrie hier niemand wirres Zeug. Stattdessen herrschte Frohsinn, der nach einem kräftigeren Schluck auch uns hätte anstecken können. Kaum eingetreten, fühlten wir uns nach dem düsteren Schiff wie freie Menschen unter anderen. Noch vom Licht geblendet standen wir in dem Raum und suchten einen Tisch, an dem wir Platz nehmen könnten, als uns unser Soldat bereits von ganz hinten zu sich winkte.

Er hatte einen Tisch gefunden, an dem nur zwei Personen saßen: Am Ende ein abgemagerter Mann in mittleren Jahren, der gefühllos in ein leeres Glas starrte, an dessen Rändern sich noch Bierschaum hielt, und an der anderen Seite des Tisches ein älterer Herr, den du, ohne nachzudenken, auf Russisch angeredet hast, weil er einen weißen Vollbart trug. Der Angesprochene antwortete tatsächlich auf Russisch und wurde merklich fröhlicher.

Wir stellten die ganzen Sachen unter dem Tisch ab, wo niemand unbemerkt auch nur in ihre Nähe gelangen konnte. Dann suchten wir den Waschraum auf, wo es sogar warmes Wasser gab, und wuschen uns gründlich. Dies steigerte unser Wohlgefühl noch weiter. Als nun der Kellner kam, hast du ihm unsere neuen Karten gereicht und ihn gefragt, was er wohl bringen könnte? Für drei!

Mit der Müdigkeit eines langen Arbeitstages in den Knochen verschwand der Kellner wortlos und kehrte kurz darauf mit einem Tablett zurück, auf dem ein länglicher Teller dampfte, voller Kartoffeln und auf den Kartoffeln – drei Würste, von Wasserperlen überzogen. Als erstes stellte er ein großes Gefäß Senf auf den Tisch, woraufhin du auf Lettisch ausgerufen hast:

„Das langt ja für ein ganzes Jahr!"

Von demselben Tablett bekam der Russe ein weißes Schüsselchen serviert, etwas Flüssiges, offensichtlich schon früher Bestelltes. Vermutlich Erbsensuppe – nur wusste der Mann nicht, womit er sich diese einverleiben sollte.

Während du dich darüber gefreut hast, dass in unseren Karten nur kleine Entwertungslücken entstanden waren, sagte der hagere Deutsche zu dem Russen:

„Für Besteck muss Pfandgeld hinterlegt werden."

Nun bemerkten auch wir, dass bei unseren Papptellern Messer und Gabeln fehlten. Dann beugtest du dich unter den Tisch, hobst deinen Rucksack auf den Schoß und holtest daraus die erforderlichen Utensilien hervor. Als du dem Russen den Löffel reichtest, zuckte er wie aufgeschreckt zurück, beugte dann den Kopf tief herunter und dankte. Seine Augen röteten sich stark. – Nachdem er aufgegessen hatte, bedankte er sich nochmals und fügte hinzu:

„Ich habe schon lange nicht mehr mit solch einem Appetit gegessen."

Du unterhieltest dich mit unserem Jungen und dem Russen. Ich fing ein Gespräch mit dem siechen Deutschen an. Er stammte aus dem Memelland. Seine Frau – eine Litauerin. Die Kinder würden deutsch und litauisch sprechen. Er selber – ein Invalide. Im ersten Kriegsjahr hatte eine Feldhaubitze ihn dermaßen zerfetzt, dass er fast entzwei geschnitten worden wäre. Nur dank eines guten Chirurgen war er so weit zusammengeflickt worden, dass er langsam gehen und ein wenig essen und trinken konnte. Jawohl, der Magen und einige Ellen Darm seien bei ihm noch dringeblieben. Nun vermochte er auch schon laut zu reden. Noch vor einem Jahr habe er nur geflüstert. Als er auf das aktuelle Kriegsgeschehen zu sprechen kam, wollte er nicht an eine Niederlage Deutschlands glauben. Nie! Nie und nimmer! – Er empfahl uns, die Gelegenheit zu nutzen und Deutschland umsonst kennenzulernen, nur sollten wir nicht zu weit wegfahren. Ohne die Stimme anzuheben, sagte er schließlich:

„Die Wunderwaffe ist so gut wie fertiggestellt. Ich habe sie bei der Erprobung gesehen. Man darf darüber nicht reden; aber ihre Wirkung ist furchtbar."

Der Versehrte sprach mit einem so unaufdringlichen, abgeklärten Fanatismus, dass mir schien, es wäre doch vernünftiger zu bleiben, und wenn nicht zu Hause, so doch hier, im Umsiedlerlager, in der Nähe von Danzig. Bloß schade, dass das Gepäck an das andere Ende Deutschlands abgeschickt worden war.

Währenddessen dröhnte und summte es in dem Raum wie in einem Bienenstock. Irgendwo wurde gesungen. Dann sprang ganz in der Nähe unseres Tisches plötzlich eine junge, stark geschminkte Frau auf einen Stuhl und gab tänzelnd eines jener Lieder zum Besten, die in letzter Zeit oft im Rundfunk zu hören waren. Alle applaudierten, riefen, johlten. Die meisten waren Soldaten. Und abermals drängte sich mir der Gedanke auf, dass Hitlerdeutschland nichtsdestotrotz zusammenbrechen wird. Auf die hier konnte man nicht mehr als verbissene Verteidiger der Front zählen. Nein, nein! Besser, wir gelangten so bald wie möglich in den Westen.

Die Zeit verging wie im Fluge. Unser Soldat war hinausgegangen und hatte die Fahrpläne studiert. Er hatte in Erfahrung gebracht, von welchem Bahnsteig aus die Züge nach Berlin abfuhren. Wir sammelten wieder alle unsere Habseligkeiten ein und schleppten uns, von plötzlicher Müdigkeit übermannt, voran und folgten ihm. Schrecklich weit – über eine scheinbar endlose, finstere Rampe. Endlich blieben wir stehen.

Anfangs waren wir auf dem Bahnsteig fast die Einzigen, aber dann fanden sich so viele Fahrgäste ein, dass nicht daran zu denken war, sich mit den Gepäckstücken durch die schmalen Zugtüren zu zwängen. Deshalb beschlossen wir, uns Laima[31] anzuvertrauen. Du solltest dich mit leeren Händen an die Bahnsteigkante stellen und versuchen, als Erste durch die nächstgelegene Tür den Zug zu besteigen. Danach würdest du zu einem Fenster eilen, es öffnen und mich rufen, damit ich dir das Gepäck reichen könnte. Zuletzt müsste ich es irgendwie schaffen, auch noch selbst hineinzuklettern …

So gingen wir dann auch vor, obwohl ich mich unter Mithilfe des Soldaten durch das Fenster in den Wagen zwängen mußte. Gut, dass der schwerere Mantel als Gepäck vorausgeschickt worden war. Wir verließen Danzig zur festgelegten Uhrzeit.

3.

Was nun folgte, schien mir ein ununterbrochener Albtraum. Nacht war es, und schwer der Kopf, und doch konnte man weder schlafen noch wach bleiben. Der Zug war völlig unbeleuchtet. Ich weiß nicht, ob der Lokomotivführer eine Ahnung von der Strecke hatte oder sich ebenso blind dem Gleisnetz anvertraute wie wir ihm. Es gab aber Stellen, an denen er anhielt. Wischte man dann die Scheibe mit der Hand trocken, konnte man unter dem Fenster stets ein Menschenknäuel ausmachen. Auch das Innere des Wagens belebte sich dann für einen Augenblick. Alle Stimmen schienen feindselig und böse. Kinder weinten. Du fragtest:

„Wo sind wir?", und ich antwortete:

„Auf jeden Fall irgendwo in Deutschland."

Ja, dieser sieche Deutsche hatte doch gesagt, wir sollten fahren, uns Deutschland anschauen. – Und was sahen wir jetzt davon? – Ich bin in meinem Leben mehrfach die Strecke zwischen Riga und Berlin gefahren, zu allen Jahreszeiten. Ich hatte mich über die fruchtbaren Felder gefreut, die die Herrengüter mit roten Dächern, Häuser und Weiler umgaben. Betriebsame Städte. Selbst auf kleineren Flüssen waren Schiffe unterwegs. Die Landstraßen zogen sich wie helle Bänder dahin. Gutgenährte Viehherden. Eichenhaine. Auch Fichtenwälder wie in Lettland.

---

31 Laima – lettische Göttin des Glücks.

Nichts Außergewöhnliches und trotzdem alles von einer Üppigkeit, die Wohlstand und Wohlhabenheit zeigte. Die Menschen satt, gut gekleidet, auf das Allerbeste gepflegt, eine Zierde für die Landschaft.

„Erzähl mir etwas. Über Deutschland." Dein geteilter Satz ließ mich erahnen, dass dies im Schlaf gesprochene Worte waren. Ich antwortete nicht und auch du sagtest nichts mehr.

Es war nicht auszumachen, ob der Mond aufgegangen war oder der Tag bereits dämmerte, auf jeden Fall war es merklich heller geworden. Als ich schon zum wer weiß wievielten Mal zum Fenster hinausschaute, erblickte ich einige Soldaten, die wohl den Bahnsteig entlangspazierten. Unter ihnen war ein junges Mädchen, mit seiner fröhlichen Art ähnelte es sehr unserer Postbotin. Plaudernd gingen sie zur Spitze des Zuges und stiegen wahrscheinlich ein, denn als der Zug abfuhr, konnte ich sie auf dem Bahnsteig nicht mehr ausmachen.

Auf dem nächsten Bahnhof – nun war es noch heller geworden – hatte ich wieder eine Erscheinung. Mir war so, als ob draußen jemand herlaufen und auf Lettisch rufen würde: „Junge! Hier noch nicht! In Berlin! In Berlin!"

Schnell riss ich das Fenster auf. Kühle, feuchte Luft schlug mir ins Gesicht. Du schrecktest auf. „Wie gut das tut … Lass einen Augenblick auf!"

Du bist wieder eingenickt. Ich lehnte mich zum Fenster hinaus, schaute nach vorne und hinten. Draußen – eine Menge Menschen, doch standen alle still – der Zug setzte sich wieder in Bewegung.

Ich schloss das Fenster, da eine Mutter besorgt darauf hinwies, dem Kind würde es ziehen. Nun machte ich es dir nach, zog mir einen Zipfel des in der Ecke aufgehängten Mantels über die Augen und schlief ein. Ich schlief ein und hätte wer weiß wie lange geschlafen, wenn du mich nicht an der Schulter gerüttelt hättest.

Ich schreckte hoch. Der Wagen hatte sich geleert. Wann denn? Zu welchem Zeitpunkt? Du hattest deine Sachen bereits auf dem Rücken und in den Händen. Der Zug hatte seine Endstation erreicht. Wir befanden uns in der Hauptstadt Deutschlands.

Und wen trafen wir da als Ersten?

„Da schau her – Prande!", rief ich aus. „Weshalb bist du so aufgelöst?"

„Wie denn nicht! Wir müssen nach Wien. Dort sind meine Frau und Rasma. In Danzig sagte man uns, dass wir dort und dort umsteigen müssten. Wir zwängten uns jeder in einen anderen Wagen und unterwegs gelang es uns nicht zusammenzukommen. Auf dem Umsteigebahnhof sagte man mir, dass man in Richtung Wien nicht dort, sondern in Berlin umsteigen müsse. Daraufhin lief ich zurück zu meinem Platz, weil ich es dort ziemlich bequem hatte. Im Laufen habe ich laut geschrien: ‚Sitzen bleiben, nicht den Zug verlassen, hier noch nicht umsteigen!' Aber entweder hat der Junge etwas missverstanden oder mich überhaupt nicht gehört. Hier ist er jedenfalls nicht, und dabei wird's wohl bleiben. *Futsch!* Was soll ich jetzt bloß anfangen?"

„Ich glaube, du solltest versuchen, den Bahnhof anzurufen, auf dem er zurückgeblieben ist", riet ich ihm, obwohl ich keineswegs davon überzeugt war, dass dies der richtige Weg sein würde. „Diesen Bahnhof anrufen und sagen, sie sollen nach dem und dem Jungen Ausschau halten, mit den und den Gepäckstücken. Vielleicht sollte man auch weitere charakteristische Merkmale angeben. Sie sollen ihm dann mitteilen, dass sein Vater in Berlin ist und dort auf ihn wartet."

Wir waren zu erschöpft, um das Ergebnis abzuwarten. Wir stiegen ein Stockwerk tiefer, wo es einen im Vergleich zu Danzig kleineren, aber nicht so überfüllten Wartesaal gab, und blieben ruhig dort, denn der Zug, der uns bis nach Hannover bringen sollte, fuhr erst am Nachmittag ab. So sahen wir Landsmann Prande denn auch nicht mehr wieder.

Dafür trafen wir hier unsere Postbotin. Sie saß mit zwei deutschen Soldaten zusammen und trank Berliner Dunkelbier. Sie unterhielten sich laut, lächelten sich an und lachten. Als sie uns erblickte, leerte das Mädchen sein Glas, griff sich sein Köfferchen, verabschiedete sich von den Soldaten und setzte sich zu uns.

„Kennen Sie die schon lange?", wolltest du wissen.

„Ja. Sie zogen mich in Danzig in ihr Abteil. Ich hatte es sehr bequem."

„Wohin sind Sie denn unterwegs?"

„Ach", erwiderte das Mädchen ziemlich unbekümmert, „mir ist halbwegs egal wohin ich fahre. Solange ein Mensch lebt, kann er doch nicht verloren gehen. Eigentlich müsste ich zu meiner künftigen Schwiegermutter fahren, irgendwo hinter Nürnberg, in den Bergen. Sie und mein Verlobter sollen dort ein eigenes Häuschen mit Garten haben. Von Beruf ist er Schuhmacher. Wir lernten uns kurz vor meiner Abfahrt in Ropaži kennen. – Ich weiß nicht, wie seine Mutter mich aufnehmen wird. Ich habe allerdings für sie einen Brief von ihrem Sohn dabei."

Sie holte einen zerknitterten Brief aus dem Täschchen hervor. Auf dem Umschlag stand in großen, ungelenken Buchstaben *An Frau Ziegemeyer* geschrieben.

„Hier ist die vollständige Anschrift", sagte das Mädel und reichte dir das Foto ihres Freundes, auf dessen Rückseite etwas geschrieben stand. Auch ich betrachtete das Bild. Nachdem ich mir es angeschaut hatte, sagte ich:

„Er scheint ein tüchtiger Mensch zu sein. Möge Gott euch beistehen! Wie alt ist er denn?"

„Vierunddreißig, sagt er."

„Und Sie?"

„Ich bin im Juli siebzehn geworden."

„Und liebt er Sie?"

„Er ist ganz verrückt nach mir! Wenn ich ihn ebenso lieben würde, wer weiß, wohin das führen würde. Es gibt nur ein Problem: Er ist ein recht klein gewachsener Mann, wie sie mir nicht besonderes liegen, ich schaue immer über ihn hinweg, sogar wenn er einen Hut trägt. Um ehrlich zu sein, er muss sich schon ordentlich strecken, um an meinen Mund heranzukommen. Sonst gibt es aber nichts an ihm auszusetzen. Schuhmacher verdienen gut. Vielleicht kann ich wieder bei der Post unterkommen oder sonst wie. Und das mit dem Deutschen, was soll's – ich hab zwar einen lettischen Familiennamen, aber meine Mutter, aus der Kolonie Irši[32] [Hirschenhof], ist eine Deutsche durch und durch."

Ich wollte nicht länger zuhören. Ich trat auf die Straße hinaus und betrachtete eine Weile die zerstörte Stadt. Aber allzu weit wollte ich mich nicht entfernen, aus Furcht vor Attacken aus der Luft, denn der Rundfunk berichtete wiederholt von schweren Fliegerangriffen. Vielleicht zog ein solcher Pulk bald auch wieder über Berlin hinweg, wie es sich für einen Sonntag gehört. Ja, heute war Sonntag. Aber ob dies tatsächlich der Bahnhof Charlottenburg war, der mir früher so vertraut war – das vermochte ich nicht zu sagen.

Als ich in den Warteraum zurückkehrte, saßest du allein. Die verrückte Göre, wie du sie getauft hattest, war plötzlich aufgestanden, hatte sich ihr Köfferchen geschnappt und war zum Anhalter Bahnhof gegangen, denn nur von dort aus konnte sie in Richtung Leipzig und damit auch nach Bayern fahren. Daraufhin leerten wir jeder einen Krug leckeren Berliner Bieres und saßen nur so da. Saßen und dösten, während sich draußen die Sonne aus dem Nebel hervortat.

4.

Als der von uns erwartete Zug eintraf, kamen wir nicht in ihn hinein. Das heißt, wir gelangten wohl rein, wurden aber gleich wieder rausgesetzt. Gut, dass wir nicht die Einzigen waren, die beschämt den Rückzug antreten mussten. Etwa einhundert Menschen hatten sich gegenseitig ermuntert, angespornt und ebenfalls hineingedrängt und die Hinweise des Schaffners missachtet, dass dieser Zug einzig und allein für verwundete und in den Heimaturlaub entlassene Soldaten bestimmt sei.

Ach, verflixt! Hier hätten wir es so gut gehabt! Wir hatten uns an ein Fenster gesetzt. Da schritt ein unbarmherziger Gendarm durch den Wagen und er brauchte nur ein Wort, um sich gegen uns durchzusetzen: „Raus!"

Abends um halb sieben – erst dann hatten wir eine Chance weiterzukommen. Es blieb jedoch nichts anderes übrig, als mit Bangen dem Abend entgegenzusehen. Die Hoffnung, in einen Waggon hineinzugelangen, war gering. Auf keinen Fall war es an uns, hier ein Wörtchen mitzureden.

---

32 Irši geht auf eine Anordnung der russischen Zarin Katharina II. aus dem Jahre 1766 zurück, in Livland eine Kolonie deutscher Bauern einzurichten, die Musterhöfe anlegen und bewirtschaften sollten. Allerdings blieb dieses Ziel aus verschiedenen Gründen unerreicht. Die Kolonie umfasste vor dem Ersten Weltkrieg etwa 10 000 Personen und wurde nach der Gründung der Republik Lettland 1918 mit 108 Bauern- und 84 Handwerkerhöfen weitergeführt. „In selbstgewählter Isolation haben die Kolonisten … die Eigenarten deutscher Bauern erhalten", umreißt eine historische Darstellung das Hauptverdienst von Irši.

Mir scheint, wir hatten uns dort unten gut erholt – fühlten uns allein durch Dösen wie ausgeschlafen. Wir räumten unsere Sachen etwas an die Seite, setzten uns darauf und beobachteten das Treiben um uns herum. – Wenn auch nur ein kleiner Ausschnitt, so war es doch Berlin, wo wir uns befanden. Stolze Hauptstadt Deutschlands, eherne Disziplin, unbestechliche Beamte, gesetzte Bürger. Und nun – beim Anblick dessen, was sich hier jetzt abspielte, hätte wohl jeder im Boden versinken müssen, der die Jahre des Friedens und des Wohlstands aus eigener Erfahrung kannte. Doch es wurde alles als selbstverständlich akzeptiert. – Allein die Jagd nach Zigarettenkippen war ein unvergleichlicher Anblick. Selbst ältere Herrschaften verstanden es, sich bewundernswert flink zu bücken und einen Papierfetzen aufzuheben, der möglicherweise einige Tabakfasern enthielt. Mehrere davon ergaben eine Pfeifenfüllung. Ragte aber irgendwo ein Zigarrenstummel wie eine braune Bohne empor, stürzten gleich mehrere um die Wette auf ihn, ganz so, wie wir als Buben losliefen, wenn wir im Wald einen schönen Steinpilz erblickt hatten. Ein alter Herr hatte die Spitze seines Stocks mit einem Nagel versehen und diesen wahrscheinlich mit einem Widerhaken. Wenn sich dann ein Jüngerer gerade bückte und die Beute an sich nehmen wollte, konnte es passieren, dass ihm die winzige Spitze des Stocks zuvorkam – und weg war es, was da auf dem Boden gelegen hatte. Nicht nur Männer, sondern auch Frauen und Kinder gingen diesem Sport nach. Ich sah nach der Abfahrt eines Zuges, wo beim Einsteigen für gewöhnlich gerade angesteckte Zigaretten – vielleicht sogar absichtlich – fallengelassen wurden, wie sich dann nach der Sammeltour ein ganz kleiner Junge mit einem etwas größeren Mädchen traf und sie ihre Würmchen zusammenzählten. Sie schienen Geschwister zu sein. Vielleicht gierte der Vater oder Großvater nach blauem Dunst und hatte sie losgeschickt. Oder vielleicht wollten sie den ergatterten Tabak gegen etwas Essbares eintauschen.

Dann passierte etwas Eigenartiges. Auf dem Bahnsteig schritt eine alte Dame umher, ziemlich gut gekleidet, mit einer Markttasche im Arm. Und überall dort, wo diese Dame stehen blieb, versammelten sich gleich Leute um sie herum. Die Dame erzählte etwas mit gedämpfter Stimme, worüber alle umso lauter lachten. Du hast dich erhoben und bist hinübergegangen um zuzuhören, bist aber gleich zurückgekommen und hast gesagt: „Ich kann nichts verstehen. Wahrscheinlich ist das Berlinisch. Sie sagt *Jott* und *jut* und *Jurke*."

Dann ging ich hin.

Ja, das war Berliner Dialekt. Die Dame schilderte, so schien es, ihren Lebenslauf. Sie erzählte von der schweren Jugend, erzählte aber mit solcher Leichtigkeit, dass alle herzlich lachten. Aber dann malte sie auch so lichte Szenen, dass den Zuhörern Tränen in die Augen schossen. Als sei sie gerade einer anderen Welt entstiegen, sagte die Sprecherin am Ende ihrer Geschichte mit ganz sonderbarer Stimme:

„Ich brauche nichts. Ich bitte um nichts. Doch solange er atmet, braucht jeder Mensch Stoffe, die die Flamme nähren."

Und alle, die etwas Essbares dabeihatten, wickelten es in Papier und steckten es ihr in die Tasche.

Ein alter Herr wandte sich zu mir und erklärte unaufgefordert: „Sie sind zweifelsohne fremd hier und werden es nicht wissen. Sie ist eine große Schauspielerin. Wir alle verehren sie. Seitdem das Theater zerstört wurde, hat sie keine Stelle mehr."

Dann ging ich zu dir hinüber. Du strichst eine dicke Schicht Honig auf unser Schwarzbrot, legtest eine dünne Scheibe darüber und sagtest: „Etwas Besseres haben wir doch nicht."

Ich kehrte zurück und nach der nächsten Geschichte, die ein längerer Monolog Schillers, Hauptmanns oder eines anderen Klassikers war, gab ich der Rezitierenden das Brot in die Hand. „Das ist Roggenbrot aus Vidzeme und reiner Bienenhonig."

Die Schauspielerin nickte, hielt das Brot für einen Augenblick in der offenen Hand, blickte in die Runde, beugte sich zu einem kleinen, blassen Buben herab, wiederholte meine Worte und fügte hinzu:

„Sicherlich hast du mehr Hunger, Kind. Iss!"

Und mit ihren langen, schmalen Fingern strich sie dem Jungen leicht am Unterkinn entlang.

Daraufhin ertönte „tosender Applaus". Auch ich klatschte Beifall. Denn mir schien, dass es die allerschönste und wahrhaftigste Geste im Leben der Schauspielerin war.

Im Bahnhof gab es aber auch recht „dekorative" Anblicke zu bewundern. So sahen wir einen jungen Leutnant den Bahnsteig entlanggehen. Der blaugraue Umhang, wie ihn auch Wilhelm II. zu tragen pflegte, war ein wenig geöffnet und gab den Blick frei auf ein glänzendes Eisernes Kreuz. Ich vergaß ganz und gar, dass Kreuze wie diese nicht für hervorragende Nächstenliebe verliehen werden. Mir schien, als sei es allein zu dem Zweck geschmiedet worden, um diesen schönen Menschen noch schöner erscheinen zu lassen.

5.

Ich möchte mich nicht wiederholen, indem ich über die Schwierigkeiten berichte, die in der geschilderten Zeit jeder hatte, vor allem jedoch Menschen, die von einem Ort zum anderen ziehen mussten. Jeder dachte nur an sich selbst und die Seinen, setzte alles daran, um mit Rädern versehene Vehikel zu besteigen oder sie zu verlassen. – Erst seit kurzem, lange nach der Währungsreform in Deutschland, beginnt in mir allmählich die Furcht vor allem zu schwinden, was auf Schienen oder übers Wasser irgendwohin strebt. – Am gleichen Abend verließen wir Berlin.

Es war schon finstere Nacht. Natürlich bekamen wir keine Sitzplätze. Die wurden von Jüngeren besetzt. Aber wir hatten uns schon ordentlich darin geübt, uns anzulehnen, zusammenzukauern, im Stehen auszuschlafen, das Kinn auf den Daumen zu stützen und uns dabei zu erholen. Ringsherum wurde nur von Gefahren geredet, die durch Bomben, vor allem aber durch feindliche Flieger drohten, die im Tiefflug die Züge beschießen. Bei einem Zug reihte sich nach einem solchen Angriff Loch an Loch in den Wänden und Decken. Für Menschen gab es keine Rettung – egal ob sie sich zu Boden warfen, in die Ecke drückten oder um Gottes Beistand flehten. Durch die Geschichten in Schrecken versetzt, verbrachten wir die ganze Fahrt in dieser Stimmung, fast sehnten wir uns danach, dass es nun endlich beginnen möge und dann alles sein Ende habe. Zum Glück passierte aber nichts Schlimmes. Erst als Hannover ausgerufen wurde und der Zug in der Halle des Hauptbahnhofs zum Halten gekommen war, ertönte ein lang anhaltendes Heulen. Dabei folgte auf einen sanften Anfang ein Finale, das den Gedanken nahelegte, der Heuler werde nie wieder seine Stimme erheben können. Draußen dröhnte so etwas wie ein Befehl. Die Wagen sollten geräumt werden. Ich weiß nicht, was die anderen davon hielten, doch wir persönlich hätten uns an Ort und Stelle sicherer gefühlt.

Da wir befürchteten, der Schutzraum würde sich zu weit entfernt befinden, suchten wir Unterschlupf zwischen säulenähnlichen Gebilden. Wir setzten das Gepäck ab, um den Händen ein wenig Erholung zu gönnen. Langsam rückten wir an eine Stelle, wo wir niemandem im Wege sein konnten, und warteten geduldig, was passieren würde.

Die Nacht war kühl. Nach der Hitze im überfüllten Waggon schien mir, als würde die Kälte mir bis ins Knochenmark ziehen. Ich knöpfte mich zu – so fest ich bloß konnte.

Wie aus der Unterwelt stieg nach einer Weile das Heulen der Sirene wieder empor, überzog die Umgebung und fiel dann rasch in sich zusammen. „Nun halt dich bloß fest!", sagte ich dir. „Vor allem – den Mund auf; angeblich soll dadurch das Trommelfell in den Ohren nicht platzen."

Doch diesmal passierte noch nichts Schlimmes. *„Entwarnung"*, sagte jemand irgendwo.

Der Raum um uns herum begann sich allmählich zu beleben. Schnell strömten die Menschen zurück zum Zug und wir mit ihnen.

Diesmal gelang es unverhofft leicht einen Wagen zu besteigen. Noch glücklicher wurden wir, als wir die Tür des ersten Abteils öffneten und dort nur zwei Reisende erblickten. Ohne nach einem Platz für das Gepäck zu suchen, ließen wir uns in die Sitze fallen und äußerten unsere Freude – beide zugleich mit den zwei kurzen Wörtern: „Wie gut!"

Doch im selben Augenblick hast du dich besonnen und leise gesagt: „Das wird nicht gut gehen. Der Sitz ist zu weich, als dass wir uns hier länge aufhalten dürfen."

Als habe er unsere Vorahnungen gespürt, sagte mein Sitznachbar mit tiefer Stimme:

„Verzeihen Sie. Ich möchte Sie bloß darauf aufmerksam machen. Hier ist die 1. Klasse. Möglicherweise haben Sie sich … – Natürlich habe ich nichts dagegen, dass Sie hierbleiben. Ich wollte bloß auf mögliche Unannehmlichkeiten hinweisen."

Ich dankte dem Herrn und wir blieben sitzen. Bald erschien auch der Schaffner und prüfte unsere Fahrscheine und Dokumente im Lichtschein einer Taschenlampe. – Später hast du berichtet, dein Herz habe so laut geschlagen, dass du befürchtet hättest, der Schaffner würde es durch das Rollen des Zuges hindurch hören. Aus völlig unerfindlichen Gründen sagte er kein einziges Wort. Entweder verjagte der Schaffner uns aus reiner Menschlichkeit nicht oder unsere Verwegenheit hatte ihn verblüfft, aber bis Bielefeld ließ er sich nicht mehr blicken.

Unterwegs wurden wir immer selbstbewusster. Ich begann langsam, mich mit dem freundlichen Herrn neben mir zu unterhalten. Als mein Gesprächspartner erfahren hatte, wer ich bin und woher ich komme, schilderte er in einigen Worten auch alles über sich. Dies war eine dermaßen gewaltige und schreckliche Epoche, dass alles Nebensächliche vom Menschen abfiel; es verblieben nur grobe Züge: Ingenieur, Holländer. Hatte im ersten Kriegsjahr sein Haus bei Haarlem, Bücher und Gemälde verloren. Gewiss keine Arbeiten von Rembrandt, Breughel oder van Dyck, aber doch von angesehenen Meistern jüngerer Zeit. Alles zu Asche! Nun wohnte er in Deutschland. Die Familie – er, seine Frau und zwei halbwüchsige Söhne – hatte alles heil überstanden. Der Krieg werde nicht ewig dauern. Das richtige Leben stehe an.

„Auch Sie werden noch in ihre Heimat zurückkehren", schloss der Ingenieur, und wir bedankten uns für dieses gut gemeinte Wort.

So hätten wir in aller Ruhe den Weg bis nach Bielefeld fortgesetzt, wäre ich nicht auf den Gang getreten und hätte mich bei einer Dame erkundigt, ob es denn noch weit bis zu dieser Stadt sei, und hätte sie nicht erwidert, dass wir gleich da wären. Tatsächlich begann der Zug, seine Fahrt zu verlangsamen. Ich eilte zu dir. Wir streiften die Mäntel über, drückten unserem Nachbarn die Hand, nahmen unsere Sachen und waren draußen.

Wir gingen die Reihe der Waggons entlang. Bei Morgenlicht ließ sich schon einiges erkennen. Aber hier sah es überhaupt nicht nach einer Stadt aus. Da haben dich Zweifel gepackt und du hast jemanden gefragt: „Ist das hier Bielefeld?" Dieser antwortete, nein, das sei erst der übernächste Halt und wir sollten schnell wieder in den Wagen zurück.

Das taten wir auch und verbrachten noch eine halbe Stunde in einem überfüllten Gang. Wie Kerzen standen wir dort, mit den Rucksäcken auf, den Kleinigkeiten in den Händen und den größeren Gepäckstücken zwischen den Knien, damit sie nicht verloren gehen oder vergessen werden.

Es war wieder ein neuer Tag angebrochen.

Umschlag der lettischen Erstausgabe 1951. Die Ruinenlandschaft soll
an das zerstörte Bielefeld erinnern. Illustration von Niklāvs Strunke.

Bielefeld in Schutt und Asche

1.

Vom Hauptbahnhof in Bielefeld ist mir etwas Verglastes in Erinnerung geblieben, hoch oben an der Decke, wie in Berlin. Und hier ebenso wie dort – mehr leere Fassungen als Glas. Aus dem überfüllten Zug gestiegen, erfrischte uns die kühle Luft und ließ uns manchmal sogar erschauern. Es dauerte nicht lange, und die Menschen, die mit uns zusammen den Bahnhof bevölkert hatten, waren ins Freie geströmt wie Wasser durch ein Sieb, und wir beide blieben alleine zurück.

Ein Eisenbahner, vielleicht aber auch ein Postangestellter, den du gefragt hast, ob es weit sei zu der und der Straße, ließ durch die Nase ein jämmerliches *Hm!* hören und meinte, dass es die fragliche Straße wohl gegeben habe, doch nun würde es uns schwerfallen, sie zu finden. Auf jeden Fall wäre es besser, wir würden zunächst hier im Schutzraum des Bahnhofs Quartier beziehen. Erst bei Tageslicht solle sich einer von uns auf die Suche machen.

So stiegen wir in die Tiefe hinab. Hier war es noch dunkler als nachts im Zug, da wahrscheinlich die Stromleitungen zerstört waren. In der Tat, nun erinnerte ich mich deutlich daran, dass ich im Zug von starken Bombardements am Samstagnachmittag gehört hatte; nur hatte ich nicht gedacht, dass diese etwas mit Bielefeld zu tun hätten. Jetzt aber deutete alles darauf hin.

„Es ist Montagmorgen", sagte ich zu dir. „Wir sind einen ganzen Tag und zwei Nächte zu spät eingetroffen. Schade. Wir hätten dann gesehen, wie so was vor sich geht."

„Halt den Mund, wenn du nichts Besseres zu sagen hast", kam deine Erwiderung wie aus der Unterwelt.

Du hattest auf unserer schon plattgesessenen Habe Platz genommen und batest mich, hinaufzusteigen und zu versuchen, etwas darüber zu erfahren, was in der Stadt passiert sei. In deiner Stimme zitterte Verzweiflung, als du die Befürchtung geäußert hast, die Eltern unseres Schwiegersohnes könnten sich unter den Trümmern befinden. – Wo sollten wir dann in einem völlig fremden Land bleiben?

Ja, nun begann auch mir die Sache ziemlich düster zu erscheinen. Saßen wir denn hier nicht schon wie in einer Falle? Für einige Minuten streckte auch ich mich aus, gleich auf dem nackten Boden; dann erhob ich mich, schulterte den Rucksack, nahm noch etwas in die Hände und tastete mich mit den Ellenbogen zurück in die Welt. Ich versprach, nicht eher zurückzukehren, bis ich einen Ort gefunden habe, wo ich das Gepäck abstellen und wohin ich dich mit den anderen Sachen hinführen kann.

Oben nahm ich die Außenwelt so scharf wahr wie nie zuvor. Irgendwo am Himmelsrand ging die Sonne auf. Ich sah ihre Strahlen an den höchsten Mauerecken. Die Straßen waren wie leere Flussbetten. Durch solche sah ich manchmal in meinen Träumen Krebse krabbeln. Kein einziger Mensch! Ein grauenerregender Morgen … Ich blickte zu meinen Schultern, um wenigstens mich selbst zu sehen. Ja, dort waren die Riemen, die sich in das Tuch gegraben hatten. Ich hob eine Hand – hier die Angelrute. Die zweite ließ sich nicht so leicht heben. Na ja – dort die Schreibmaschine. Also hatte ich alles dabei, was ich brauchte. Sollte es dann noch gelingen, die Verwandten zu finden, waren wir gerettet.

Ich ging einige Schritte geradeaus, dann kehrte ich um. Ich wandte mich nach rechts. Überall lagen zusammengestürzte Mauern vor mir. Unter den Füßen Glas, Ziegelsteine. Gleich hier, mitten auf der Straße ein Bombentrichter von der Größe eines ordentlichen Flachsteiches. Gezackte Wände ragten in den Himmel. An den Wänden Treppen, Decken und Fußböden, die jeden Augenblick herabstürzen konnten. Nur selten ein Schornstein. Kein einziges Dach. – Da kam zum Glück ein Mann, ein wenig verschlafen, aber immerhin lebendig, und sprach mich an:

„Wie ich sehe – ein Reisender. Was suchen Sie denn in dieser Totenstadt?"

Nachdem ich dem Herrn einen guten Morgen gewünscht hatte, erwiderte ich, dass ich von weit her gekommen sei, um hier länger zu bleiben. Zumindest bis Kriegsende. Ich sagte, dass ich über eine sichere Adresse verfüge – *Breite Straße 20*, und fragte, wo das wohl sei.

„Ich hätte keine Schwierigkeiten, es zu beschreiben, und ebenso wäre es für Sie ein Leichtes loszuziehen, doch wir finden uns selbst nicht mehr in unserer Stadt zurecht. Gehen wir, versuchen wir's zu finden. Ich habe so'ne Stunde Zeit. Ich möchte mal sehen, wie's dort aussieht."

Wir gingen, krochen, kletterten. Befahrbar war von diesen Straßen keine einzige, doch hatte es während des gestrigen Tages schon regen Fußgängerverkehr gegeben und so kamen wir auf gut ausgetretenen Pfaden bald zur gesuchten Straße. Der Herr redete unterwegs die ganze Zeit und erklärte, was hier gewesen sei und was dort, doch viel zu sehen gab es nicht mehr. Er hustete mit allem drum und dran. Er nieste und wünschte sich selbst Gesundheit. Ach! – Er habe gestern und vorgestern Phosphordämpfe einatmen müssen. Achtzigtausend Brandbomben! Drei Teppiche Sprengbomben …

Als ich dies hörte, sah ich meinem Begleiter das etwas raue Benehmen nach; trotzdem beeilte ich mich, möglichst auf Abstand zu ihm zu gehen, was mir auch gelang. Sowieso sollte ich von seinem Gerede nur noch wenig mitbekommen, da plötzlich so viele eigene Gedanken auf mich einstürmten, dass ich fast in Verwirrung geriet.

Merkwürdigerweise waren einige Gebäude in dieser Straße noch auf ihren Grundfesten verblieben. In den Fenstern wehten sogar Vorhänge. Einige Aushängeschilder. Eine schöne Haustür. Und hier, auf einem qualmverschmierten Stück Mauer war deutlich die Nr. 20 zu sehen.

Aber was sollte mir das nützen?

Doch halt, – stand da an der Wand auf der anderen Seite der Türnische nicht etwas geschrieben? Tatsächlich! Mit allergrößter Freude las ich:

Wilhelm Stöppler, jetzt Weißenburgerstr. 22.

Jetzt war alles klar. Sie waren am Leben!

Nachdem ich erfahren hatte, welche Richtung ich einschlagen musste, machte ich mich sofort auf den Weg dorthin.

2.

Über diesen Teil der Stadt waren keine Teppiche gelegt worden; nichtsdestotrotz war die eine Hälfte des Hauses, in dem sich Stöpplers befinden mussten, wie mit einem Axthieb abgetrennt worden. Nun ja, wie konnte es wohl anders sein? Es verstehen sich nur die, deren Leid das gleiche ist. Wessen Haus aber unversehrt geblieben war, der würde einen Ausgebombten allenfalls gezwungenermaßen bei sich aufnehmen.

Mein Verdacht erwies sich aber als nicht ganz zutreffend. Es stellte sich heraus, dass Erich hier wohnte, der jüngere Bruder von Wilhelm Stöppler. Als ich an die Tür klopfte, steckte eine noch ziemlich junge Frau ihren sorgfältig gelockten Kopf durchs Fenster. Sobald sie erfuhr, dass ich aus Lettland bin, rief sie aus:

„Dann bist du ja der Vater von Lilija!"

Und verschwand sofort, um mich nach einigen Sekunden hereinzulassen.

„Ich heiße Friedel. Vielleicht hast du von mir gehört."

„Natürlich! Ich bin bloß zu erschöpft, um mich an alles genau zu erinnern. Du bist doch die Mutter der Zwillinge."

„Genau, von Jochen und Horst! Die sind schon große Jungs."

Als sie hörte, dass ich mit allem, was ich in den Händen und auf dem Rücken habe, in der Fremde auf der Straße stehe, brach sie in Tränen aus; ich musste sie trösten, indem ich ein sorgloses Lächeln aufsetzte.

Sie verfügten über eine Drei-Zimmer-Wohnung. Ich konnte bei ihnen bleiben. Eines der Zimmer war im Sommer bei einem Bombenangriff eingestürzt, der allerdings bei weitem nicht das Ausmaß jenes Flächenbombardements erreicht hatte, das am letzten Samstag niedergegangen war. Ihr Mann, ein Büroangestellter, sei bereits zur Arbeit gefahren. Beide Kinder seien in Ungarn bei einer deutschen Familie, auf einem großen Bauernhof, und ihnen ginge es gut …

Ich hörte den Worten der freundlichen Verwandten nur mit einem Ohr zu. Das war normales Leben, sonst nichts. Dann passte ich eine günstige Pause im Redefluss ab und fragte:

„Aber wo sind denn die Eltern meines Schwiegersohns? Sie sind doch hoffentlich noch am Leben? An der Wand neben der Haustür stand doch geschrieben …"

„Sie waren bei uns. Gleich nachdem der Bombenangriff aufgehört hatte, eilten sie herbei und übernachteten hier. Gestern Morgen, es war ja Sonntag, sind wir dann alle zu ihnen gegangen, um nachzusehen, ob man an den Keller herankommen könnte. Aber die ganze Stadt rauchte noch und aus den Trümmern stieg ein höllischer Geruch auf. Anna schrieb dann unsere Anschrift an die Wand. Und sie tat gut daran. Sonst hättet ihr nicht gewusst, was ihr anfangen solltet. Ach, das kann man gar nicht in Worte fassen, was sie verloren haben. Aber das werden sie euch selber erzählen. Jetzt besitzen sie nicht mehr als das, was sie am Leib tragen. Vielleicht bohrt sich dort noch jetzt brennender Phosphor immer tiefer in den Keller hinein. Ich hatte Mühe, die Schwägerin davon abzuhalten, in die Trümmer zu kriechen. Sie glaubt immer noch daran, dass man dort noch etwas retten könnte.“

„Aber wo sind sie jetzt?“

„Sie sind nach Hillegossen gezogen. Eine Fahrt von zwanzig Minuten von hier aus. Wir haben einen großen Bunker in der Nähe, wir wohnen halbwegs sicher. Aber sie haben nichts mehr, was sie in der Stadt hält. Sie sind bei einem Verwandten untergekommen, der dort eine Bäckerei hat.“

„Vielleicht sollte ich die Sachen hierlassen und mich dorthin auf den Weg machen? – Aber zuerst möchte ich meine Frau verständigen, sie ist im Bahnhofsschutzraum zurückgeblieben.“

„Ach ja! Wie konnte ich das bloß vergessen. Nimm es nicht übel, Jānis – wir sind hier alle nicht ganz beieinander. Mir scheint, als würde der Boden jetzt noch gelegentlich unter den Füßen schwanken. – Selbstverständlich müssen wir sie hierherbekommen. Hat sie auch etwas zu schleppen?“

„Was denkst du denn? Ich habe ja nur das Allerleichteste mitgenommen.“

„Dann lass uns Folgendes machen: Wir haben hier in der Nachbarschaft einen tüchtigen Jungen, der keinen Vater mehr hat. Er ist so um die zwölf Jahre alt und besitzt einen Wagen. Er soll mitfahren. Mit dem Tragen würdet Ihr euch zu sehr abmühen. Aber zuerst werde ich einen Kaffee kochen …“

„Nein, nein, – ich möchte weder essen noch trinken.“

„Gut. Dann also, wenn ihr beide hier seid.“

Das war's. – An das weitere Geschehen erinnerst du dich selbst möglicherweise besser. – Ich fand dich nicht dort vor, wo ich dich zurückgelassen hatte, sondern in der Gaststätte, die auch ziemlich gelitten hatte, aber trotzdem noch nach einem Raum aussah. Du saßest an einem kleinen Tisch zusammen mit einer jungen, adrett gekleideten Dame, und als ich herantrat, hast du uns miteinander bekannt gemacht:

„Hier ist er – mein Mann!“

Der Name der jungen Frau ist mir entfallen, ich erinnere mich nur, dass sie eine Handarbeitslehrerin aus einer ganz fremden Stadt war. Ihr hattet gerade beide eine große Tasse richtige Knochenbrühe ausgeschlürft, und du hast mich überredet, auch eine zu trinken, so heiß wie irgend möglich, denn ich sei dabei, meine

Stimme zu verlieren. Nachdem ich ausgetrunken hatte, begann sich mein Blick auf Dinge und Menschen, sogar auf Ereignisse aufzuhellen. – Wahrlich, bislang hatte uns doch Laima selbst geführt. Egal wohin wir gingen: Entweder war dort noch nichts Schlimmes passiert oder es war bereits vorbei.

Dann erhoben wir uns, denn draußen wartete der Junge mit dem *Bollerwagen* – ein Wort, das wir hier zum ersten Mal hörten. Du bezahltest und freutest dich darüber, dass die Brühe ohne Marken abgegeben wurde. Nun verabschiedeten wir uns von der Dame, mit der du dich fast schon angefreundet hattest, packten unsere Sachen in den Wagen und folgten dem flinken Jungen.

Die Uhr zeigte die Mittagsstunde an, als Friedel dich in ihre Arme schloss. Wir nahmen ein richtiges Frühstück ein, das ihr beide zusammengebastelt habt; anschließend wurden wir ermuntert abzulegen und konnten uns ein wenig waschen und in ihre Betten legen, die weich waren, wie aus der Vorkriegszeit gewohnt, und mit dicken Daunendecken. Tatsächlich war dies das erste Mal seit Ropaži, dass wir uns von der Oberbekleidung befreien und uns richtig ausstrecken konnten. Wir waren wunschlos glücklich.

3.

Um drei Uhr – nicht nachts, sondern am selben Nachmittag – wurden wir plötzlich geweckt. Weil Worte nichts genutzt hatten, zerrte uns die freundliche Friedel unbarmherzig die Decken weg. Die Sirenen hatten Alarm geheult.

„Zum Bunker, ihr Lieben, zum Bunker!", forderte sie uns auf.

Ich war ohne Zögern auf den Beinen. Mir schien, als müssten wir in einen anderen Zug umsteigen oder uns zumindest in einen anderen Waggon mit härteren Sitzen begeben. Ich zog mir die Hose und das Jackett an, griff mir den Rucksack, die Schreibmaschine, die Angelruten. Du hast dich mit geschlossenen Augen um das Bett getastet und bist schließlich zurück unter die warme Decke gekrochen – wie ein Flusskrebs unter einen Uferüberhang. Und hättest ruhig weitergeschlafen, wenn ich nicht losgeschimpft hätte, nachdem ich den Ernst der Lage begriffen hatte.

„Ausweise, Geld, alles besonders Wertvolle mitnehmen!", befahl Friedel.

Unsere Füße gaben nach, als wir über den glatten Fußboden gingen, und du konntest dir ein Widerwort nicht verkneifen, – was das denn bloß für ein Leben sei, worauf Friedel sagte:

„Wir können uns glücklich schätzen. Wir haben einen Bunker ganz in der Nähe. Manchmal laufe ich erst nach der letzten Warnung hin. So auch am Samstag. Kaum aber war die Tür zu, begann es dicke von oben herunterzukommen. Wer einen oder zwei Kilometer zu laufen hat, der eilt bereits nach der ersten Warnung los. Und es ist nicht nur einmal passiert, dass er, kaum angekommen, gleich wieder umkehren konnte, weil es zwischenzeitlich Entwarnung gegeben hatte."

Friedel versuchte unseren Marsch angenehmer zu gestalten, indem sie uns unterwegs dieses und jenes zeigte. Der Luftraum war noch leer. Der Bunker stand wie ein grauer Koloss auf freiem Feld. Wir konnten ihn innerhalb von fünf Minuten erreichen, deshalb gingen wir im Schritt. Von überall strömten Menschen herbei, wie Reisende zu einer Haltestelle, alle Hände voll, hat doch jeder Mensch etwas, was ihm teuer ist wie das eigene Leben. Für die Mütter standen natürlich ihre Kinder an erster Stelle und für die Kräftigen – gebrechliche Verwandte. Alles eilte hinein. Ohne jede Aufsicht verblieben um den Bunker herum Fahrräder, Wägelchen, Karren. Der Bunker war hoch. Wir waren ziemlich früh angekommen und erhielten einen Platz im ersten Stock. Mein erster Eindruck war, als hätte ich freiwillig ein Massengrab betreten, so feucht und kühl war es. Aber bald wurde es in dem niedrigen Raum warm, sogar sehr warm. Die kleinen, schießscharten-ähnlichen Fenster waren nicht in der Lage, durch die dicken Mauern frische Luft zuzuführen. Bald schwitzte ich und suchte nach einem Halt; denn als Mann hatte ich zu stehen, während junge Frauen saßen und gemütlich strickten. Einige der Sitzenden begannen mich darauf hinzuweisen, dass ich einen unerlaubt langen Gegenstand in den Bunker mitgenommen hätte, worauf ich voller Demut erwiderte, man möge sich nicht aufregen, da es sich um mein Arbeitsgerät handle. Ich sei Fagottist und in dem Etui befinde sich die Flöte.

Der Aufenthalt im Bunker geriet recht lang, obwohl nichts passierte. Ihr beide habt mir abwechselnd euren Sitzplatz angeboten, wofür ich euch dankbar war und es noch heute bin. Andernfalls wäre ich nämlich umgefallen. Im Sitzen vermochte ich meine Gedanken halbwegs zu ordnen. Ich hätte mir gewünscht, dass hier Filme gezeigt werden. Filme, die ganz voller Sonne sind und bei denen man lachen muss. Es hätten auch Fachleute zu verschiedenen Themen Vorträge halten können, beispielsweise über die Gesundheitspflege zu Kriegszeiten. Auch hätte jemand darlegen können, wie schädlich Kriege im Allgemeinen sind – und dieser im Besonderen ...

Plötzlich kam auf allen Bänken so etwas wie Unruhe, wie Freude auf. Von draußen war schwaches Sirenengeheul zu hören.

„Entwarnung! Entwarnung!", erschallten Hunderte Stimmen.

Alles eilte zum Ausgang. Aber so schnell gelangten wir dann doch nicht hinaus. Während sich alle Stockwerke leerten, schrappten die Menschen dicht gedrängt wie Schollen beim Eisgang an der Tür vorbei. Wir blieben beieinander und warteten geduldig darauf, bis es lichter wurde.

„Seit Samstag sind die Leute ängstlicher geworden", sagte Friedel. „Früher sind sie mal gekommen, mal wieder nicht. Jetzt ist der Bunker mehr wie eine Kirche."

Aufregung und Hast bestimmte nun das Bild. Als wir hinaustraten, stand unten ein Herr mit Schnurrbart und rief Fundgegenstände aus:

„Wer hat eine Strickjacke vergessen? Im dritten Stock ist ein Herrenmantel zurückgelassen worden!"

Der Herr, der diese Sachen anbot, hielt außerdem ein zwei Jahre altes Kind hoch, das schrie wie am Spieß. Die Menschen blieben stehen und wunderten sich, – könnte es denn wirklich sein, dass eine Mutter ihr Kind im Bunker vergisst? Aber es war ja nicht die Mutter. Noch als wir dort standen, kam ein junger Vater atemlos herbeigestürzt und rief:

„Heul nicht, Therese, *Papi* ist doch hier!"

Der gute Mann nahm das Kind und entschuldigte sich:

„Verzeihung! Meine Frau konnte nicht mit uns Schritt halten. Ich bin vor Nervosität ganz zerstreut. – Meine Kleine!", küsste er das Kind herzlich.

Auf dem Heimweg schaute ich noch ab und zu auf den Schutzraum zurück und bezweifelte, ob so ein Bunker wirklich standhalten würde, wenn ihn genau auf dem Scheitel eine jener Bomben träfe, die sich durch ein mehrgeschossiges Haus bis zum Keller hindurchbohren. Aber Friedel versicherte, man könne sich getrost darauf verlassen. Gerade dieser Bunker sei bereits dreimal getroffen worden und habe dabei nur ein paar Schrammen abbekommen. Aber ganz sicher könne man nicht einmal unter der Erde sein. Und sie erzählte von Dr. Oetkers Privatbunker, einem Bau wie für die Ewigkeit; aber trotzdem waren Menschen darin verschmort. Brandbomben hatten nämlich die Stahltüren dermaßen überhitzt, dass man sie weder von drinnen noch von draußen habe öffnen können.

Während wir uns beruhigten, kehrte Erich nach Hause zurück. – Uns reichte ein Bunkerbesuch, um den Wunsch zu verspüren, dort nie wieder einzukehren. Deshalb versuchten wir ihm zu verdeutlichen, dass wir uns so bald wie irgend möglich mit Wilhelm und Anna treffen möchten – vielleicht würden sie wissen, wo man uns außerhalb der Stadt unterbringen könnte.

Unser Wunsch war wahrscheinlich so nachdrücklich, dass sie darüber kein weiteres Wort verloren und wieder denselben Jungen zur Hilfe nahmen, der heute Morgen unseren Umzug vom Bahnhof bewältigt hatte. Diesmal jagte der Junge auf dem Fahrrad nach Hillegossen und überbrachte einen Brief von Erich. Die Nachricht war kurz:

„Lilijas Eltern sind eingetroffen. Kommt sofort her."

Fürs Erste hatte dies keinen Erfolg, weil der Junge Stöpplers nicht angetroffen hatte. Aber der Bäcker hatte versprochen, den Zettel weiterzugeben, sobald sie heimkehrten.

Der Abend näherte sich. Uns fielen fast die Augen zu, wir harrten jedoch aus und gingen nicht schlafen. Du hast Friedel einiges von unseren mitgebrachten Lebensmitteln gegeben und sie begann eine Mahlzeit zuzubereiten. Sie aßen stets am Abend, wenn Erich von der Arbeit zurückkam. Du hast ihr auch ein größeres Schälchen mit Honig aus deiner Kanne gefüllt. Die Verkehrsverbindungen nach Hillegossen waren ihnen gut bekannt samt der Abfahrtzeiten für Züge und Busse. Als es völlig dunkel geworden war, sagte Erich:

„Nun ist es zu spät für sie. Lasst uns in aller Ruhe essen und dann zu Bett gehen. Und zur Nachtzeit wäre es auch sehr unvernünftig. Sie werden morgen früh herkommen, dann werdet ihr euch beraten. Nur dass ihr es wisst – ihr könnt bei uns bleiben, solange ihr wollt. Es wird zwar enger werden, aber wir werden zurechtkommen. Die Kinder werden möglicherweise erst im Herbst nächsten Jahres nach Hause kommen; sie sind dort beliebt und haben zweite Eltern gefunden."

Wir dankten für die Freundlichkeit und lehnten ihren Vorschlag nicht ab, denn uns waren hier ja die Hände gebunden.

Friedel hatte bereits den Tisch gedeckt und war gerade dabei, eine brutzelnde Pfanne vom Herd zu nehmen, als sie ihr aus der Hand glitt und wieder auf dem Ring landete. – Wie eine Rakete schoss nämlich wieder die heulende Stimme der Sirene in den Himmel.

„Was ist denn heute bloß los?!", stöhnte Erich. „Nicht einmal essen lässt man uns mehr."

Wir machten uns sofort auf und marschierten wieder zum Bunker. Draußen sahen die winzigen Lichter der Taschenlampen wie Glühwürmchen aus, mehr konnte man nicht erkennen.

Aber damit war es nicht genug. Nach Mitternacht, als wir wie schwere Senksteine schliefen, wurden wir abermals aus den Betten gerissen. Diesmal war ich es, der um keinen Preis aufstehen wollte. Ich fühlte mich, als wäre ich aus Blei. Mir war es völlig egal, möge es Pech und Schwefel auf mein Haupt herabregnen, ich würde dableiben und schlafen. Aber morgen würden wir zusehen, dass wir an einen ruhigeren Ort gelangen. Gab es in Deutschland denn wirklich keinen Winkel mehr, wo man vor diesen Klagepfeifen sicher sein konnte?

4.

Als wir frühmorgens aufwachten, hörten wir, dass im vorderen Zimmer leise gesprochen wurde. Du standest eilig auf und sagtest beim Ankleiden:

„Das werden sie sein! – Ich würde viel dafür geben, dieser Hölle schneller zu entrinnen. Sicherlich raucht hier noch irgendwo ein Schlot, den es umzustürzen gilt. Hier gibt es Kriegsproduktion. Zumindest webt man hier und näht Hemden."

– Hier sind wir nun, wollte ich sorglos verkünden, als ich das vordere Zimmer betrat; doch die Stimme versagte. Ich flüsterte bloß, während Anna in Tränen ausbrach und sich an mich schmiegte.

Ich weiß nicht, wie ich selbst aussah, sie aber wirkten, als seien sie dem Grab entstiegen. Von dem ohnehin kleinen Gesicht Annas schienen nur noch die Augen und die Nase übrig zu sein. Willis Vater zitterten bei der Begrüßung die Lippen und die Hände. Er hatte seinen Regenmantel nicht ausgezogen, weil er darunter nichts Vorzeigbares anhatte. Anna sagte unter Tränen:

„Sechsmal haben wir unseren Sommerurlaub in Lettland verbracht. Und jetzt, wo du uns einmal besuchst, können wir dir nicht einmal ein Glas Wasser anbieten."

Weiter kam sie nicht. – Mir schoss eine ganze Reihe von Momenten durch den Sinn, die sie stets zu nennen pflegte, wenn sie über die Besuche bei uns berichtete. – Wie es dort in Plaviņas ausgesehen habe, an der Daugava. Wie dort in der Johannisnacht[33] Hunderte von Menschen mit Käse und Bier verköstigt worden seien. Wie viel Geflügel wir dort gehabt hätten, wie groß und schön der Garten und der Fischteich gewesen seien. Dann der Besuch in Zasa [Sassen], auf dem Gutshof meiner Freunde. Genauso auf dem Anwesen Stukuli und anderen Bauernhöfen. Bei meinen Verwandten in Jēkabpils [Jakobstadt] habe sie sich den Bauch zu voll geschlagen, denn das Mittagessen dort sei wie im allerfeinsten Restaurant gewesen. Wie sie überall herumgeführt worden seien und wie man ihnen alles gezeigt habe. Wie sie den Aufstieg Lettlands von Jahr zu Jahr verfolgt hätten. In Sabile [Zabeln], in der Kurländischen Schweiz, habe Anna Flusskrebse so groß wie ihre Hauspantoffeln gegessen. Und Forellen! Sie hätte Kaffee getrunken in dem Hotel in Ķemeri [Kemmern], wo man von der Dachterrasse aus schier unendliche Fichtenwälder und das Meer sehen kann. Dort habe auch der Staatspräsident seine Zimmerflucht gehabt. Sie hätten im Meer bei Majori [Majorenhof] gebadet, wo sie bei meinen Kollegen zu Besuch gewesen seien, bei den Familien Rubis und Kronenbergs[34]. Überall seien sie wie Freunde, fast Verwandte aufgenommen worden. Ja, und von Sigulda [Segewold] ganz zu schweigen, wo sie volle fünf Tage in dem Schriftsteller-Schloss[35] verbracht hätten, – dort, wo die Gauja so schön sei, mit den Ruinen dreier gewaltiger Ordensburgen …

Lettland war in Annas Bewusstsein etwas Unantastbares und Heiliges. Oh, ich erinnere mich gut daran, wie sie eine Dame zurechtwies, die, wahrscheinlich weil sie sich gut mit einer Deutschen stellen wollte, die Nordsee über den grünen Klee lobte und den Strand von Riga heruntermachte, der stinke ja nach Strömlingen.

„Ich habe nirgends einen schöneren Strand gesehen als den bei Dubulti [Dubbeln]", erklärte Anna und zeigte der Dame die kalte Schulter.

Ja, jetzt waren das alles nur Erinnerungen, nicht einmal mehr eine lebendige Vorstellung. Wir hatten nicht nur alles verloren, was uns gehörte, sondern auch das, wozu wir gehörten. Allerdings blieben noch die Kinder; aber deretwe-

---

33 Als Johannisnacht gilt Mittsommer, die Nacht vom 23. auf den 24. Juni.
34 Kronenbergs – gemeint dürfte der lettische Grafiker Alberts Kronenbergs (1887–1958) sein, der sich vor allem als Illustrator von Kinderzeitschriften und -büchern einen Namen gemacht hat. Als sein künstlerisches Vermächtnis gilt das Bilderbuch *Mazais ganiņš* [*Der kleine Hirtenjunge*] (1931), das sowohl vom naivistischen Zeichenstil als auch von der allgemeinen Thematik her Berührungspunkte mit dem *Weißen Buch* von Jānis Jaunsudrabiņš aufweist.
35 Schriftsteller-Schloss – seit 1922 eine Tagungs- und Erholungsstätte des Lettischen Schriftsteller- und Journalistenverbandes in den Räumlichkeiten des Schlosses zu Sigulda.

gen machten wir uns große Sorgen. In Litzmannstadt befand sich Lilija bereits in Frontnähe. Und von Willi hatte es schon seit mehreren Monaten keine Post mehr gegeben. Er war im Krieg, an der Westfront, irgendwo in Frankreich ...

Wir bestiegen wieder den Zug der Zeit. Während Anna und ich uns aufmachten, um einige Angelegenheiten zu erledigen, bist du daheim geblieben; du wolltest dich ein wenig erholen. Willis Vater verließ uns, um seinen Pflichten nachzugehen. Eigentlich gab es nur zwei Dinge zu tun, – das Besatzungsgeld musste gegen Reichsmark eingetauscht werden und wir mussten eine Wohnung außerhalb der Stadt finden. Binnen zwölf Stunden dreimal zum Bunker zu trotten, – wer konnte das bloß aushalten? Und so führte unser erster Weg zur Reichsbank.

5.

Der Mangel an Schlaf hatte dich ganz krank gemacht. Mir ging es nicht viel besser. Fieber und plötzliche Kälteschauer hatten mir die Stimme geraubt. Ich konnte nur flüstern oder grunzen. In solch einem Zustand erregte ich in der Reichsbank Verdacht. Der Herr, der mein Geld umtauschen sollte, erkundigte sich, woher ich denn so viel hätte? Als ich erklärte, dass ich Schriftsteller sei und in Lettland im letzten Jahr vier Bücher veröffentlicht hätte, wurde er noch misstrauischer.

„Warten Sie!", sagte er barsch und verschwand mit dem ganzen Geld in einem rückwärtigen Raum.

Dann lief Anna in eine andere Abteilung und kehrte mit einer jungen Dame zurück, die ihr gut bekannt war, und zu zweit zerstreuten sie die Bedenken des Herrn, das Geld könnte durch Verbrechen oder doch zumindest Schwarzhandel erlangt worden sein. Schweigsam tauschte er meine siebentausend um, von denen ich nun hoffte, sie würden für unseren Lebensunterhalt bis Kriegsende und noch für die Rückkehr in die Heimat reichen. – Damals dachte doch niemand auch nur im Entferntesten daran, dass der Krieg mit all seinen Folgen noch mehrere Jahre dauern könnte. Niemand ahnte, dass allerhand kürzelbewehrte Organisationen auftauchen würden, die die Flüchtlinge in Lager zusammentreiben und sie auf alle mögliche Weise triezen, ansonsten aber gratis beköstigen, bekleiden und ihnen ein Dach über dem Kopf gewähren würden. Und niemand hätte es sich auch nur träumen lassen, dass in Deutschland lettische Zeitungen erscheinen könnten und dass in diesen Zeitungen der Anzeigenteil fast ausschließlich aus groß gedruckten Offerten ehrlicher und unehrlicher Verleger und Buchhändler bestehen würde. Ehre den Ehrlichen, aber von den Unehrlichen werde ich dir später mal ganz Erbauliches berichten, wenn wir auf Gauner zu sprechen kommen.

Aber immer der Reihe nach. – Nach dem Umtausch war es sicherer, das neue Geld bei der großen *Dresdner Bank* zu deponieren, auf einem Girokonto, damit man es jederzeit abheben konnte.

Und dann gingen wir – wohin genau, das kann ich gar nicht sagen. Unterwegs mussten wir oft stehen bleiben, denn ständig hielt jemand Anna an: Er oder sie drückte Mitgefühl aus, bot etwas Kleidung, Möbel oder Geschirr an. Anna sagte weder ja noch nein, dankte nur und wischte sich die Augen.

Wir waren schon ziemlich lange durch die Trümmerlandschaft gelaufen, als wir bei dem Mauerstück ankamen, auf dem in ihrer Handschrift die neue Adresse geschrieben stand. Sie wollte noch einmal schauen, ob sie in den Keller gelangen konnte. Wir stiegen über den Kalk- und Ziegelschutt bis zu dem Fenster, durch das sie aus dem Keller gekrochen waren, als das Haus über ihren Köpfen zusammenstürzte. Auf demselben Weg hätte man wieder hineingelangen können, doch noch immer schlugen uns Rauch und Hitze entgegen, und übel riechende Ausdünstungen nahmen uns den Atem. Wir wichen zurück und Anna sagte:

„Vorbei ist vorbei. Haus und Habe vergehen genau wie Menschen auch. Was habe ich dort nicht alles zurückgelassen! Das Beste was man sich im Laufe eines Lebens erwirbt. Ebenso die Sachen von Lilija und Willi; diese wähnten sie bei uns in Sicherheit, verfügten wir doch über einen so vertrauenswürdigen Keller. Was soll ich ihnen jetzt sagen, wenn wir wieder zusammenkommen? – Seine Manuskripte. Die Gemälde, die du ihnen geschenkt hast. Zwei Porträts von Lilijas Mutter. Sie selbst als Kind am Flussufer. Landschaften im Kaukasus, in Lettland und auch auf Capri. Andenken. Aber die Hauptsache – allerfeinste Stoffe, mir anvertraut von meinem Chef, der Jude war. 20 000 Meter davon! – Da es bis zum Bunker weit ist, sind wir nicht dorthin gelaufen, sondern sind nach dem Hauptalarm stets in den Keller hinabgestiegen. Wir dachten, wenn schon, denn schon – lass uns mit allem zugrunde gehen, was unser ist und was man uns anvertraut hat. Und schau, nun stehe ich hier draußen und dort drinnen zerfällt alles zu Asche."

Sie näherte sich wieder dem Fenster, doch ich zog sie zurück. Dann fuhr sie fort:

„Ich kann dir gar nicht beschreiben, wie sich alles zugetragen hat. Genauso wenig kann man sich an Träume erinnern, die man gerade erst geträumt hat. Eingeschlagen ist die Bombe hier, etwas abseits. Es war wie ein Donnerschlag. Wir wurden zwar nicht betäubt, doch bei klarem Bewusstsein waren wir auch nicht. Dann sagte Vater, nun sei alles vorbei, nun könnten wir unbedenklich in einer Ecke noch etwas abwarten und schließlich zusehen, dass wir hinausgelangen. Aber dann begann es heiß zu werden. Die Tür war verschüttet, so suchten wir nach dem Fenster. Mit der Detonation war das Licht erloschen, wir mussten uns nach dem Gedächtnis richten. Wir fanden das Fenster. Es stand offen. Doch draußen war es genauso finster wie drinnen. Nur hier und da leuchteten glänzende Lichtpunkte im Staub auf. Es schien, als ob sie schwelen und kochen würden. Mich zog es zurück, um etwas zu retten, doch Vater zerrte mich mit Gewalt heraus und wir kletterten über diesen Schutt hier, bis wir ebenen Boden unter den Füßen hatten und begriffen, dass das die Straße war. Ich verstehe nicht, dass wir kein Feuer fingen und verbrannten. Wahrscheinlich wird der Mensch in Todesnähe von einer übernatürlichen Kraft im Leben gehalten."

Anna wirkte beim Erzählen wieder wie benommen. Sie weinte und rang die Hände. Ich wartete geduldig, bis sich der Anfall einigermaßen gelegt hatte, nahm sie unter den Arm und wir gingen schweigend davon.

Der Ruinen überdrüssig, schaute ich auf die angesengten Bäume. In den Birnbäumen hingen große, angebratene Birnen. Einige lagen auf dem Boden, geplatzt, braun angelaufen. Mal regnete es, dann schien wieder die Sonne, ganz wie im Herbst. Und dann stand da, einem goldenweißen Wunder gleich, ein Büschel blühender Margeriten an einem Zaunpfahl inmitten der Trümmer. So reine, klare Blumen, als seien sie gerade erst erblüht.

„Schau!", sagte ich, nachdem ich Anna angehalten hatte. „Ist euch und uns denn nicht ein ähnliches Wunder passiert? Immer noch scheint die Sonne auf uns herab. Vielleicht wird auch alles Weitere gut werden. Ihr habt alles verloren. Wir auch. Wir außerdem noch die Heimat, was das Teuerste auf Erden ist. Aber alles kann man wiedererlangen, solange man am Leben ist. Also ist das Leben der einzige Wert, der für den Menschen zählt. Alles andere kann man für Geld kaufen."

Im Zickzack führte der weitere Weg bergan. Dort gab es steile Felsen und auf den Klippen – eine alte Ritterburg. Wir passierten den Berg und die Feste und erreichten eine Stelle, wo Ausgebombte mit einem warmen Mittagessen versorgt wurden. Der Leiter dieser Einrichtung war ein Bekannter Annas. Wir betraten, ich weiß nicht weshalb, sein Büro. Doch ich sollte den Grund sofort begreifen. Anna berichtete nämlich ohne Umschweife über uns, über unsere Verwandtschaft, und erkundigte sich, wo man uns seiner Meinung nach unterbringen könne, zumindest vorläufig?

Der Herr schien sehr freundlich zu sein. Er nannte einen Ort, wo er sein Sommerquartier hatte. Noch stünden dort Schlafzimmer und Wohnzimmer voll gebrauchsfähig zur Verfügung. – Wenn wir wollten, könnten wir sogar auf der Stelle dorthin umziehen. Darauf holte der Behördenleiter eine Flasche Branntwein aus einem Fach seines Schreibtisches hervor und zum Ersäufen des Kummers tranken wir jeder zwei Gläschen. Und in der Tat: Ich wurde etwas fröhlicher gestimmt. Wärmer wurde es mir auch, und ich erlangte meine Stimme so weit wieder, dass ich mich höflich bedanken konnte.

Dann wurden wir aufgefordert, uns in den großen Speisesaal zu begeben und dort das Mittagessen einzunehmen. Es gab eine köstliche Brühe, zwei volle Suppenteller für jeden, mit einem großen Stück Fleisch darin. Das Leben verlangte all dies und nahm es gern entgegen, sofern jemand da war, der es gab.

6.

Das Wetter wurde schlechter. Starke Winde kamen auf, zuweilen regnete es, am Nachmittag zeigte sich die Sonne überhaupt nicht mehr. Zum Trost wurde uns erklärt, dass an solchen Tagen keine Luftangriffe erfolgen, und nachts schon gar nicht. Trotzdem ließen wir nicht von unserem kategorischen Begehr ab, aufs Land zu ziehen. Zu den Einzelheiten konnten wir uns nicht äußern, doch an der allgemeinen Erörterung der Angelegenheit nahmen wir aufmerksam teil. Das war ein lange nicht mehr empfundenes Gefühl – dass über einen die Würfel geworfen werden. Dort sei es so und hier wieder anders. Doch dann wieder ein Aber. Die angebotenen zwei Zimmer mit Mobiliar waren eine gute Sache, aber Wilhelm kannte den Herrn besser als Anna und meinte, dass dieser kein Vorbild an Verlässlichkeit sei. Nicht ausgeschlossen, dass er sich abermals einen warmen Kopf angetrunken habe, wie in letzter Zeit schon fast täglich. Und wenn dann die Wärme wieder verdunstet sei, könne er sich entweder nicht an seine Zusagen erinnern oder er widerspreche sich. Sie selbst hätten sich hier in der Gegend, in den umliegenden Dörfern und bei den Häuslern umgetan und seien dabei lediglich auf Mitleidsbekundungen gestoßen.

Aber eine Idee hatten sie wohl, und diese sollten wir nun alle gemeinsam gut abwägen. – Der mittlere der Stöppler-Brüder, leider verstorben, hatte in Bünde ein schönes Haus mit einem großen Garten, – für uns zum Leben geradezu ideal. Bünde war eine Kleinstadt mit nur einem Industriezweig – dort wurden Zigarren hergestellt. Sie hatte noch keinen Luftangriff erlebt und es war auch nicht zu erwarten, dass dort jemals eine Bombe fallen würde. Nach Bielefeld verkehrten Züge und Busse. So gesehen, konnte man sich nichts Besseres wünschen.

Mich beeindruckte vor allem der Garten und ich erklärte mich sofort bereit, ihn zu pflegen, denn von Obstbäumen und Beerensträuchern verstehe ich etwas.

„Ihr habt doch selber gesehen, wie mein Garten in Pļaviņas ausgeschaut hat", sagte ich erfreut. „Selbst geplant, selbst bepflanzt und beschnitten."

Du wandtest ein, man solle vorab nichts versprechen. Man werde schon sehen, wenn es soweit ist. Es gebe Menschen, die andere gerne ausnutzten. Auf eine gewisse Weise hat mich dies getroffen. Warum sich auch gleich das Schlimmste vorstellen?

Wir redeten hin und her, kamen jedoch immer wieder auf Bünde zu sprechen, auf das Haus der Stöpplers und die Witwe Martha, die dort zusammen mit einer erwachsenen Tochter und ihrer alten Mutter wohnte. Martha unterhielt eine kleine Pension und führte einen Mittagstisch für Gäste von außen; also stünde dir die Küche nicht zur Verfügung. Das wolltest du auch gar nicht. Weder hattest du Geschirr, noch konntest du mit einem Kohlenherd umgehen.

„Wir nehmen Vollpension und damit hat es sich!", sagte ich schließlich.

Das hatten wir nun an diesem Abend so weit geklärt, dass Wilhelm und Anna gleich nach Bünde aufbrachen, um mit Martha zu sprechen. Wir blieben zurück und warteten ungeduldig, was sie uns morgen früh wohl für eine Nachricht überbringen würden.

Die erwartete Nachricht konnte uns sowohl zusagen als auch missfallen. Über zwei Stunden lang hatten sie Martha zugeredet, bis diese sich endlich dazu bereit erklärt hatte, uns aufzunehmen. Großmutter trat ihr Zimmer ab und zog nun in das Schlafzimmer von Tochter und Enkelin. In unser Zimmer sollte ein zweites Bett gestellt werden. Eigentlich dürften in Bünde nur Ausgebombte aus den Bezirken Aachen und Gelsenkirchen aufgenommen werden, doch Verwandte galten als Ausnahme. Und da es sich um einen Ausnahmefall handelte, durften wir gleich mehr berappen, als Martha für gewöhnlich verlangte.

„Sie hat bereits zwei Mieterinnen", berichtete Anna. „Milly, ganz oben unterm Dach, zahlt für Logis und Mittagessen fünfzig Mark im Monat. Und Frau Schöneberg, geschiedene Frau eines Zigarrenfabrikanten, im ersten Stock, links gegenüber eurem Zimmer – fünfundsiebzig Mark. Ihr müsstet aber jeder einen ganzen Hunderter zahlen. Wenn ihr einverstanden seid, können wir gleich losfahren."

Ich blickte dich an. Du presstest die Faust an deine Lippen und sagtest nichts. Daraufhin hob ich den Kopf und sagte tapfer:

„Oh, ja! Monatlich zweihundert … Sofern keine Extras hinzukommen, könnten wir mit unserem Kapital fünfunddreißig Monate oder fast drei Jahre lang auskommen. Das geht in Ordnung!"

Und so fuhren wir in Begleitung von Anna sofort nach Bünde.

Zuerst aber holten wir noch unser Gepäck ab, das zwischenzeitlich aus Danzig eingetroffen war, und adressierten es nach Bünde um, damit wir uns nicht mühsam abschleppen mussten. Denn es hieß, vom dortigen Bahnhof aus müsse man bis Martha noch einen guten Kilometer zu Fuß zurücklegen. Dem angekommenen Gepäck fügten wir noch den Koffer bei, von dem wir uns die ganze Reise nicht getrennt hatten. Er war nicht nur unser wertvollstes, sondern auch bestes Stück von allen, und deshalb hatten wir vermeiden wollen, dass er unterwegs verschrammt oder zerdrückt wird. Hier nun, auf den wenigen Kilometern, konnte ihm doch nichts Schlimmes widerfahren.

Aber das war ein Fehler. Offensichtlich hatte einer der Eisenbahner Gefallen an dem Koffer gefunden. Wir bekamen ihn nicht wieder zu Gesicht. Mit der Erklärung „Kriegszeiten" konnte so etwas ungestraft passieren. Der Dieb eignete sich bloß ein Stück gegerbtes Schweinsleder an, ich hingegen verlor Dinge, die man für kein Geld dieser Welt erwerben kann. Wenn mich mal jemand fragt, was ich mir am sehnlichsten zurückwünsche von dem, was einst war, sage ich noch heute ohne zu überlegen:

„Das Köfferchen!"

Das Leben in Bünde

1.

In Lettland, vor allem in den Landesteilen Zemgale und Kurzeme, hatte ich gehört, dass Kinder ihre Eltern mit „Sie" anredeten. Dies war eine Bezeugung von Respekt und Ehrfurcht, die mir als einem Mann aus Augšzeme[36] völlig albern erschien. – Einander fremde Menschen konnten im Verlauf des Lebens Freunde werden, durften vom „kalten Sie", wie Schriftsteller dies oft zu nennen pflegen, zum „Du" wechseln, dem Passwort zu Freundschaft, Liebe, überhaupt Nähe, – nur zwischen Kindern und Eltern blieb dies Hindernis von der Wiege bis zur Bahre bestehen.

Hier in Westfalen herrschten andere Sitten. Hier wurde jeder auch noch so entfernte Verwandte mit „du" angesprochen, was mir noch alberner schien als das „Sie" zwischen Eltern und Kindern. Ich erinnerte mich, dass sich der berühmte estnische Kontrabassist Juht[37] seinerzeit gewünscht hatte, mit unserem Geiger Rūdolfs Miķelsons[38] in Riga auf Duzbrüderschaft zu trinken, um ihn dann wegen seines Lotterlebens und seiner Faulenzerei ordentlich ausschelten zu können. Als es schließlich dazu kam, soll Juht nach dem Verbrüderungskuss gesagt haben:

„Du bist ein begabter Idiot! Auch ich schlage gelegentlich über die Stränge, aber dann übe ich am nächsten Tag acht Stunden statt vier; du aber schläfst."

Einer solchen Eventualität waren nun auch wir in dieser fremden Stadt ausgesetzt, im Hinblick auf Verwandte, die so entfernt waren, dass man in Nereta über sie sagen würde, die Familienbande bestehen „von der weißen Stute her, aber von der linken Seite." Schon der Onkel unseres Schwiegersohnes schien mir für ein richtiges verwandtschaftliches Verhältnis zu entfernt, ganz zu schweigen von seiner Witwe Martha, unserer neuen Wirtin, und ihrer Tochter, die lediglich den Namen der Stöpplers trugen. Noch entfernter war natürlich Marthas Mutter, die irgendwo aus Schlesien stammte. Und nun waren wir alle auf „Du", konnten einander verwandtschaftlich auf die Schulter klopfen oder auch mit dem Finger drohen.

---

36 Als Augšzeme [Oberland] bezeichnet man in Lettland den östlichen Zipfel des Landesteiles Zemgale zwischen der Daugava und der Grenze zu Litauen, wo auch Nereta, die Heimat von Jānis Jaunsudrabiņš, liegt. Augšzeme ist ein rein geographischer Begriff; im Unterschied etwa zu Kurzeme hat die Region keine eigenständige administrative Bedeutung und gehört nicht zu den vier historischen Landesteilen.

37 Ludvig Juht (1894–1957), estnischer Kontrabassist.

38 Rūdolfs Miķelsons (1905–1993), lettischer Geiger und Musikpädagoge. Gab als musikalisches Wunderkind bereits mit neun Jahren erste Konzerte in Riga. Unterrichtete von 1941–44 Geige am Konservatorium Lettlands. Flucht nach Deutschland, Auswanderung 1949 nach Australien und später in die USA.

Nach fast zehn Monaten bei Martha reichte es uns, wie du selber weißt, in jeder Hinsicht. Vor allem aber dir; denn als einziger Mann in diesem Hühnerstall, wie es Augusts Deglavs[39] formuliert hätte, hielt ich mich mehr abseits.

So begannen wir hier zu leben. Ich konnte mich lange nicht an den Gedanken gewöhnen, dass das hier alles voller Ernst ist, dass wir nicht zu Besuch da sind, sondern hier vielleicht ein Jahr, vielleicht auch zwei und noch mehr Jahre werden verbringen müssen. Kriege enden nun einmal nicht mit dem letzten Schuss. Wer weiß, wie weit Hitler zurückweichen wird? Womöglich werden die neuen Waffen, an die man auch hier glaubte, den Raum um Deutschland wieder zu einstiger Größe ausweiten. Und dann wird alles von vorne losgehen. Es werden abermals mehrere Jahre vergehen, bis Deutschland zur Kapitulation gezwungen sein wird. Denn kein Land kann Krieg gegen die ganze Welt führen. Aber bis dahin werden wir in diesem Städtchen bleiben müssen, in diesem Haus, in diesem Zimmer, dessen Fenster nach Norden wies, kalt war, feucht und ungemütlich.

Oh weh!

Solange wir fuhren, auf der Flucht waren, uns bewegten, wechselten zumindest die Orte. Hier aber waren wir auf einer Insel gestrandet. Deshalb setzten wir uns oft in den Schlitten unserer Träume[40], und während wir uns leise unterhielten oder jeder seinen eigenen Gedanken nachhing, glitten wir damit nach Hause, wo wir mit der Umgebung zurechtkamen, Freunde, Verwandte, Bücher, Gemälde, Fichtenwälder hatten …

Ach, wie gut war es dort gewesen!

2.

Deutschland galt doch bei uns als Hungerland. Dorthin wurden schon in Friedenszeiten lettische Butter und Holz ausgeführt. Man hatte die Vorstellung, dort gibt es weder Milch noch Wälder, sodass man frieren und hungern müsste. Um nicht schon gleich nach der Ankunft zu verhungern, hatten wir an Essbarem alles mitgenommen, was man in trockener Form transportieren konnte. Dafür ließ ich Gemälde an den Wänden und Bücher in den Schränken zurück, auch alle meine

---

39 Augusts Deglavs (1862–1922), lettischer Erzähler und Romancier. Literarisch ein Zola-Adept, konzentrierte er sich in naturalistischer Manier vor allem auf die Darstellung sozialer und politischer Fragestellungen, so etwa die Landflucht in Lettland zum Ende des 19. Jh. und die Industrialisierung Rigas oder den Bruch zwischen nationalem Erwachen und linker Arbeiterbewegung. Als Hauptwerk von A. Deglavs gilt die unvollendete Roman-Trilogie *Riga* (1920–21).

40 „Sapņu kamanās" [„Im Schlitten der Träume"] heißt auch eine Skizze, die Jānis Jaunsudrabiņš zuerst in der Exilzeitschrift *Latvju balss* [*Stimme der Letten*] im Dezember 1944 veröffentlichte. Außerdem nahm er sie in das Buch *Bez dzimtenes* [*Heimatlos*] auf, das den Untertitel *Autobiographie, Gedichte, Erzählungen und Skizzen* trug und in der ersten Auflage zu seinem 50-jährigen Schriftstellerjubiläum im Dezember 1946 in Greven erschien; eine weitere Auflage folgte 1947 in Halle (Westfalen).

bislang erschienenen Titel, etwa neunzig – nur um möglichst viel Nahrungsmittel unterbringen zu können. Die Bücher würden sich nach dem Krieg schon eines nach dem anderen finden lassen, aber wenn du vom Fleisch fällst und stirbst, wird es dich weder hüben noch drüben geben.

So hatten wir denn auch einen derben Sack – mir scheint, es war ein doppelt zusammengelegter Deckenbezug – mit allerlei Bündeln, Beuteln und Beutelchen vollgestopft. Darin befanden sich Weizenmehl, Gerstengrütze, Bohnen, graue Erbsen, Hanf[41], Zwiebeln. Alles Gemüse war selbst gezogen. Stück für Stück hattest du Schweinefleisch gehortet, getrocknetes und gepökeltes, für Geld gekauftes und im Tausch erworbenes. In größeren und kleineren Wickeln verpackt landete dies alles in dem großen Sack – sodass man ihn zuletzt kaum noch bewegen konnte. Hinzu kamen dann noch zwei Beutel Zucker, die wir im Koffer transportierten. Im letzten Sommer war uns der Kohl prächtig gediehen. Drei Köpfe, hart wie Stein, wurden gleichfalls mitgenommen. Und einige Möhren. Oh, wir konnten uns diesen Winter sogar in der Wüste durchschlagen, alles, was wir dazu brauchten, war Wasser und Feuer.

Aber was war denn das? – Als wir in Bünde unsere Lebensmittelkarten erhielten, entdeckten wir, dass sämtliche Lebensmittel in einer Menge eingetragen waren, die fast doppelt so groß ausfiel wie bei uns in Lettland. Zudem behauptete Martha, dass man Gemüse auf dem freien Markt erwerben könne. Jeden Donnerstag würden die Bauern auf dem Marktplatz zusammenkommen.

Von all dem begeistert überließen wir Martha leichterhand unsere Vorräte, denn sie war ja nun unsere Nährmutter.

Martha freute sich insbesondere über die Butter, den Honig und den fetten Speck. Über die Möhren und die Kohlköpfe lächelte sie natürlich nur. Mit den getrockneten Bohnen und den Erbsen wusste sie nicht einmal etwas anzufangen. Sie schüttelte bloß den Kopf, als du ihr zu erklären versuchtest, wie gut diese zusammen mit ausgelassenen Speckwürfeln schmecken. – Hier erwärmten die Leute alles in Blechdosen, ohne weitere Zubereitung. Martha hatte im Keller ein ganzes Arsenal solcher Dosen stehen, über dreihundert Stück.

Trotz all der Begeisterung wurden wir nachdenklich. – Unseren Tisch konnte man keineswegs als üppig bezeichnen. Morgens schwarzer Kaffee ohne Zucker. Zwei aufeinandergelegte alte Brotschnitten, auf der Innenseite mit einer butteroder fettähnlichen Masse etwas angefeuchtet. Manchmal gab es als Ergänzung eine durchsichtige Scheibe Wurst oder Käse. – Mittags gab es überhaupt kein Brot. Wässrige Kartoffeln, gegen die sich unsere Geschmacksnerven rundweg sträubten, waren wir doch an mehlige, in reinem Sandboden gewachsene Sorten wie „Rote" oder „Eschenblättchen" gewöhnt. Als Kraftfutter wurde zu den Kartoffeln stets etwas Breiartiges serviert. Die reinste Pampe! Eine Scheibe Fleisch lag nur sonntags auf dem Teller – und dann war sie auch nicht größer als ein ordentlicher Bissen.

---

41 Vermutlich handelt es sich hierbei nicht um die Stengel, sondern um die Samen der Pflanze: entweder in trockener Form oder zu Hanfbutter zerstoßen.

Der Nachtisch war nicht mit Zucker gesüßt, nicht einmal mit Saccharin; wie das Obst ausfiel, so wurde es zusammengekocht. Um mehr herzumachen, wurde der Nachtisch in einer Art Weinglas gereicht, das sich über einem hohen Fuß zu einer weiten Schale öffnete. In jedem der Gläser ragte über dem Pudding oder einer anderen Schmiere als schierer Witz eine einzelne Kirsche auf, blass, aufgedunsen, nach dem Kochen ohne jeden Geschmack. Als wir dies sahen und beobachten mussten, dass sich das Essen von Tag zu Tag verschlechterte, dämmerte uns, dass wir die Sache mit der Verwandtschaft doch wohl überbewertet hatten. Ich sagte:

„Hast du in irgendeiner Mahlzeit etwas von unseren Erträgen schmecken können? Ich glaube, wir alle hätten uns mehrfach allein an dem Fleisch satt essen können, das du ihr zugeschoben hast."

„Nun hör dir das bloß an", setztest du dich zur Wehr. „Jetzt soll ich noch an allem schuld sein. Vielleicht möchtest du ja, dass ich alles zurückfordere, was schon durch ihre Mühlen gegangen ist? Aber wer war es denn, der beim Entleeren des Sackes sagte, – dies hier für Martha und das da für Martha? Warst du es nicht, der sagte, – wir wollen alle eine Familie sein, alle vom selben Brot essen? – Sei mir lieber dankbar, dass ich deiner Schenklust widerstanden und das eine oder andere zurückbehalten habe. Du warst doch so verrückt und wolltest, dass ich Martha den größeren Zuckerbeutel gebe. Nein, den Zucker habe ich hier, unter dem Bett, im Koffer. Und den Kaffee, den du als Moderwasser bezeichnest, wirst du noch für lange Zeit nicht ungesüßt trinken müssen. Ebenso habe ich nicht den ganzen Honig weggegeben, wenigstens für die medizinische Anwendung ist uns noch was geblieben. Und den durchwachsenen Speck habe ich behalten, damit wir etwas haben, was wir wie ein Bonbon lutschen können, wenn uns ganz flau zu Mute ist. In der Tinte sitzen wir sowieso."

„Gäbe es nicht die gesetzliche Vorschrift", versuchte ich die Angelegenheit in seichteres Wasser zu lenken, „wonach wir nur bei Verwandten wohnen dürfen, würden wir woanders hinziehen."

Gespräche wie dieses kamen zwischen uns jetzt häufiger vor. Sie hatten aber zugegebenermaßen auch etwas Gutes. Die Existenzsorgen ließen uns nämlich die Trauer um die Heimat vergessen.

3.

Martha war eine gesunde Frau in den Fünfzigern. Die gemütlich zusammengekniffenen Augen schienen zu lächeln, aber die rotgeäderten Wangenspitzen blieben ernst und bewegten sich nicht einmal beim Sprechen. Rundlich, kleiner als Tochter und Großmutter. Ständig war sie irgendwohin unterwegs: Nach drinnen, draußen, oben, unten, in den Keller, wo sich der Kessel der Zentralheizung und der Wäscheraum befanden, aber auch Verschläge für Kohlen, Gemüse, Weckgläser.

Überall wurde gekehrt, geschrubbt, poliert. Wenn Martha jemals zum Stehen kam, dann ausschließlich in der Küche, am Herd, wo in verschiedenen Kesseln und Kochtöpfen etwas vor sich hindünstete, -summte, -brodelte.

Mehr werde ich nicht ausführen, denn du kennst Martha ja besser als ich.

Gertrud, die wir nur Trude oder Trudel nannten, bekamen wir tagsüber wenig zu Gesicht. Eigentlich nur am Mittagstisch. Sie arbeitete bei der Stadtsparkasse. Sie war ein angenehmes Mädchen, mit musikalischen Neigungen, aber ziemlich begrenzten Fähigkeiten. Sie hatte schon von Kindesbeinen an mit dem Klavierspiel begonnen, und noch immer ging sie zweimal in der Woche mit der Notenmappe zum Unterricht. Und hörten wir sie mal nach dem Abendessen unten spielen, ermüdete ich mit der Spielerin, – so oft geriet sie aus dem Takt, verhedderte sich und fing den Satz von neuem an.

Trudel war fünfundzwanzig Jahre alt, sah aber jünger aus, manchmal sogar wie ein Kind. Sie besaß ziemlich viele Bücher. Und gute Bücher, von denen sie viele gelesen hatte. Schon ihr verstorbener Vater hatte zu seinen Lebzeiten eine ansehnliche Bibliothek zusammengetragen, die die Tochter nun nach ihrem Gutdünken nutzte und ergänzte. Die Mutter hätte die Bücher am liebsten zu Geld gemacht und dies aufs Sparkonto eingezahlt, aber auch so war es recht. Zumindest konnte man damit gelegentlich Eindruck schinden.

Als wir uns schon etwas eingelebt hatten, führte mich Trude eines Sonntags in das Bücherzimmer, zündete sich – wie alle modernen jungen Frauen – eine Zigarette an, bedauerte, dass ich nicht rauchte, und schloss dann den breiten und hohen Schrank auf. Sie tat es mit bewundernswerter Feierlichkeit. Ich war von den schönen, hübsch gebundenen Bänden und der ganz weiblichen Ordnung im Schrankinnern wirklich überrascht und ließ meinen Blick über die Buchrücken schweifen.

„John Knittel!", rief ich aus. „Von ihm habe ich nur *El Hakim* gelesen. *Via mala*, *Amadeus*, *Therese Etienne*[42] – könnte ich eines davon mitnehmen?"

„Er ist düster", bemerkte Trude, nahm das erste Buch aus dem Regal und reichte es mir.

Zwar glaubte sie, dass ich, wo ich schon selber Schriftsteller sei, auch Bücher besessen habe; als ich aber das Buch in beide Pranken nahm, ermahnte sie mich trotzdem, es sauber zu halten. Unwillkürlich, blickte ich auf meine Fingernägel und musste feststellen, dass es darunter keineswegs tadellos ausschaute. Nachdem ich wieder nach oben gegangen war, schlug ich das Buch sofort in sauberes Papier ein.

Die alte Frau Grunewald war ein echtes Arbeitstier. Ihr gehörte die größte Gärtnerei in Bünde. Sie leitete noch immer den Betrieb; ihr zur Seite standen die beiden verheirateten Söhne, deren Kinder – wie unsere Trudel auch – bereits erwachsen waren. *Oma*, wie alle Frau Grunewald ehrfürchtig nannten, verließ

---

42 John Knittel (1891–1970), Schweizer Schriftsteller, Autor u. a. der Romane *Therese Etienne* (1927), *Via Mala* (1934), *El Hakim* (1936) und *Amadeus* (1939).

mit ihren achtzig Jahren jeden Morgen das Haus und ging zu der nicht allzu weit entfernten Gärtnerei hinüber. Zum Mittagessen erschien sie pünktlich, für eine halbe Stunde und keinen Augenblick länger. Dann aßen wir schleunigst und sie tippelte wieder davon. Oh, diese Mittagessen! Manchmal konnte ich erahnen, was ich gegessen hatte, manchmal aber auch nicht. – Beim Abendessen, da pflegte *Oma* zuerst in Ruhe zu speisen und anschließend bei den Rundfunknachrichten gemütlich einzunicken. Mit ihr wiegte sich auch Martha hin und her. *Oma* brachte Martha jeden Tag ein Körbchen mit Gemüse, Obst oder Kräutern. Und auch einige Neuigkeiten. So berichtete sie eines Abends:

„Heute haben wir einen prächtigen Trauerkranz mit echten Rosen angefertigt. Möglicherweise für einen eurer Landsleute."

„Wie kann das denn sein?!", regte ich mich auf.

„Wie das Leben so spielt. Da flieht man vor dem Tod und läuft ihm doch direkt in die Arme. Das Opfer der Bombe und seine Gattin stammen aus Riga. Er sei dort Professor gewesen, Direktor eines Museums."

Mir lief es heiß und kalt den Rücken runter. Purvītis![43] Purvītis oder Burkards Dzenis[44]. Niemand sonst konnte es sein!

Ich erkundigte mich nach dem Namen, doch an den konnte sich *Oma* nicht erinnern. Unsere Familiennamen seien doch so merkwürdig, dass es schon schwerfalle, sich in sie hineinzuhören, vom Aussprechen ganz zu schweigen.

Laut *Omas* Schilderung soll sich aber Folgendes zugetragen haben: Der Offizier, der mit der Evakuierung des Museums beauftragt gewesen sei, hätte den bewussten Direktor näher kennengelernt und sich mit ihm angefreundet. Schließlich habe er ihm vorgeschlagen, zu seinen Eltern nach Westfalen zu fahren und dort in aller Ruhe das Ende des Krieges abzuwarten. In dem betreffenden Landstrich sei noch keine Bombe gefallen, woran sich hoffentlich auch künftig nichts ändern werde, da es in dem Städtchen keine kriegswichtige Industrie gebe. Und so seien die Leute hier angekommen und am nächsten Tag fallen einige Bomben, vielleicht auch nur eine einzige, und dann direkt auf dieses Haus …

Vorgetragen wurde dies ziemlich gleichgültig, wie man eben über fremde und ferne Dinge redet und dabei allmählich zu etwas ganz anderem, alltäglichem übergeht. Wir aber verzichteten auf den Rest unseres Abendessens, verabschiedeten uns und stiegen nach oben, um in unserem Zimmer allein zu sein.

Erst geraume Zeit später erfuhren wir aus der Zeitung Genaueres. Bei den sinnlosen Opfern des Krieges handelte es sich um den Direktor des Botanischen Museums und Gartens zu Riga, Nikolajs Malta[45], und seine Frau.

---

43 Vilhelms Purvītis war von 1940–1944 Direktor des Städtischen Kunstmuseums in Riga.

44 Burkards Dzenis (1879–1966), lettischer Bildhauer und Porträtmaler, Begründer und Direktor des Staatlichen Kunstmuseums in Riga von 1920–1944. Danach Flucht nach Deutschland, 1950 Auswanderung in die USA.

45 Nikolajs Malta (1890–1944), lettischer Botaniker, kam am 21. November 1944 zusammen mit seiner Frau bei einem Bombenangriff auf die niedersächsische Ortschaft Stolzenau ums Leben. Unter der Überschrift „Profesora Maltas liktenis" [„Das Schicksal von Professor Malta"] berich-

Unser eigentliches Nachrichtenbüro war jedoch Frau Schöneberg. Sie hörte kein Radio und las in der Zeitung nur die Todesanzeigen und die Kirchenmitteilungen, da sie fast jeden Abend zur Kirche und in Bibelstunden ging. Aber sie wusste über alles Bescheid, was sich in den Häusern oder auf der Straße ereignet hatte. Was diejenigen, die wie alle anderen Einwohner unseres Hauses in Arbeit und Pflichten eingebunden waren, von der Welt auch wissen mochten – im Vergleich zur Müßiggängerin Schöneberg waren diese Kenntnisse kaum der Rede wert.

Ach, du meinst, wir seien auch solche Müßiggänger gewesen? Von wegen! Von uns konnte da ja überhaupt keine Rede sein. Wir konnten ja nicht einmal durch unser Fenster herausblicken. Nachts wurde es nämlich mit schwarzem Papier abgedeckt und tagsüber verschwand es hinter einem verschimmelten cremefarbenen Vorhang, der in seiner Art an die Gedärme einer Kuh erinnerte. Dieser ließ sich auf keine Weise verschieben, weder zur Seite noch nach oben. Einmal hatte ich aber doch eine Schnur um all die weiten Falten geschlungen und das untere Ende an eine Wand gezogen. Ja, jetzt war das ein ganz anderes Zimmer! Doch meine Freude währte kaum länger als eine halbe Stunde. Martha schoss wie ein Pfeil herein und anschließend saßen wir wieder im Dämmerlicht. Die Nachbarin hatte sie, Gott sei Dank, auf die fürchterliche Drapierung aufmerksam gemacht. Wir mussten uns in die Ordnung einfügen, die für das Haus und offensichtlich ebenso für die ganze Stadt galt.

In Wahrheit fiel es uns in diesem Fall aber nicht schwer, da ohnehin weder Vollmond noch Sonne jemals zum Fenster hereinschien. Und die fernere Umgebung eröffnete sich lediglich in einem kleinen Ausschnitt zwischen Dächern und Baumwipfeln. Alles, was sich uns als trauriger Fleck darbot, war ein großes, altes Gebäude im Park des städtischen Krankenhauses direkt gegenüber, mit einem kleinen Gemüsegarten davor. Dort war damals ein Altersheim untergebracht, das von den Schwestern des Krankenhauses betreut wurde. Unter den alten Leuten lebte aber auch ein junger Mann, ein Schwachsinniger. Er hieß Jochen und war der einzige, der drüben für etwas Leben sorgte; ich beobachtete ihn gelegentlich, nachdem ich ein von Motten oder vom sprichwörtlichen Zahn der Zeit genagtes Loch im Vorhang etwas vergrößert hatte.

Ach ja – ich war mit der Schöneberg noch nicht ganz fertig. Diese Frau war nicht nur ein Nachrichtenbüro, sondern ein ebenso ungewöhnlicher Typ wie dieser Jochen in dem Haus auf der anderen Straßenseite. Morgens stand sie später auf als alle anderen. Den Kaffee trank sie alleine, in der Küche, nicht in der kleinen Stube, wo es richtige Stühle und einen hübsch gedeckten runden Tisch gab, an dem wir uns alle auf Gongschlag zu den übrigen Mahlzeiten versammelten.

Die Schöneberg litt an eingebildeten Krankheiten, wahrscheinlich an mehreren zugleich, denn der Arzt hatte ihr eine solche Menge Arzneien verschrieben, wie wir

---

tete Jānis Jaunsudrabiņš in Ausgabe 17 (1945) der Lagerzeitung *Grēvenes avīze* [*Grevener Zeitung*] über den tragischen Tod des Wissenschaftlers.

sie noch nie gesehen hatten. Die reinste Gesundheitsorgel oder auch Todestruhe. Vierundzwanzig Fächer, in denen gleich große, jeweils mit einem Gummipfropfen versehene Fläschchen aufrecht untergebracht waren. Die Fläschchen mussten der Reihe nach verwendet werden. Vormittags – von Nummer eins bis zwölf, nachmittags von dreizehn bis vierundzwanzig – alle halbe Stunde ein paar Tropfen auf einen Esslöffel Wasser. Die Kartonschachtel war so klein, dass sie sie leicht in ihrer recht großen Handtasche verstauen konnte, wo sich zwischen anderen weiblichen Utensilien auch eine Uhr, eine Wasserflasche und ein Löffel befanden. So konnten die Medikamente stets zur richtigen Zeit eingenommen werden, an welchem Ort auch immer – in der Stube, auf der Straße, in der Kirche oder auf dem Friedhof, wo die Kranke jeden Tag am Grab ihres Sohnes zu sitzen pflegte, der heute ein stattlicher junger Mann wäre, hätte der Tod ihn nicht bereits im Windelalter ereilt.

„Und helfen Ihnen diese Medikamente?", fragte ich einmal, als Frau Schöneberg diese beim Abendessen einnahm.

„Selbstverständlich. Ich fühle mich viel, viel besser."

„Wieso auch nicht! Vor lauter Tröpfelei bleibt Ihnen keine Zeit, an die Krankheit zu denken", fügtest du hinzu, und die kranke Frau nahm es übel:

„Sie können dem Herrgott dafür danken, dass er Ihnen eine gute Gesundheit beschert hat. Es gehört sich nicht, über die Krankheiten anderer unnötige Bemerkungen zu machen."

So nahmen wir seither auch keine Notiz mehr von ihrer Gesundheitsorgel.

Davon abgesehen kam und ging die Schöneberg als die Gesundheit in Person, wobei sie allerdings eine gewisse Überlegenheit ausstrahlte, ganz die geschiedene Frau eines Fabrikanten. Ihre Zeit reichte lediglich dazu, ihre Arznei einzunehmen, zu speisen und abermals die Arznei einzunehmen. Dann zog sie sich den Mantel oder – an wärmeren Tagen – eine eng geschnittene Kostümjacke an. Als nächstes zog sie sich vor dem Spiegel den Hut genau in jenem Winkel in die Stirn, der zu ihrem Gesicht passte, und hängte sich zuerst den Regenschirm und dann die Handtasche auf den linken Arm. Zu guter Letzt richtete sie sich mit der rechten Hand noch die Locken an den Schläfen zurecht und zog los. – Steuerte sie nicht gerade den Friedhof, die Kirche oder die Apotheke an, besuchte sie ihre unzähligen Freundinnen.

Martha behauptete, dass Frau Schöneberg mehr Besuchsverpflichtungen hätte als der Monat Tage. So war sie jeden Tag unterwegs und wusste tatsächlich, wo überall in der weiteren Umgebung von Bünde Bomben niedergegangen waren. Nach Ennigloh fuhr sie zwei- und nach Hunnebrock einmal in der Woche. Waren tagsüber irgendwo am Himmel Leuchtmarkierungen zu sehen gewesen, wusste die Schöneberg schon am selben Abend genauestens zu berichten, wie viele Tote es in Osnabrück, Löhne oder Herford gegeben hatte und was dort in Schutt und Asche gelegt worden war. Manchmal jedoch geriet sie durcheinander, da verwechselte sie schon Kirchen mit Bombern. Einmal verkündete sie mit durchaus fröhlicher

Stimme, in Schweicheln[46] seien siebzehn Jugendliche getötet worden. Als sie plötzlich begriff, was sie gesagt hatte, entschuldigte sie sich und ließ ihre Stimme dabei dermaßen kraftlos klingen, als stünde ihr eigenes Ende unmittelbar bevor:

„Entschuldigung. Ich habe mich versprochen. Konfirmiert worden!“

Es kam vor, dass sich grobe Schnitzer in die Schönebergschen Nachrichten einschlichen, wie dies selbst gestandenen Journalisten passieren kann. So sagte sie eines Abends nach Einnahme ihrer Medizin völlig aufgelöst:

„Ihr werdet es nicht glauben, – Frau Kluge ist verstorben. Ein Mensch in meinen Jahren. Die Beerdigung findet morgen statt, um fünf Uhr nachmittags auf dem alten Friedhof. Eigentlich war ich bei der *Nichte* meines Mannes zum Kaffee verabredet, aber dies ist hier eine einmalige Verpflichtung. Es bleiben zwei Kinder zurück. Nun werden sie eine Stiefmutter bekommen. Mit Herzinfarkt! Ich befürchte, mich könnte dasselbe Unheil ereilen. Noch gestern oder vorgestern traf ich sie am Ende der Brücke. Sie kam aus dem Friseurladen. Sie nickte mir so freundlich zu. Immer war sie schön frisiert unterwegs …“

Es stellte sich allerdings heraus, dass die Freundin, die diese Nachricht an sie weitergereicht hatte, selbst einem Irrtum erlegen war. – Auf dem Weg zum Friedhof hatte die Schöneberg dann aber einen solchen Schrecken erfahren, dass sie im Laufschritt nach Hause zurückkehrte. Denn auf der Allee war ihr Frau Kluge entgegengekommen. Ganz in Schwarz, ohne Hut, mit schwarzen Glacéhandschuhen, genauso frisiert wie bei der letzten Begegnung. Und sie habe ihr genauso freundlich wie damals zugenickt.

Außer bei dir rief eine Todesnachricht in der örtlichen Zeitung große Aufregung unter den Frauen in unserem Haus hervor. Die Verstorbene, eine ältere Jungfer, war ihnen allen persönlich bekannt. Der Hauptgrund der Aufregung bestand nun darin, dass die Verstorbene im Bett vorgefunden worden war, gekleidet in einem weißen Kleid aus Seide und mit einem Myrtenkranz auf dem Kopf. Das bedeutete doch, dass sie den Gashahn aus romantischen Gründen aufgedreht hatte. „Die Verrückte! Schon über fünfzig!“, hieß es. „Wenn der Herrgott so eine in den Himmel lässt, dann …“

Da konntest auch du dich nicht mehr beherrschen, und zu meiner großen Freude stopftest du ihnen mit einer Bemerkung schlagartig die Mäuler:

„Gott ist ein Mann, und er hat eine ganz andere Moral und andere Wertmaßstäbe.“

Wo ich so viel über die Schöneberg erzähle, hätte ich die siebte Bewohnerin unseres Hauses fast unerwähnt gelassen: Milly, dort oben in der Dachkammer. Das war eine stille, fast unsichtbare Person mit großen, dunklen Augen. Sie arbeitete als Verkäuferin im besten Lebensmittelgeschäft des Städtchens und kam nicht zum Mittagessen heim. Den Morgenkaffee trank sie alleine in der Küche und ebenso den Tee am Abend. Nur an den Sonn- und Feiertagen kamen wir länger mit ihr zusammen.

---

46 Schweicheln-Bermbeck, südöstlich von Bünde.

Milly hatte einen Bräutigam, der die ganze Zeit im Krieg gewesen und bislang unverwundet geblieben war. Deshalb schien es Milly, einen Frontdurchbruch habe es nicht gegeben und könne es niemals geben. Sie glaubte, den Alliierten würden letzten Endes die Bomben und Flugzeuge ausgehen, Hitler jedoch den Sieg davontragen. Beim Kommen und Gehen grüßte sie noch immer mit *Heil Hitler,* während viele da schon ihre Zweifel hatten.

Fräulein Milly gebührt in dieser Geschichte trotzdem ein ganz hervorragender Platz, denn sie überließ mir ihr Bodenkämmerlein zum Schreiben, während sie selber im Geschäft war, das heißt – den ganzen Tag. Und dort verfasste ich das erste Kapitel dieses Buches, das der Dichter Andrejs Johansons[47] in *Latvju balss*[48] abdruckte. Wer weiß, ob *Ich erzähle meiner Frau ...* andernfalls überhaupt entstanden wäre. Denn mitten in diesem Winter kam strenger Frost auf. Martha aber sparte an Kohlen. Die Temperatur in unserem Zimmer bewegte sich um null Grad. Den Mantel angezogen, die Beine in Decken gewickelt und mit Handschuhen vermochte ich allenfalls zu sitzen und lesen, oder noch besser: dazuliegen und die Decke anzustarren. Dort oben war es ganz anders. Das Fenster lag nach Süden. Es gab Tage, an denen die Sonne schien und zusammen mit dem Heizkörper die Temperatur in dem Zimmerchen auf plus acht Grad ansteigen ließ.

4.

Die Bäume begannen, ihre Blätter zu verlieren. Das Wetter war so nass, dass die Straßen vor allem in abgelegenen Winkeln allmählich im Matsch versanken. Ohne Not mochte man da die Stube nicht verlassen, wo es letztlich wärmer war als draußen. Wenigstens war man dort vor dem Wind geschützt.

Martha hatte sich für mich eine Aufgabe im Garten ausgesucht. Hatte Stöppler doch verkündet, ich verstünde etwas vom Gärtnern. Im Frühjahr abgesägt und auf einen Haufen geworfen, lagen dort in einer Ecke Äste von Apfel- und Kirschbäumen. – Ob ich diese nicht so zurechthauen und -hacken könne, dass sie sich zum Feuermachen verwenden ließen?

---

47 Andrejs Johansons (1922–1983), lettischer Religionsforscher und Schriftsteller. 1945 Flucht nach Schweden. Kuriorserweise war er dort auch als Redakteur für den Exilverlag *Ziemeļblāzma* tätig, der die setzerische Verhunzung der lettischen Buchausgabe von *Ich erzähle meiner Frau* zu verantworten hat.

48 Das Periodikum *Latvju balss* [*Stimme der Letten*] erschien von 1944–45 in Berlin. In ihrer Dissertation *Latviešu literārā dzīve un latviešu literatura bēgļu gados Vācijā (1944–1950)* [*Lettisches Literaturleben und lettische Literatur in den Flüchtlingsjahren in Deutschland (1944–1950)*], Riga 2002, S. 362, führt Inguna Daukste-Silasproģe A. Freimanis als Herausgeber sowie P. Kovaļevskis und A. Podnieks als Redakteure des Blattes an, nennt jedoch nicht Andrejs Johansons in irgendeiner verantwortlichen Position (vgl. vorige Fußnote).

Oh, ja! Das konnte ich wohl. Ich konnte dies und das und noch etwas. Und so dauerte es nicht lange, bis man mir Holzpantinen, Kohleneimer, einen Spaten, einen Besen, eine Säge zur Verfügung stellte. Mit anderen Worten, ich wurde zum Hausmeister bestellt. An jedem Morgen, wo es nicht regnete, pflegte Martha sich zuerst zu erkundigen, ob ich denn gut geschlafen habe; danach vergaß sie nicht hinzuzufügen, dass das Wetter nun schön sei und die Luft rein und, dass die Lungen durchlüftet werden müssten.

Ich verstand den Hintergedanken dieser Worte nur allzu gut, doch nicht immer war mir danach, meine Lungen durchzulüften. Sei es, dass ich begonnen hatte, etwas Interessantes zu lesen, sei es, dass ich mit Schreiben beschäftigt war. Schließlich gelangten wir an einen Punkt, an dem Martha mir vorschlug, die Betreuung des Heizkessels unten im Keller zu übernehmen. Dafür wollte sie meine Miete um zwanzig Mark monatlich mindern. Daraufhin sagte ich:

„Zwanzig Mark sind Geld. Aber, Martha, hast du dir die Angelegenheit auch gut überlegt? Ich könnte dir beim Heizen weitere zwanzig Mark an Einbußen verursachen. Als ich nämlich gestern am Kessel vorbeikam – dort muss ich lang, denn seitdem ich die Äste zerkleinere, verbietest du mir, das Haus durch den Vordereingang zu betreten –, habe ich das Türchen geöffnet und gesehen, dass über dem Schwarzen nur kleine blaue Flammen flackern. Meiner Ansicht nach hätte der ganze Kessel jedoch hell glühen müssen. Würde ich heizen, würde ich dazu reine Kohle aus dem vollen Bunker nehmen und solch eine Glut entfachen, dass in allen Zimmern die Fliegen zu summen begännen. Dann müssten Nate und ich nicht wie Waldarbeiter in dicker Kleidung herumsitzen."

„Das kommt davon, weil ihr euch zu wenig bewegt."

„Das habe ich nur so spaßeshalber gesagt. In Wirklichkeit verhält es sich so, dass ich seit dem Frühjahr 1899 keinem Herren mehr gedient habe[49], sieht man von den achtundzwanzig Tagen ab, die ich einmal als Leiter der Abteilung für Theater und Literatur im Bildungsministerium Lettlands abgesessen habe. Nein. Ich möchte selbst über meine Zeit verfügen und will dir lieber die volle Miete zahlen. So ein Kessel legt einen Menschen doch gleich an die Leine. Du kannst ihn doch selbst am besten bedienen, wo du unten zugange bist."

Glücklicherweise hatten wir uns verstanden. Ich fuhr fort, meine Äste klein zu hacken und sie zu einem hübschen Stoß zu stapeln, soviel und wann immer ich wollte – oder auch einfach nur der Bewegung halber. Wenn ich genug davon hatte, schleuderte ich das hammerähnliche Beil in die Garage, unter das Wrack eines grauen Autos. Dies tat ich auch immer dann, wenn besonders gutes Wetter herrschte und Martha mich dazu anhielt, die Lungen durchzulüften. Auch ich pries dann den schönen Morgen, stieg aber zu uns hoch, um die Stube zu hüten. – Über diese sturköpfigen Kraftproben unter Verwandten scherzten wir oft. Und

---

49 Nach Abschluss der Landwirtschaftsschule in Vecsāti 1897 hatte Jānis Jaunsudrabiņš zwei Jahre lang in Kurzeme auf verschiedenen Gütern als Verwalter gearbeitet. Anschließend schlug er eine künstlerische Karriere ein.

immer wenn nach dem Hochrollen des Verdunklungsvorhanges durch das Kuhgedärme ein klarer Himmel strahlte, ermuntertest du mich spaßeshalber in Marthas
Worten:

„*Na, Jan!* Schönes Wetter heute. Was hast du vor?"

Und ich antwortete im gleichen Ton:

„Man müsste die Lungen durchlüften. Aber gib mir doch zuerst ein gesalzenes
Bonbonchen zum Lutschen."

Nachdem sie eingesehen hatte, dass sie mit mir auf keinen grünen Zweig kommen würde, wandte sich Martha dir zu. Der Bewegung halber wurdest du gebeten, die Magermilch zu holen, und das hast du getan. Anfangs gelegentlich, später
jeden Tag. Dabei wurde dein einziges Schuhwerk durchweicht und auf den scharf-
kantigen Pflastersteinen zerschlissen. Bei besonders schlechtem Wetter musstest du
gelegentlich auch Brot holen; hier war der Weg noch weiter. Und da die Gefahr
bestand, dass es dir ohne Beschäftigung langweilig werden könnte, wurdest du mit
einer kleinen Aufgabe betraut. Da Martha auf unerklärliche Weise dicker wurde,
mussten einige Nähte ihres Alltagskleides ein wenig ausgelassen werden. Nachdem
du ihr den kleinen Finger gegeben hattest, warst du rasch beide Hände los und
konntest dir selbst nur noch die Haare kämmen. Schon am nächsten Tag fandest
du auf der Nähmaschine in der Waschküche, die sich gleich neben dem Schlafzimmer der Wirtinnen befand und aus unerfindlichen Gründen der wärmste Raum
im ganzen Haus war, allerhand Plunder aufgehäuft, der ausgebessert und gebügelt
werden musste. Ich warnte dich zwar, dass dies kein gutes Ende nehmen würde;
nachdem du aber auf diese Weise ein warmes Eckchen gefunden hattest, hast du
dessen ungeachtet ohne Eile daran herumgefingert und das eine oder andere auch
erledigt, wobei du dich über die merkwürdige Maschine geärgert hast, die sich
nicht vorwärts, sondern nur rückwärts drehen ließ. Zum Glück funktionierte sie
bald überhaupt nicht mehr, vermutlich hatte sie zu viel Staub geschluckt. Man
gab sie zwar zur Reparatur, doch damals dauerten alle Reparaturen monatelang.
Martha aber ließ dich nicht ohne Arbeit. Auf dem Tischchen landete nun ein ganzer Haufen kurzer und langer Strümpfe, allesamt ohne Fersen. Ich mischte mich
da nicht mehr ein – tu doch, was du willst. Nur machte ich mich hin und wieder
über dich ein wenig lustig, wenn ich dich mit krummem Rücken in deinem warmen Schlupfwinkel flicken sah:

„*Na, Nate*, hier hast du eine Kleinigkeit zu tun!"

Solche Kleinigkeiten fanden sich nach wie vor fast jeden Tag und du vergeude-
test damit schrecklich viel Zeit, die du hättest sehr viel sinnvoller nutzen können.
Und was hattest du davon? Nicht mal ein Dankeschön. Halt, einmal aber doch!
Ich erinnere mich gut, mit welch gönnerhafter Geste Martha dir zwei Äpfel überreichte, nachdem du ihren neuen Mantel um acht Zentimeter verlängert hattest,
da dieser wegen der breiter werdenden Hüfte zu kurz und unmodern geworden
war. Ich staunte bloß:

„Wie kommt es, meine liebe Nate, dass bei gleicher Kost die einen an Gewicht zulegen, wir jedoch offenbar abnehmen. Liegt es an den Jahren oder der Luftveränderung oder dem übermäßigen Verzehr von Gemüse und Gartenfrüchten, den wir nicht gewohnt sind?"

Alles Quatsch! Du kanntest die wahren Gründe:

„Es liegt weder an der Luft noch an den Jahren oder dem Gemüse. Uns fehlt es einfach an Fett. Auch essen wir schlicht zu wenig. Schau mal, Trude bekommt ebenso wie *Oma* Stullen für das zweite Frühstück und die Vesper mit. Die Schöneberg langt bei den Freundinnen zu. Und Milly steckt sich bei der Arbeit das eine oder andere in den Mund, was so beim Schneiden abfällt. Du hingegen lutschst bloß am eigenen Daumen."

5.

Urplötzlich war es dermaßen kalt geworden, dass eine Eisschicht die Fenster überzog, und beim Überqueren der Brücke hattest du auf der Else bereits die ersten Schlittschuhläufer gesehen. Anschließend fiel Schnee, dicker Schnee, sodass Bünde an Torņakalns [Thorensberg] oder Tukums erinnerte. Nachdem sich die Wolken dann wieder verzogen hatten, vermochte die Sonne den Schnee nicht mehr wegzuschmelzen. Mit einem Geräusch, das an das Zermahlen von Steinen erinnerte, zogen Bomberscharen jetzt häufig von Nordwest nach Südost dahin; von unten angestrahlt, waren sie vor dem dunklen Himmel deutlich auszumachen. Moskitoschwärmen gleich hielten sie sich auf einer Höhe, die sich nicht genau schätzen ließ, während die Sirenen auf dem Rathausdach und in den umliegenden Dörfern Gefahr ankündigten oder widerriefen. Die Menschen stürzten in die Keller oder rannten aus ihren Häusern aufs offene Feld hinaus. Man konnte ja nicht wissen, wo die Rettung lag und wo der Tod. Wir konnten sowohl das eine als auch das andere tun, doch wir taten überhaupt nichts. Ich blieb im Zimmer und du hieltest dich an mich. Die in Bielefeld gesehenen Ruinen und Bombentrichter hatten uns gelehrt, dass Schutzräume und all die dicken Mauern nichts zählten. Ich öffnete da lieber das Fenster und schaute zu, wie ein Schwarm nach dem anderen vorüberzog.

Nachts gab es selten Alarm. Meldete der Rundfunk am Abend keine feindlichen Flieger über deutschem Territorium, atmeten alle erleichtert auf und gingen schlafen.

Aber es passierte auch, dass uns der Fliegeralarm gerade abends überraschte, als wir den Kinosaal aufgesucht hatten, um dort ein wenig in der Wärme zu sitzen. Bei der ersten Warnung kam eine Lautsprecherdurchsage, wonach man auf eigenen Wunsch im Raum verbleiben dürfe. Die Vorführung wurde allerdings abgebrochen. Wenn aber die Sirenen zum zweiten Mal aufheulten, musste der Saal geräumt werden. Das Licht verlosch. Dann flüchteten wir dorthin, wo alle anderen Zuflucht suchten, und fanden uns dabei meistens im Keller des Finanzamts wieder, in Räumlichkeiten, die einer Schenke ähnelten. Wahrscheinlich war es entweder ein sehr altes oder ganz neues Bauwerk, mit dicken Wänden und starken Gewölben. Darüber weitere drei oder vier Etagen mit Decken und Böden. Hier hatten selbst wir, die Misstrauischen, den Eindruck, geborgen zu sein. Manchmal standen wir hier sehr lange, denn nach Hause zu gehen machte ja auch keinen Sinn. Bis dann die Sirene Entwarnung heulte und wir zurückeilten, um uns den Film bis zum Schluss anzuschauen.

Manchmal überraschte uns der Fliegeralarm aber auch zu später Stunde zu Hause. Dann erlaubtest du auch mir nicht, oben zu bleiben, und ich gab nach.

Der Gemeinschaftsraum im Keller war gut eine Wohnstube groß. Die niedrige Decke war überall mit dicken Holzbohlen abgestützt. Daran baumelten unzählige Bügel mit der Kleidung unserer Wirtinnen. Hier befand sich in einer Ecke auch unsere Habe, alles, was uns halbwegs wertvoll erschien und wir hätten retten wollen, wenn nicht für uns selbst, so doch für die Angehörigen. Und nun befanden wir uns auch hier.

Obgleich auch ich, genau wie ihr, Angst hatte vor einer der Riesenbomben, wie sie von jenen dort oben aus mehreren Kilometern Höhe gesät wurden, so musste ich doch über unsere Frauen lachen, die sich überhaupt nicht beherrschen konnten. Die Schöneberg jammerte zu Gott und ihren Ahnen und nahm zudem ihre Medizin ohne Rücksicht auf den Zeitplan ein. Martha zitterte wie ein Espenblatt und hatte allerlei Gegenstände in ihren Schoß gerafft. *Oma* saß da und hatte sich ganz in ihrem Pelz verkrochen; es sah so aus, als hätte sie keinen Kopf. Trude hatte sich zwei Mäntel angezogen und darüber den Pelz aus Fohlenleder, ein Geschenk ihrer Mutter zum letzten Weihnachtsfest; keinen davon hatte sie zugeknöpft. Auf dem Kopf hatte sie zwei Hüte und den dritten, einen sommerlichen Strohhut, auf dem Schoß. So saß sie auf einer alten Aussteuertruhe, in der vielleicht tatsächlich ihre Aussteuer aufbewahrt wurde. Denn Martha hatte dir ja etwas von zwei Dutzend Stück Leibwäsche und achtzehn Laken erzählt.

„Trude!", rief ich bei ihrem Anblick aus. „Bist du das etwa? Wie willst du dich denn als solch eine Haferdieme durch ein Fenster zwängen, falls was passieren sollte?"

Du hattest dich zwar auf die gleiche Weise in die wenigen Kleidungsstücke verpackt, die du dein eigen nanntest, doch brachte dich diese Bemerkung zum Lachen. Auch Trude lächelte ein wenig. Sie ließ sich jedoch nicht beirren, nahm bloß die Hüte ab und legte sie zu jenem, der sich in ihrem Schoß befand. – Hier fror man ja nicht und wenn jemand noch zitterte, dann vor Angst.

Glücklicherweise blieben uns bei sämtlichen Episoden dieser Art schlimme Erfahrungen erspart. In Bünde schlug überhaupt nur eine Bombe ein, vermutlich galt sie dem Bahnhof, von uns mehr als einen Kilometer entfernt. Wir gingen hin, um uns die Stelle anzuschauen, und sahen, dass es einem zweistöckigen Hinterhaus das eine Ende bis zum Schornstein weggerissen hatte. Am Abend des betreffenden Tages verkündete die Schöneberg:

„Keine Toten, keine Verwundeten."

Das hörte sich ja an wie – „leider!".

6.

Es kam das Weihnachtsfest.

Davon hatte ich schon etliche fern der Heimat erlebt und sie waren nichts Neues für mich. Dreimal hatte dabei sogar Krieg geherrscht, damals im Kaukasus, fast unter dem Stern von Bethlehem. Auch du hattest die Fremde zur Genüge ausgekostet und ganze vierzehn Jahre lang in den Weiten des alten Russlands gelebt, tief im Osten und Süden. Und dennoch, wie ist es dazu gekommen, dass der Mensch sich nicht mit der Fremde anzufreunden vermag? Warum strebt das Herz stets zu jenen Orten, wo es zu schlagen begonnen hat, wo die Augen zum ersten Mal die liebe Sonne und die Welt erblickt haben? Kann das jemand erklären? So hoch, wie der Himmel sich über unseren Köpfen wölbt, so tief liegt die Antwort auf diese Frage irgendwo verborgen.

Man kann kein einziges schlechtes Wort verlieren über den Heiligen Abend bei Martha, als im großen Wohnzimmer der Tannenbaum erleuchtet war und Trude Lieder spielte, die die gesamte christliche Welt kennt. Man beschenkte uns sogar. Es waren zwar keine neuen Sachen, die wir bekamen, auch nichts besonders Wertvolles, doch für unsere Verhältnisse waren sie von großer Bedeutung. Wir hätten uns eigentlich freuen müssen, doch du konntest den ganzen Abend nicht aufhören, dir die Augen zu wischen. Vor allem nach der Bescherung bekamst du einen richtigen Weinanfall, sodass wir auf unser Zimmer gehen mussten. Dort warfst du dich mit dem Gesicht aufs Bett und schluchztest:

„Nie, nie habe ich mich dermaßen arm gefühlt."

Ich versuchte dich zu beruhigen, so gut ich konnte.

„Schau her", sagte ich, „auch meine Augen sind nicht trocken. Das haben Festlichkeiten so an sich. Bei mir ist es so, dass mich sogar ein Tanzfest im Grünen wehmütig stimmt. Aber Wehmut ist kein körperlicher Schmerz, man kann sie überwinden. Du weißt doch, dass ich an Feiertagen am liebsten arbeite. Das wird sicherlich seinen Grund haben. Weihnachtsgeschenke erniedrigen doch niemanden. Hast du denn in deinem Leben niemanden beschenkt?"

„Nicht das Geben fällt schwer. Sondern das Nehmen."

Ich legte dir meinen Arm um die Schulter. „Du hast dich doch selbst an jemanden weggegeben und dieser Mensch fühlt sich keineswegs erniedrigt."

„Das ist etwas anderes. – Dich zu bekommen, hat mich geehrt. Nun tut mir das Herz aber deshalb weh, weil ich ihre Geschenke nicht erwidern kann. Alle meine Sachen sind abgetragen und ich brauche jedes Stück, das ich habe. Kaufen kann ich ja nichts."

„Sag nicht so etwas. Ich besitze doch Dinge, die nie altern. Morgen wird sicherlich die Sonne scheinen, genau wie heute. Da wird es im Wohnzimmer hell sein und wir werden dort eine Gemäldeschau veranstalten. Dann kann sich Trude ein Weihnachtsgeschenk aussuchen. Das wird von uns beiden für alle sein. Ich glaube, damit werden wir unsere Schulden getilgt und zugleich die Verwandtschaftsbande gestärkt haben. Doch lass uns jetzt die Tränen trocknen und nach unten gehen. Horch, Trude spielt gerade ‚Oh Tannenbaum, oh Tannenbaum'."

Nun ertönte auch der Gong und wir stiegen hinab.

Die Abendtafel war wie an Sonntagen im vorderen Bereich des Wohnzimmers gedeckt. Nur wurde diesmal die Schiebetür nicht geschlossen. Alle Kerzen waren bereits niedergebrannt, doch der Weihnachtsbaum stand unter dem Kronleuchter in vollem Licht, üppig, glitzernd, in einer Farbenpracht, die schon an Kitsch grenzte. Alle waren freundlich und aufmerksam. Der Raum duftete nach Tannennadeln und Kerzen. Es war so warm, dass es uns auch innerlich warm wurde. Das Abendessen war ziemlich reichhaltig. Wir tranken sogar jeder ein Glas Wein. Trude und auch Martha rauchten.

7.

Meine Absicht, Trudel am ersten Feiertag zu beschenken, sollte sich nicht verwirklichen. Mit dem Morgenzug trafen Gäste ein und ich wollte vor erweitertem Publikum nicht durch Wichtigtuerei auffallen. Aus Hillegossen kamen nämlich die Bielefelder angefahren, – Anna und Wilhelm. Seit unserem Umzug hierher hatten sie sich nicht mehr sehen lassen, vermutlich hatten sie mit ihren eigenen Problemen genug zu tun. Sie waren zwar Marthas Gäste, doch galt ihr Besuch mehr uns. Und abermals hatten wir Kummer – von ihnen, den völlig Ausgebombten, wurden wir auch beschenkt. Ich bekam von Wilhelm einen Block Briefpapier und Umschläge. Dir überreichte Anna ein recht großes Stück weißen Leinenstoffs, wobei sie sagte:

„Daraus kannst du dir etwas nähen, ich weiß, dass Martha eine Nähmaschine hat. Ein Fräulein, eine meiner ehemaligen Schülerinnen, schenkte mir den Stoff. Und nun sollst du die Hälfte davon haben."

Ihr umarmtet euch voller Herzlichkeit. Wilhelm und ich reichten uns die Hand.

„Schau her, das sind wahre Verwandte!", dachte ich bei mir, sagte jedoch nichts, weil Wahres keiner Bestätigung durch Worte bedarf.

Vor Wilhelm als älterem Bruder ihres verstorbenen Mannes hatte Martha großen Respekt. Er benahm sich auch so, als sei er hier zu Hause. Ob wir die ganze Zeit in einem so kalten Zimmer leben müssten, wollte er von uns wissen. Als er daraufhin erfuhr, dass es heute der reinste Sommertag sei im Vergleich zu der Kälte, die wir seit Frostbeginn hatten erleiden müssen, sagte er:

„Sollen sich die Frauen unterhalten, – lass uns runtergehen."

Wir stiegen direkt in den Keller hinunter. Ohne Martha ein Wort zu sagen, hackte er eine der Warenkisten klein, die fürs Anheizen aufgehoben wurden, fachte in dem Kessel, der fast erloschen war, ein ordentliches Feuer an und schüttete mehrere Schippen Kohlen drauf. – Zumindest an jenem Tag konnten wir uns über ein gemütliches Zimmer freuen. Es froren weder Hände noch Füße. Den Heizkörper konnte man nicht anfassen. Meine Nase hörte auf zu laufen und deine Wangen röteten sich.

„Danke! Danke!", hieltst du nicht hinter dem Berg zurück und klagtest, dass an anderen Tagen der vermeintliche Wärmespender kühl sei wie ein Frosch.

Wilhelm lachte über diesen für ihn so fremden Vergleich und erklärte:

„Sie heizt doch mit Dreck, nicht mit Kohle. Mir ist schon bei meiner Ankunft der schwarze Haufen am Straßenrand neben dem Tor aufgefallen. Weiß der Teufel, wo sie solchen Kehricht aufgetrieben hat. Dann ist es ja auch kein Wunder, dass ihr frieren müsst."

„Sie betrifft es ja nicht", beteiligte auch ich mich an dem Gespräch. „Sie sind den ganzen Tag über weg, und die Nacht verbringen sie unter ihren Federbetten. Gleiches gilt für die beiden Mieterinnen. Und wenn Martha in der Küche zugange ist, reicht ihr die Wärme von Herd und Dampf. Auch verfügt sie, wie man sieht, über ausreichend eigenes Fett."

„Nein, für das Geld braucht ihr weder zu frieren noch zu hungern. Wie sieht es eigentlich mit dem Essen aus?"

„Nun wirklich äußerst dürftig!"

„Da soll sie gleich etwas von mir zu hören bekommen!", sprang Anna auf und wollte sofort zu Martha, doch ich hielt sie zurück.

„Langsam, langsam! Um Dinge zu regeln, die für beide Seiten unangenehm sind, sollte man nicht aufgeregt sein, damit verdirbt man bloß die Stimmung. Ihr werdet den Besuch nach Herzenslust fortsetzen und wir werden gemeinsam zu Mittag essen. Und erst bei der Abfahrt kannst du Martha in einem Abschiedswort ans Herz legen, sich entgegenkommender zu verhalten. Und nur Martha. Über die anderen und das Leben im Allgemeinen können wir uns nicht beklagen. Wo würden wir Flüchtlinge es denn besser haben? Wir sind nur zwei alte Leute, sonst nichts."

Das Mittagessen war heute geradezu überwältigend. Fleischbrühe in Tassen, die wir bislang nicht zu Gesicht bekommen hatten. Silberne Löffel. Mit Reis gefüllte Pastetchen. Dann für jeden eine ordentliche Scheibe Schweinebraten mit grünen Erbsen. Eine große Schüssel gebräunter Kartoffeln. Als Nachspeise Pudding mit Himbeersauce. Alles, wie es sich gehörte.

Nach der Mahlzeit saßen wir noch ein Weilchen zusammen – bis auf Frau Schöneberg, die heute noch etliche Besuche zu absolvieren hatte. Dann wurde Kaffee gereicht. Und genau zur Kaffeezeit, als wir uns wieder an den Tisch setzten, kam eine ältere Dame hinzu, hier aus Bünde. In ihrem Gesicht entdeckte ich mir bekannte Züge. Sie wurde jedoch als Frau Marxmeier vorgestellt und diesen Namen hatte ich noch nie gehört. Doch dann hatte ich das Rätsel gelöst. – Die Besucherin hatte neben Wilhelm Platz genommen und wir saßen den beiden genau gegenüber. Ich beugte mich nach dem ersten Bissen Torte an dein Ohr und sagte:

„Die Schwester von unserem Wilhelm!"

Vor allem wenn sie lachten, ähnelten sie sich so sehr, wie sich Mann und Frau überhaupt ähneln konnten. Es war tatsächlich Anna Marxmeier, die Schwester von Marthas verstorbenem Mann. Zusammen mit Schwiegertochter Ina wohnte sie im eigenen Haus am anderen Ende des Städtchens, auf der anderen Seite der Else. Ihr Sohn war im Krieg, wie alle etwas jüngeren Männer. Diese Anna hatte schon von uns gehört und wusste, dass wir Verwandte sind. Sie sagte, sie hätte auch geahnt, dass ihr Bruder hier sein würde. Sie sei gekommen, um uns alle zur Silvesterfeier bei sich einzuladen. Dabei blickte sie dich an und du nicktest mit dem Kopf.

8.

Die Mitte des Winters schmückt sich mit Festlichkeiten wie mit üppigen Rosen. Vom fünfundzwanzigsten Dezember bis zum sechsten Januar fühlt sich der Mensch weder im Himmel noch auf Erden so richtig zu Hause. Wer Kirchgänger ist, kommt seiner Pflicht bis zum Überdruss nach, und wer ein Arbeitstier ist, hält die Untätigkeit nicht mehr aus. Zu den Letzteren glaube ich auch mich zählen zu dürfen und deshalb werde ich mich beeilen, dir in groben Zügen über den Silvesterabend bei Marxmeiers zu erzählen, um mich anschließend wieder dem Alltag widmen zu können, der letztlich interessanter ist als alle festlichen Anlässe. Zuvor aber noch einige Worte zu unserer geplanten Bescherung.

Wir kamen am zweiten Weihnachtsfeiertag dazu. Die Mappe mit meinen ganzen mitgebrachten Studien unter dem Arm geklemmt, sprach ich Trude an und sagte:

„Möchtest du dir ein paar kleine Bilder ansehen?"

Ich rückte einen Stuhl in volles Licht, machte eine Stelle aus, von der aus beim Betrachten die Farben nicht glänzten, ließ Trude sich dort hinsetzen und schauen. Auf neutralem Grund, der den Rahmen ersetzen musste, stellte ich eine Studie nach der anderen hin. Dort gab es Motive aus Lettland, dem Kaukasus, den öster- reichischen Bergen, der Schweiz, Ansichten aus Südfrankreich und Italien. Auch einige Stillleben. Jene, die nur für mich von Bedeutung waren, legte ich unbemerkt zu den bereits gezeigten. Auch du warst heruntergekommen. Nachdem ich die Mappe geleert hatte, fragtest du die Betrachterin:

„Welches Bild hat dir, Trudel, denn von allen am besten gefallen?"

„Ach, ich verstehe so wenig von Gemälden", lautete die Antwort.

„Das ist gerade gut so, dann wirst du am besten wissen, was dir gefällt", erwiderte ich. „Schau – eines möchte ich dir schenken und mein Wunsch wäre, dass du ein Bild bekommst, das dir wirklich gefällt. In meinen Augen gibt es da keine großen Unterschiede, doch bestimmt sind einige ganz und gar nicht dein Geschmack."

Trude erhob sich, blätterte die kleinen Leinwände durch und zog eine hervor.

„Dieses Bild würde ich gern an der Wand haben."

Es war eine Marien-Kapelle vor bewaldeten Bergen.

„Dann nimm es und lass es ordentlich einrahmen. Jetzt ist das nicht möglich, das muss bis nach dem Krieg warten. Ich sage es deshalb, weil ich üble Erfahrungen habe, wie geschenkte Gemälde jahrelang wie Plunder herumliegen."

„Vielen Dank!"

Trude lief mit dem kleinen Gemälde in die Küche zu ihrer Mutter. Diese kam herein und bedankte sich gleichfalls.

„Ich wusste gar nicht, dass du auch solche Sachen anfertigen kannst. Kannst du auch so große machen wie dieses hier?" Sie zeigte auf eine typische Alpenlandschaft, mit einem See im Vordergrund.

Das Gemälde nahm ein Viertel, wenn nicht gar ein Drittel der Wand ein. Ihr verstorbener Mann hatte einem jungen Maler zweihundert Goldmark dafür gezahlt. Er habe ja vom Wert des Geldes keine Ahnung gehabt. Hätte sie dagegen nicht geknausert und gespart, sie wären zu nichts gekommen. – Sie nahm die Kapellenstudie noch einmal in die Hand, sah sich zuerst die eine, dann die andere Seite an.

„Leinwand und Ölfarbe. Trude, bewahr' es gut auf. Ja, – dass mir da nichts anbrennt oder überkocht!" Martha verließ den Raum. Wir stiegen nach oben. Trude setzte sich ans Klavier. – Wozu wir uns verpflichtet fühlten, war nun erledigt.

Am Silvesterabend gingen wir alle, auch *Oma*, zu Marxmeiers. Der Himmel war stark bewölkt. Zudem schneite es in großen Flocken. Da gerade Vollmond war, konnte man aber auf den unbeleuchteten Straßen unbekümmert drauflos marschieren. Als wir aufs freie Feld hinaustraten, wurde es noch heller. Die Else überquerten wir auf dem kürzesten Weg – über das Eis. Stellenweise ging es durch so tiefen Schnee, dass es uns so vorkam, als stapften wir von der Venču-Schenke zu unserem Haus. Nur als wir den fremden Klang der Sprache unserer Weggefährten und der Passanten hörten, verflüchtigte sich dieser Traum. Und beim Anblick eines fremden Hauses erwachten wir dann.

Es waren nicht viele Gäste da. Da waren die Bielefelder, in deren Windschatten wir uns auch hier gleich stellten, dann der Bruder des verstorbenen Hausherrn mit seiner Frau und schließlich noch einige nicht mehr ganz junge Damen. Ich erinnere mich, dass wir zu dreizehnt am großen Tisch saßen, denn über dieses Thema wurde gescherzt – entweder müsse man jemanden hinzubitten, oder jemand müsse die Runde verlassen, auf dass es das Dutzend Gottes, nicht des Teufels sei. Und die Schwiegertochter der Gastgeberin sagte denn auch:

„Ich habe solche Kopfschmerzen, dass ich gerne auf mein Zimmer gehen würde."

Sie ging aber nicht. Sie saß am Ende des Tisches, aß ein wenig, trank ein wenig, lächelte, wenn jemand etwas fragte. Gleich nach dem Abendessen verschwand sie jedoch.

Ich begriff: Wer weiß, wo heute Abend ihr Walter weilte. Schon seit Langem hatte sie keinen Brief mehr von ihm bekommen. Vielleicht war er am Leben, vielleicht lag er im Lazarett, vielleicht aber auch schon im Grab ...

Du hast behauptet gehört zu haben, wie die Tischnachbarinnen zu deiner Linken über die junge Frau Marxmeier getratscht hätten. – Eine solche sei sie. Sie passe in keine Gesellschaft – die einen seien ihr zu hoch, die anderen zu niedrig. Die Schwiegermutter sei ein unverträglicher Mensch, die Verwandtschaft durch die Bank Egoisten. – Eine unsympathische Person!

Zu essen und trinken gab es in Hülle und Fülle. Wärest du die Erzählerin, vielleicht wüsstest du alle diese Speisen zu benennen. Ich verfüge nicht über diese Fertigkeit. Ich kann lediglich sagen, dass alles schmeckte. Und wir gingen mit der Erkenntnis in das Jahr 1945, dass unsere Eingeweide es nicht mehr vollbrachten, gute Speisen so lange bei sich zu behalten, bis diese angemessen verwertet worden waren.

Begegnung mit anderen Letten

1.

Doch bevor ich davon erzähle, kommt mir der Vorfall – oder besser gesagt: Unfall – mit dem feindlichen Flugzeug in den Sinn. Deshalb werde ich ein wenig von der vorgezeichneten Linie abweichen.

An einem klaren Tag, als mehrere Bomberschwärme über uns hinweggeflogen waren und ich mich im Garten befand, um die Lungen durchzulüften, hörte ich über mir ein merkwürdiges Geräusch. Es war aber kein Flugzeuglärm. Vielmehr stürzte dort etwas herab. Ich blickte in Richtung Herford und sah in ziemlich großer Höhe eine Art breites Brett durch die Luft schlingern. – Eine Tragfläche! dachte ich mir. Und gleich darauf sah ich an anderer Stelle einen regenschirmähnlichen Pilzkopf mit einem Tüpfelchen von Mensch darunter. Der Wind trieb sie seitlich ab. Die Gegenstände näherten sich ziemlich rasch dem Boden. Denn dem Wasser gleich trachtet die Luft, alles überflüssige Gerümpel so schnell wie möglich loszuwerden. Die Erde hingegen zieht alles, was sie gedeihen lässt, fest an sich, um nicht ihr Gewicht im Weltall zu verlieren.

Am Abend des gleichen Tages berichtete die Schöneberg von einem ausgebrannten Flugzeug, das in der Nähe des Steinbruchs liege, vier Kilometer von Bünde entfernt. Der amerikanische – vielleicht aber auch englische – Flieger sei gleich vor den Toren des Städtchens gelandet und wäre fast gelyncht worden; denn das sei bestimmt derselbe, der fast täglich die Bündener mit seinen Tiefflügen in Angst und Schrecken versetzt habe. Die Polizei habe ihn festgenommen und ins Militärhospital gesteckt, – soll er sich nun als Gefangener ausschlafen, diese Bestie.

Da der nächste Tag ein Sonntag war, begaben wir uns zu diesem Steinbruch. Trudel führte uns dort hin. Ja, da lag etwas, was einem langen, schmalen Boot ähnelte. Wir waren aber keineswegs die einzigen Neugierigen. Dicht wie ein Wald umringten die Leute die Stelle, mussten jedoch einen Steinwurf Abstand halten. Aus unerfindlichen Gründen ließ die Polizei niemanden näher heran.

„Wenigstens vor dem Tiefflieger werden wir nun unsere Ruhe haben", sagte Trude frohgemut.

Aber nichts da! – Jetzt kreuzten sie zu zweit und ganz unvorhergesehen auf. Jeden Tag und gelegentlich auch nachts hörte man sie über die Dächer hinwegbrausen und Feuerstöße abgeben, wie wenn Störche klappern.

Einmal waren wir an einem sehr wolkenverhangenen Tag unterwegs zur Familie Lapiņš, wahrscheinlich zum Begrüßungsbesuch, denn sie hatten eine Anstellung beim Bürgermeister von Hunnebrock bekommen und man hatte ihnen eine Wohnung weit außerhalb der Stadt in einer Art Siedlung zugewiesen. Wir gingen durch ein Tal, als sich plötzlich vom Horizont zwei Flugzeuge lösten und in leichter Schräglage auf uns zufegten. Während wir überlegten, ob wir weglaufen oder uns in den Schnee fallen lassen sollten, drehte eines nach Bünde ab und auch das andere hatte uns zum Glück bereits überflogen.

„Weißt du was?", sagtest du daraufhin. „Bei Begegnungen mit einem Tiefflieger sollte man ruhig Blut bewahren, weder fliehen noch sich in den Schnee fallen lassen. Man muss nur schwerfällig und in gebeugter Haltung seines Weges gehen, ganz langsam. Ein alter Bettler ist doch keinen Schuss wert."

„So wollen wir es machen", stimmte ich dir zu.

Aber wir sollten erst gar nicht dazu kommen, uns zu besinnen – der Flieger hatte nämlich in einem weiten Bogen gewendet und flog wieder direkt auf uns zu. Es schien, als habe er sein Augenmerk genau auf uns gerichtet, schließlich waren wir die einzigen schwarzen Punkte im Schnee. Wir vergaßen, was wir gerade erst erörtert hatten; wir rannten los, was die Beine hergaben.

Aber er feuerte nicht. – Er hatte wohl wichtigere Aufgaben als auf einzelne Passanten Jagd zu machen.

Deutsche Flugzeuge zeigten sich nie. Es hieß, der Sprit werde für den Endkampf gespart, der den Sieg bringen sollte. Nur die *Flak* war im Einsatz. Ich habe sie nachts so manches Mal ohne dein Wissen beobachtet, nachdem ich den schwarzen Vorhang hochgerollt und das Kuhgedärme an einem dafür vorgesehenen Nagel aufgehängt hatte. Das war schon ein Anblick, wenn die kleinen Leuchtspurgeschosse wie zu einem Halsband aufgereihte Glasperlen auf das Ziel zuglitten, das der Lichtkegel des Scheinwerfers erfasst hatte.

Und dann, erinnerst du dich, – eines Abends begann die *Flak* zu feuern, noch bevor es richtig dunkel war.

„Komm, schau her!", rief ich dich ans Fenster, nachdem ich den Vorhang zur Seite geschoben hatte.

Vor lauter Staunen vergaßest du die Gefahr und drücktest dein Gesicht an die Scheibe. – Ein Flugzeug zog vorbei und gleich Feuervögeln jagten ihm Kugeln hinterher.

„Ach, wie schlecht sie zielen!", jammertest du, als alle Geschosse zu niedrig flogen. „Aber trotzdem war das ein wunderschöner Anblick, nicht wahr?"

Als ich dich so mutig sah, erzählte ich, dass es nachts, bei völliger Dunkelheit, noch viel schöner sei. Daraufhin schrecktest du auf:

„Bist du denn noch bei Verstand? Und wenn nun eine Kugel durchs Fenster fliegt!"

„Dann würde von uns wohl nicht viel übrig bleiben. Doch merk' dir das gut: Nie und nimmer wird eine Kugel durch unser Fenster fliegen", gab ich mich überzeugt, und du ergriffst meine Hand:

„Wenn das so ist, dann weck' auch das nächste Mal mich."

2.

Mitten in der Nacht, als wir unter den Hügeln von Decken endlich warm geworden und fest eingeschlafen waren, traf unsere Lilija ein.

Ihretwegen hatten wir uns größte Sorgen gemacht und waren bereits davon überzeugt, dass sie hinter dem Vorhang geblieben sei. – Wie das Leben so spielt, pflegten wir zu sagen, wenn wir wieder und wieder auf unser Schicksal zu sprechen kamen. Von Willi haben wir schon seit anderthalb Jahren keine Nachricht. Jetzt kommt auch keine Post von Lilija mehr, wo sie früher doch so oft geschrieben hat. Hätte man dies vorher geahnt, wäre es nicht besser gewesen, in Lettland zu bleiben? Zumindest hätte man dann darauf hoffen können, irgendwann einmal wieder zusammenzutreffen. Was für einen Sinn hat es nun für uns, in einem fremden Land und unter fremden Leuten, wenngleich Verwandten, zu leben? Und jetzt plötzlich die Stimme unserer Tochter auf der anderen Seite der Tür!

„Schlaft ihr schon?"

Die Uhr zeigte die erste Stunde nach Mitternacht an. Wir fuhren hoch und nun war vor Aufregung für den Rest der Nacht an Schlaf nicht mehr zu denken.

Wir hatten uns zwischendurch geschrieben, und so waren wir bereits über sie im Bilde und sie über uns. Auch über die Schwiegereltern. Es fehlte allein die letzte Etappe, denn für den Weg von Polen hierher hatte sie unter primitivsten Bedingungen drei Wochen gebraucht. Erst ganz zum Schluss war es ihr gelungen, in einem Zug Platz zu finden. Sonst war sie auf Pferdefuhrwerken unterwegs gewesen, zusammen mit fliehenden Soldaten, mit anderen Flüchtlingen, größtenteils jedoch zu Fuß. Als Beweis stellte sie einen Fuß auf den Stuhl und wir erblickten einen ziemlich kaputten Soldatenstiefel.

„Wie weit wäre ich denn mit meinen Schühchen Größe sechsunddreißig gekommen?"

Von den Strümpfen waren nur noch verschmutzte Schäfte übrig, zerrissen und zerfetzt. Aus dem Stiefel lugten Lumpen aus Wolle oder Baumwolle hervor, teilweise aber auch der nackte Fuß.

„So sind mir wenigstens die Hinterpfoten nicht erfroren. Dank sei dem Soldaten und Dank dem lieben Gott, der ihm genügend Verstand gegeben hatte, nach Erhalt der neuen Fußbekleidung die alte nicht gleich wegzuwerfen."

Nach dieser Erklärung holte Lilija einige *Pfennige* Geld und eine Handvoll Hafer aus der Manteltasche hervor. Schwungvoll warf sie ein paar Körner in den Mund, kaute drauflos und sagte anschließend:

„Hättet ihr vielleicht eine Brotrinde für mich?"

Dein Lebensmittelkoffer enthielt einiges von unseren geheimen Rücklagen, und diese hast du nun hervorgeholt und auf den Tisch gestellt, verbunden mit der Mahnung, nur ja langsam zu essen und nicht zu viel auf einmal. – Lilija aß vertrocknetes Brot mit Pökelfleisch, als sei es die allergrößte Delikatesse. Auch ich konnte mich nicht mehr zurückhalten und zu guter Letzt beteiligtest auch du dich. Es war unser Wiedersehensmahl.

Nachdem wir gegessen hatten, wollte ich schlafen gehen; aber die Gespräche und Berichte nahmen kein Ende. Die Aufregung war stärker als die Müdigkeit. Wir zogen uns deshalb richtig an, streiften Mäntel und Handschuhe über, wickelten die Beine in Decken und saßen da, wie gewohnt. Lilija seufzte:

„Ach, meine warmen Zimmer in Litzmannstadt! Wer weiß, wie es dort jetzt ausschaut. Alle Blumen an den Fenstern erfroren. Und niemand hat den Fischen im Aquarium das Wasser gewechselt. Aber das liegt nicht mehr in unseren Händen. Die Hauptsache ist doch, dass wir nun schon zu dritt beisammen sind. Wenn auch noch der liebe Willi zurückkehren würde …"

„Auch Willi wird zurückkehren", sprach ich ihr Trost zu. „Aber was sollen wir nackten Kirchenmäuse bloß anfangen?"

„Eine neue Welt werden wir uns bauen![50] – Habt ihr das nicht 1905[51] gesungen? Deshalb wird ja die alte abgerissen."

„Aber sag, Tochter, weshalb bist du nicht früher hierhergekommen?"

„Früher? – Es reicht, dass ich jetzt hier bin. Ich bin doch ein Deserteur. Ich habe eigenmächtig meinen Platz im Kriegsbauamt verlassen, wo ich verpflichtet war. Auf die Stadt gingen bereits Geschosse der Bolschewiken nieder, aber uns wurde versichert, dass nichts passieren würde. In ein paar Stunden würden die Wunderwaffen sie hinter Warschau zurückwerfen. Aber ich hatte bereits alles zusammengetragen, was ich mitnehmen wollte. Und als in den frühen Morgenstunden die Scheiben in unseren Fenstern zerbarsten, weil im Hof eine Granate detoniert war, vermachte ich Severine, die mir die ganze Zeit Dienstmädchen und Freundin gewesen war, die Wohnung mit allem Inventar. Wir zurrten meine Sachen auf dem Schlitten fest und ich verließ die Stadt.

Die Landstraße war voller Menschen. Wie ein schwarzer Strom ergossen sie sich gen Westen. Nicht ein einziger in Gegenrichtung. Soldaten, Frauen, Kinder – zu Fuß oder beritten. Und wenn im Wagen, dann nur mit Pferdegespannen, weil die Deutschen keinen Kraftstoff mehr hatten. Da ich die ganze Zeit in schwerer Kleidung den Schlitten hinter mir hergezogen hatte, war ich schon arg ermüdet, als gegen Mittag ein großer Tumult ausbrach. Die Reiter stoben in Wahnsinnseile

---

50 „Eine neue Welt werden wir uns bauen", lettisch: „Mēs jaunu pasauli sev celsim" – bei dieser Phrase handelt es sich um die vorletzte Zeile aus der ersten Strophe in der lettischen Fassung der *Internationale*.

51 1905 – Anspielung auf den Aufstand in den russischen Ostseeprovinzen, der am 22. Januar 1905 durch Schüsse auf demonstrierende Arbeiter vor dem Zarenpalais in St. Petersburg ausgelöst wurde. Vor allem in Lettland verbündeten sich anschließend das junge Industrieproletariat und landlose Bauern; getragen auch von der Hoffnung auf größere nationale Selbstständigkeit griffen die Aufständischen vor allem baltendeutsche Landgüter an und brannten 128 davon nieder. Diese, so der deutsche Historiker Astaf von Transehe-Roseneck, „Lettische Revolution" wurde schließlich brutal niedergeschlagen, die Bilanz – 2 000 Tote, 3 000 Verbannte und 4 000 Flüchtlinge, außerdem gingen 300 Bauernhöfe in Flammen auf. Ob sich Jānis Jaunsudrabiņš an diesen Ereignissen beteiligt hat, und sei es auch nur „singenderweise", ist nicht belegt.

davon. Uns Fußgängern blieb nichts anderes übrig, als uns in die Gräben an den Straßenrändern zu werfen. Hinter uns knatterten Maschinengewehre.

Panzerwagen! Panzer! Runter von der Straße!

Zum Trödeln war keine Zeit mehr. Ich sprang in den Graben wie Hunderte anderer Menschen auch. Doch hier blieb mein Schlitten im Schnee stecken und ich kam nicht vom Fleck. Schnell riss ich die Verschnürung auf und griff mir die Gepäckstücke. Aber damit kam ich nicht hoch. Daraufhin behielt ich bloß die Markttasche, die das Allernotwendigste und Wertvollste enthielt sowie einiges an Lebensmitteln. Ich lief nicht, wie alle anderen, die Landstraße entlang, sondern querfeldein, über Äcker und aufgepflügte Felder; dabei dachte ich nicht an Rettung, – stattdessen versuchte ich mich zu erinnern, was ich dort im Koffer zurückgelassen hatte. Aber mit derartiger Gleichgültigkeit, dass ich weder die Volkstracht noch die Bernsteinkette aus Liepāja[52] oder das wollene Umlegetuch aus Augškurzeme[53] bedauerte. Ich hatte doch hier in der Tasche noch das eine oder andere: Das Geschenk zur Konfirmation von dir, Vater, das mit eigener Hand und eigenem Herzen verfasste, selbst gebundene Büchlein. Dann das Spieglein, das Jānis Grīns[54] mir als kleines Mädchen geschenkt hatte, für mich überaus wertvoll und ein liebes Andenken. Der kleine Fuchs, den mir Frau Štumberga gab, als ich kaum drei Jahre alt war. Damit ging ich immer schlafen, und trotzdem war er noch wie neu. Die Briefe von dir und Willi. Noch war ich reich genug.

Schräg vor mir liefen einige Soldaten. Plötzlich sackten zwei von ihnen im Schnee zusammen. Sie waren so nahe, dass ich sie aufstöhnen hörte und sah, dass der Schnee um sie herum wie Asche im Wind aufwirbelte. Daraufhin ließ ich alles fallen und rannte mit aller Kraft zu einem nahe gelegenen Wäldchen. Als ich dort zwischen den Bäumen eintauchte, sah ich noch, dass es vor mir von den Büschen Astspitzen herunterregnete, sie knisterten dabei, als würden sie brennen.

Tief hinter den Bäumen in Deckung, lehnte ich mich an eine alte Espe und lauschte, wie dort auf der Landstraße Menschengeschrei, Pferdegebrüll und das Knirschen berstender Fuhrwerke unter Panzern hervordrangen und den Lärm von Maschinengewehren und Raupenketten übertönten. Doch auf einmal verstummte alles. Ich erschrak. War ich etwa plötzlich taub geworden?

Als ich später auf andere Leute traf, die hier dem Tod entkommen waren, hörte ich sie erzählen, dass die bolschewistischen Panzerbesatzungen folgendermaßen vorgegangen seien: Zuerst hätten sie etwa einen Kilometer zurückgelegt, um dann ihre Fahrzeuge anzuhalten, die Überfahrenen abzuschreiten und Geld, Wertsachen, vor allem Uhren, einzusammeln. Dann hätten sie wieder ihre Panzertürme bestiegen und wären losgebraust, über neue Opfer hinweg.

---

52 Liepāja – Lilija hatte vor dem Krieg am Neuen Theater der südwestlettischen Hafenstadt zahlreiche Rollen gespielt.

53 Augškurzeme, wörtlich Oberkurland, ältere Bezeichnung für Augšzeme, die Heimatregion von Jānis Jaunsudrabiņš.

54 Jānis Grīns (1890–1966), lettischer Schriftsteller und Redakteur. 1949 Flucht nach Schweden.

Von dem Laufen war mir heiß geworden. Hier war es nun so angenehm, dass ich mich gerne in den Schnee gelegt hätte – und sicherlich erfroren wäre –, hätte ich nicht ständig an den lieben Willi und euch gedacht. Deswegen schleppte ich mich langsam weiter.

Bald darauf betrat ich freies Feld. Vor mir war offensichtlich ein Fluss. Hier blieb ich an der Böschung stehen. Ja, es war ein zugefrorener, zugeschneiter, recht breiter Fluss. Drei Soldaten, ohne Waffen, sogar ohne Mäntel, traten dort unten von einem Fuß auf den anderen und streiften mit den Stiefeln den Schnee beiseite, wahrscheinlich, um zu erkunden, wie dick das Eis ist. Es war wohl nicht sicher, denn sie kletterten wieder die Böschung rauf. Wir kamen miteinander ins Gespräch. Sie sagten, man müsse versuchen, sich nach Kalisch[55] durchzuschlagen, bevor die Roten dort einträfen. Ich solle in ihre Fußstapfen treten. Das tat ich dann auch. Stromaufwärts überquerten wir den Fluss. Und so hielt ich mich an dieselben Soldaten, deren Kameraden dort im Schnee liegen geblieben waren. Sie erwähnten sie mit keinem Wort."

Ihre Geschichte lässt sich nicht in einer Nacherzählung wiedergeben. Es wäre auch nicht interessant, in allen Einzelheiten zu verfolgen, wie verzweifelte Menschen durch ganz Deutschland gekrochen sind. – Nachdem es ihnen gelungen war, sich von den feindlichen Panzern abzusetzen, waren sie langsam und überlegt weitergezogen. Sie hatten einen Bauernhof gefunden, dessen Besitzer geflohen waren und Lebensmittel und unverschlossene Ställe zurückgelassen hatten. Als Flüchtlinge hätten sie sich gütlich getan und in weichen Betten übernachten können. Dann hätten sie Pferde angespannt und seien losgefahren. Nirgends habe es Kontrollen gegeben. Aber auch keinerlei Anzeichen für Vorbereitungen zum Widerstand. Es habe Stellen gegeben, an denen die Ströme von Flüchtlingen und Deserteuren aus dem Osten und Norden aufeinandergestoßen seien. Das Hausvieh sei erfroren und Menschen ebenso. Mütter hätten sich fast nackt ausgezogen, um ihre Kinder in Kleider und Tücher zu wickeln; doch auch sie wären zu Eis erstarrt.

„Wenn du dich erholt hast, kannst du dies alles als eine Warnung an die Menschheit aufschreiben", sagte ich.

Lilija schwieg eine ganze Weile, den Blick ins Leere gerichtet; dann erwiderte sie:

„Das werde ich wohl nie! Seitdem ich ein Kind gesehen habe, das mit seinen kleinen, weit aufgerissenen Augen direkt in den Himmel starrte und zu einem Eisklumpen gefroren war, kann ich nicht mehr glauben, weder an die Menschheit noch an Gott, dessen Existenz ich ohnehin stets angezweifelt habe. – Wenn Er, der von seiner Höhe aus alles sieht, so gleichgültig in seinem Himmelsschloss hausen kann, weshalb sollten dann Stalin und Hitler nicht den Tod und die Versklavung von Millionen anordnen, wenn ihnen die Macht dazu in die Hände gelangt ist? Weshalb sollte dann ein Mensch dem anderen nicht Feuer aufs Haupt schleu-

---

55 Kalisch – deutsche Bezeichnung für die polnische Stadt Kalisz.

dern, wenn die Mächtigen dieser Erde es so befehlen? – Auch du, Vater, schreibe nie wieder über düstere Dinge: über Totentänze, Hunger und Qualen. Verwehre es den Menschen nicht, in die Sonne zu blicken.[56] Schreib etwas Freundliches, Liebes. Die Leute haben so viel gelitten und verloren. Wir brauchen etwas Freude, sie wird uns besser machen. Leg' es einem jeden ans Herz – sei doch wie die Sonnenuhr, denn die zeigt die heiteren Stunden nur."

3.

In der Grunewaldschen Gärtnerei arbeitete ein Mädchen aus Hunnebrock. Sie hatte *Oma* berichtet, im Anbau ihres Hauses seien Flüchtlinge aus Lettland untergebracht. Am Sonntag gingen wir nachsehen und fanden tatsächlich Letten vor.

Es war ein nebliger und feuchter Tag. Der Raum hatte keine Fenster und erhielt Licht durch die angelehnte, torähnliche Tür, durch Ritzen in den Wänden sowie von oben her, wo das Dach einige gläserne Pfannen hatte. Beim Betreten hatte ich das Gefühl, als bestiegen wir ein Schiff, selbst der Boden schien kurz zu schwanken. Zwischen Kisten, Säcken und Bündeln waren auf dem Boden Schlafstellen hergerichtet worden, bedeckt mit selbst gewebten Decken in traditioneller lettischer Art. Dort waren alte Leute, aber auch welche in mittleren Jahren sowie einige Kinder. Die einen kramten in ihren Sachen herum, andere saßen mit zusammengelegten Händen und manche lagen mit weit aufgerissenen Augen da.

Nach der Begrüßung stellte ich uns vor und sagte, dass wir schon seit Oktober in Bünde wohnten.

Man hatte sie von Gotenhafen nach Giften[57] gebracht und anschließend hierher zum Arbeitseinsatz. – So müsse man nun vorläufig noch frieren, bis der Bürgermeister Wohnungen besorgen würde.

Auf beiden Seiten herrschte ein wenig Zurückhaltung, obgleich wenigstens wir im Herzen eine große Nähe verspürten. Die Namen sagten uns zunächst überhaupt nichts. Rēķis, Lapiņš, Krūmiņš. Davon gab es in Lettland reichlich. Letten eben. Wir unterhielten uns mit jenen, die näher herangetreten waren. Die übrigen gaben sich gleichgültig: Sie blieben liegen, kramten in ihren Sachen herum, saßen einfach da.

Als wir uns verabschiedeten, kam eine junge, schlanke Frau mit hinaus, um uns zu begleiten; sie hatte ein braunes Mäntelchen an und ein schneeweißes Kopftuch. Das war Frau Lapiņa. Wir unterhielten uns den ganzen Weg bis zu unserem

---

56 „Verwehre es den Menschen nicht, in die Sonne zu blicken", lettisch „Neliedz cilvēkiem skatīties saulē" – möglicherweise spielt Lilija hier auf den 1936 in Buchform erschienenen Roman *Neskaties saulē* [*Blick nicht in die Sonne*] von Jānis Jaunsudrabiņš an (Neuauflage 1947 in Westfalen). In dem psychologisch angelegten Werk, dem auch einige autobiographische Züge nachgesagt werden, geht es um eine schicksalhafte, unglückliche Liebesbeziehung.

57 Giften – eine Ortschaft nördlich von Hildesheim, gehört heute zu Sarstett.

Domizil. Dort angekommen, stiegen wir noch in unser Zimmer hinauf, wo wir, ohne die Mäntel abzulegen, noch eine Weile zusammensaßen. An die zwei Kilometer Fußweg und eine gute halbe Stunde auf dem Zimmer reichten, um sich einiges zu erzählen. Zunächst – sie selbst war die Nichte von Antons Austriņš[58] aus Piebalga [Pebalg]. Sie sagte, dass auch ihre Cousine Mudīte in Deutschland sei und vielleicht herfahren werde. Ich kannte also den Vater von Frau Lapiņa, zwar nicht persönlich, aber doch aus den Erzählungen von Andžs[59] über seinen Bruder, dem im Tauna-[Taun-]See die größten Schleien in die Setznetze gingen. Diese Frau sollte mir im Laufe der Zeit sehr nahestehen und mit ihr auch ihr Mann, dem das Schicksal in der Fremde nicht gewogen war. Als er nämlich im Frühjahr an der elektrischen Säge gearbeitet hatte, war er ausgerutscht und mit der Hand an das Band geraten. Die Verletzung war so schwer, dass ein Krankenhausaufenthalt eigentlich unverzichtbar gewesen wäre; weil aber alle Betten belegt waren, musste man sich mit einer ambulanten ärztlichen Behandlung zufriedengeben. Und da die Deutschkenntnisse des Patienten dürftig waren und er sich genierte zu sprechen, habt ihr euch beide alle paar Tage zum Krankenhaus begeben, um die Wunde säubern und verbinden zu lassen. Lapiņš kam dann immer zuerst bei uns vorbei, also weißt du besser, was er durchzumachen hatte. Der Arm eiterte lange, bevor er schließlich verheilte. Aber da Lapiņš' Herz ohnehin durch ein chronisches Leiden belastet war, schwächte die langwierige Entzündung es nun vollends. Lapiņš kehrte zwar an seine Arbeitsstelle zurück, doch als kranker Mann. Auch seinen Arbeitgeber, einen ehrbaren Deutschen, ließ dieses Unglück nicht kalt. Später, nachdem man uns alle mehr oder weniger freiwillig in Lagern zusammengeführt hatte, erhielten wir Nachricht aus *Venta*[60], dass unser Lapiņš verstorben sei. Möge er in Frieden ruhen!

Rēķis hatte in Vidzeme eine Mühle und einen Laden besessen. Er war es also gewohnt, Anweisungen zu erteilen. Man kann sich dann vorstellen, wie es diesem jungen Paar zumute war, als man es in einer ländlichen Gärtnerei unterbrachte, bei wohlhabenden, jedoch geizigen und abscheulichen Leuten. Nicht nur, dass die Frau zum Graben aufs Feld musste – sie hatte auch noch die Zimmer der Wirte aufzuräumen. Ich erinnere mich, wie sie sich mit tränenerstickter Stimme bei dir beklagte:

„Dies ist ja nun wohl das Allerletzte, Frau Jaunsudrabiņa, – tiefer kann man nicht mehr fallen. Ein Stubenmädchen! Und dann wird man noch wie ein Hund ausgescholten."

Ich erwiderte darauf:

---

58 Antons Austriņš (1884–1934), lettischer Schriftsteller, Teilnehmer des Aufstandes von 1905, bekannt für seine in volkstümlicher Sprache gehaltenen Erzählungen über das Leben der einfachen Leute.

59 Andžs – Koseform des lettischen Männervornamens Antons.

60 *Venta* – aus den Ausführungen in Kapitel 8 („Abschied aus Werfen") geht hervor, dass das DP-Lager im niedersächsischen Essern (heute Diepenau) diesen Beinamen führte.

„Macht nichts, liebe Frau, Sie werden das schon überleben. Und nach Hause zurückgekehrt, werden Sie dann wissen, dass auch ein Knecht ein Herz hat, und Sie werden sich freundlich zu jenen verhalten, die Ihnen dienen. Das ist nun einmal die sogenannte Schule des Lebens."

Die Rēķis waren angenehme Leute. Ab und zu kamen sie sonntags zu Besuch. Solange wir noch Zeitungen bekamen, borgten sie sich welche aus und brachten sie zurück.

Der Mann von Frau Krūmiņa war zum Militär eingezogen worden. Über seinen Verbleib war nichts bekannt. Er soll ein tüchtiger Handwerker gewesen sein, ein Schuster. Die beiden kleinen Söhne – der älteste mochte schon vierzehn Jahre alt sein – besserten mit dem mitgenommenen Werkzeug des Vaters im Bekanntenkreis Schuhe aus und verdienten sich auf diese Weise etwas. Doch bald darauf traten sie zusammen mit ihrer Mutter in die Dienste eines Bauern, du weißt doch – Kleine-Büscher, in der Gemeinde Werfen, wohin der Zufall später auch uns verschlagen sollte. Dort hatten sie im Garten ihren *Kotten* oder Häuschen. Auch einen eigenen kleinen Garten.

Ihre übrigen Schicksalsgefährten kannte Frau Lapiņa so wenig, dass sie von einigen nicht einmal den Namen wusste.

4.

Man sagt, dass strenge Herren nicht lange zu regieren pflegen. Mitte Februar schmolz der Schnee. Wenn es noch schneite, dann mit Regen vermischt. Oberhalb des Städtchens trat die Else dermaßen über die Ufer, dass man die Pfosten der Viehkoppeln, durch die eigenen Widerspiegelungen länger gestreckt, deutlich ausmachen konnte. Ganz unbemerkt war das Eis abgegangen. Sonntags sah ich schon die ersten Angler wie Reiher stehen.

In diesen wenigen Monaten hatten wir viel mit der Kälte gekämpft, vor allem in unserem Zimmer. Wir forderten Martha auf, sie möge doch zu uns hereinkommen, um sich ein Stündchen hinzusetzen und am eigenen Leib zu erfahren, ob ein solches Zimmer als menschliche Behausung geeignet ist. Martha kam nicht zum Sitzen. Sie hatte keine Zeit zum Sitzen. Aber sie empfahl allerwärmstens die bereits erwähnte Kur gegen Kälte und Erstarrung: spazieren gehen, sich bewegen und zu Gartenarbeiten bücken. Noch waren ja nicht alle Äste klein gehackt. Seit der Ankunft von Lilija war Martha allerdings ein wenig barmherziger mit uns. Sie gab uns einen alten elektrischen Heizstrahler, kaum größer als ein Bügeleisen. Zwei Tage lang benutzten wir ihn, dann schmorte er durch. Was nun? Er könne den Winter über ruhig bei uns stehen. Vielleicht finde sich jemand, der ihn reparieren könne. Aber wer wird dir, einem Fremdling, schon etwas ausbessern?

Martha wollte, dass Lilija bei ihr zahlender Gast wird; sie dachte sich, wir könnten uns dann das Zimmer teilen. Allein davon hätten wir es um ein Drittel wärmer. Lilija hatte aber eine warme Wohnung und vielfach bessere Verpflegung bei Ina Marxmeier gefunden, zudem völlig kostenlos. Nun begann Ina sich auch für uns zu interessieren, und ab und zu kamen sie abends bei uns vorbei, denn tagsüber hatte Ina keine Zeit. Sie besaß zusammen mit Helds ein großes Bekleidungsgeschäft.

Da die Zentralheizung im Hause Marxmeier tadellos funktionierte, schleppte Ina eines Abends ihren kleinen elektrischen Heizkörper herbei. Als wir ihn anschlossen, begann der Zähler zwar ein wenig zu summen, aber da wir Martha während der Wintermonate für Strom zwanzig Mark extra gezahlt hatten, heizten wir nun beherzt drauflos. An wärmeren Tagen trieben wir die Temperatur auf fünf, mitunter gar acht Grad hoch. Nun konnte man schon die Handschuhe ausziehen! Aber dann auf einmal – kein Summen des Zählers mehr.

„Wahrscheinlich habt ihr die Sicherungen ruiniert", erklärte Martha. „Nun wird es weder für euch noch für uns am Abend Licht geben. Neue Sicherungen kann man nicht bekommen und es ist verboten, die alten zu flicken. Auch wüsste ich gar nicht, wie man das tut."

Doch am Abend war das Licht oben und unten da. Tagsüber dagegen – wieder nichts.

„Wahrscheinlich sperren sie den Strom. Alle schließen ihre Heizkörper an, da kommt das Werk mit der Stromerzeugung nicht mit", klagte Martha.

Da sich der Zähler im Flur befand, nahm ich mir einfach etwas zum Hochklettern, drehte an den Sicherungen und, da schau her – unser Heizkörper erwachte zum Leben! Welch ein Glück!

Es war jedoch von kurzer Dauer. Zwei Tage lang traten wir nun gegeneinander an. Martha drehte an den Sicherungen nach links. Und kaum war sie in die Küche hinabgestiegen, drehten wir daran nach rechts. Wir bemühten uns so zu tun, als hätten sie sich durch Lufterschütterungen wieder gelöst. Schließlich trug Martha aber den Sieg davon. Tagsüber schraubte sie die Sicherungen ganz heraus und nahm sie mit.

Damit waren unsere Beziehungen denn auch dermaßen zugrundegerichtet, dass wir nur noch danach trachteten, von hier fortzukommen. – Ein großer Dorn in Marthas Auge waren auch die Besucher; mit der Ankunft von Flüchtlingen begannen sie jetzt nämlich, immer öfter bei uns einzukehren. Manchmal waren es drei, vier auf einmal. Unsere Freude war groß, doch Martha dachte in diesem Punkt ganz anders. Das seien doch nicht alles unsere Verwandten. Weshalb könnten wir denn nicht herunterkommen und uns im Hausflur mit ihnen unterhalten? Das gehe doch nicht an, die ganze Welt aufs Zimmer zu bringen, da würden doch die dreckigen Stiefel alles verschmutzen. Daraufhin packte dich der Zorn:

„Bei uns, Martha, hält man es so, dass man den Besucher in die beste Stube bittet und sich nicht mit ihm auf dem Flur unterhält. Man lässt ihn nicht stehen, sondern rückt ihm einen Stuhl zurecht, egal ob es sich um einen Verwandten oder Fremden handelt."

„Dann weist eure Landsleute wenigstens an, nicht auf den Teppich zu treten, sondern außen entlangzusteigen."

Natürlich hast du dich auch keineswegs geniert, dies unseren Gästen auszurichten, wobei du ihnen aber erklärtest, dass dies nicht von dir, sondern von der Vermieterin so gewollt werde. Schließlich wurde der alte Treppenläufer entfernt. Als Zeugen besser Zeiten verblieben lediglich die Metallteile, was jedoch Besucher nicht daran hinderte, kamen immer öfter und in immer größerer Zahl vorbeischauen.

Eines Tages erschienen vier Personen auf zwei Fahrrädern. Sie kamen aus Herford, aber nicht direkt aus der Stadt, sondern aus dem Umland, wo der Mann eine Gelegenheitsbeschäftigung gefunden hatte. Ihnen war an einem Hang ein kleines Häuschen zugewiesen worden, wie man sie während des Krieges zu errichten begonnen hatte. Sie glichen Güterwaggons. Die einzelnen Elemente wurden samt Türen und Fenstern in Fabriken vorgefertigt und ließen sich an jedem beliebigen Ort in wenigen Stunden zusammensetzen. Ja, das war die Familie Nollendorfs: Mann, Frau und zwei Jungs.[61] Diese Familie erwähne ich deshalb, weil wir später Nollendorfs zum Leiter unserer kleinen Schar bestimmten, der so genannten Herforder Gruppe. Und er war es auch, der uns in das Lager Greven führte – wie einst Moses die Kinder Israels ins Land Kanaan.

Es ist ganz und gar unbegreiflich, wie unsere Landsleute es ohne Hilfe von Zeitungen oder Auskunfteien schafften, einander in der großen weiten Welt aufzuspüren und zu finden. Wie Glieder einer Kette hakten sie sich einer beim anderen ein, und schließlich blieben nur jene außen vor, die nicht aus gleichem Guss waren. Nachdem wir uns in Bünde anfangs einsam und verlassen gefühlt hatten, wuchs die hiesige Gemeinschaft vor allem nach der Kapitulation Deutschlands schnell auf etwa fünfzig Köpfe an. Weder Radio Rostock noch Berliner Zeitungen standen den Letten mehr zur Verfügung. Und noch war nichts von solchen Einrichtungen wie Flüchtlingslagern bekannt. Man musste also selber zusehen, dass man zusammenhielt und einander unterstützte, um sich gemeinsam über Wasser zu halten. Egal ob Geistesarbeiter, Landwirte oder Handwerker – alle fühlten sich gleich. Hatte jemand eine leichte oder gut bezahlte Beschäftigung gefunden, dann versuchte er, dort auch seine Landsleute unterzubringen. Niemand hatte es leicht. Studierte Landwirte, Pfarrer, Ärzte offenbarten ihre Berufe überhaupt nicht, weil es ihnen dann womöglich noch schlimmer ergangen wäre. Ein Esel genießt es doch, dem siechen Löwen einen Fußtritt zu verpassen. – Nur einer hatte Glück, seines

---

61 Zu den Eltern Nollendorfs finden sich in den gängigen Nachschlagewerken keine Angaben, desgleichen zum jüngeren Sohn Uldis. Dessen älterer Bruder Valters (1931) machte am Lettischen Gymnasium Greven Abitur. Auswanderung in die USA 1950, Studium der Pädagogik und Germanistik an der Universität Nebraska, 1962 Promotion in Germanistik an der Universität Wisconsin, 1974 Habilitation. Nach der Emeritierung u. a. stellvertretender Direktor am Okkupationsmuseum Lettlands in Riga.

Zeichens Veterinär und noch Student: Es gelang ihm, als Gehilfe des alten Tier-
arztes in Ennigloh Fuß zu fassen, der seine Wohnung nur noch ungern verließ.
Jung und energisch, wie er war, mit guten Deutschkenntnissen, legte er sich gar
bald eine große Praxis zu und konnte sich sogar ein Motorrad leisten.

Die Zusammenkünfte fanden mal hier, mal dort statt, bei den Leuten, die über
größere Räumlichkeiten verfügten. Davon konnte in unserem Fall natürlich keine
Rede sein. Erstens gab es in unserem Zimmer Platz für allenfalls zehn Personen.
Zweitens hätte Martha beim Anblick so vieler verdreckter Schuhe in ihrem Hausflur der Schlag getroffen. Zwei Zusammenkünfte fanden bei Lapiņš statt, in einem
Gebäude der Gemeinde Hunnebrock, in das wir überzusiedeln hofften, sollten aus
dem anderen Ende des Hauses die Ausgebombten wieder nach Aachen zurückzie-
hen.

Einmal waren wir in Ulenburg[62], ganz wie auf einem Ausflug. Dort, etwa zwanzig Kilometer von Bünde entfernt, hatten sich mehrere Leute aus Latgale [Lett-
gallen] niedergelassen. Ohne den Weg recht zu kennen, begaben wir uns zu Fuß
dorthin. Es war eine schöne Wanderung. Wir brachen an einem Sonntagmorgen
gegen acht Uhr auf und erreichten unser Ziel um elf. Die Roggenfelder wogten
grün und dufteten. Das Gebirge in der Ferne schimmerte blau. Ein Hain, wie wir
ihn nie zuvor gesehen hatten: Riesige Weißbuchen mit einer märchenhaften Allee,
die daran vorbeiführte. Ganz wie ein Gemälde von Moritz Schwind[63] oder Waldmüller[64]! Bald darauf waren wir auch schon in Ulenburg. Ein richtiges Wasser-
schloss. In den versumpften Teichen, die sich um die Mauern hinzogen, wimmelte
es von fast meterlangen Karpfen.

Wir waren bei einer Agronomin eingeladen – kannst du dich noch erinnern,
wie sie hieß? Nicht? Ach, wie man doch Namen und Menschen vergisst, wenn
man sich jahrelang nicht sieht. Hier nahmen wir ein gutes Mahl zu uns, erholten
uns, erfuhren, dass das Schloss weder von einem Fürsten noch Grafen bewohnt
wird, sondern dass hier etwa einhundert geistig behinderte Menschen untergebracht sind.

„Das konnte man sich schon denken“, sagte ich, und unsere Gastgeberin
fragte:

„Wieso?“

„Weil Menschen mit gesundem Verstand sich doch bemühen würden, die
Karpfen an Land zu ziehen.“

Ja, jetzt erst gab der Bruder der Agronomin lachend ein Geheimnis preis: Sie
hätten sich ein kleines Netz beschafft; damit werde man irgendwann mal dort her-
umwaten müssen.

Die Zusammenkunft fand dann nicht in Ulenburg statt, sondern einen guten
Kilometer weiter abwärts, in einer Art alten Schenke, wo einige Letten ihre Woh-

---

62 Schloss Ulenburg, nördlich von Löhne.
63 Moritz von Schwind (1804–1871), deutscher Maler.
64 Ferdinand Georg Waldmüller (1793–1865), österreichischer Maler.

nungen hatten. Plötzlich einsetzender Regen verzögerte unsere Ankunft, aber als wir schließlich eintrafen, erwartete uns schon eine ansehnliche Schar. Auch Nollendorfs waren anwesend, Lapiņš, Rēķis und viele Unbekannte. Hier sangen wir zum Abschluss sogar die lettische Hymne, was wir zuvor nie getan hatten, weil wir das Gefühl hatten, dafür zu wenige zu sein.

Das nächste Treffen wurde bei Nollendorfs anberaumt, etwa zehn Kilometer nach Süden, wo in der Nähe von Herford eine ziemlich große Anzahl von Letten wohnte. So wanderten wir zwei Wochen später wieder nach Schweicheln, über hohe und schöne Berge, wie durch einen Rosengarten. Hier gewannen wir neue Bekannte hinzu, – die Familien Mēteris, Čukurs, Elksnītis, aber auch die Herren Skrabāns, Pakrastiņš, Jumītis. Unmöglich, ihre Namen zu vergessen, denn zusammen mit diesen Leuten zogen wir nach Greven um und verbrachten dort über zwei Jahre in recht freundschaftlichen Beziehungen. Wir feierten sogar jedes Jahr den Tag unserer Ankunft im Lager gemeinsam.

Alles Spätere erwuchs aus dieser Gruppe, die sich von Anbeginn an einen ziemlich offiziellen Anstrich gegeben hatte, – mit monatlichen Beiträgen, Protokollen und was sonst noch nötig war. Unser Vorsitzender war Kārlis Nollendorfs, unser Schriftführer und Kassenwart wurde sein zwölfjähriger Sohn Valters. Alles nahm seinen reibungslosen und ordnungsgemäßen Lauf.

5.

Wenn ich nachts aufwache und über die Vergangenheit nachdenke, wälzen sich ganze Berge an Ereignissen und Begebenheiten wie schwere Wolken über mich hinweg. Ich könnte dir endlos erzählen. Doch will ich damit ernst machen, zudem alles aufschreiben, verwirrt mich die Überfülle des Stoffes und ich weiß nicht, was ich aufgreifen und was ich fortlassen soll. Nirgendwo ein Ende. Andauernd frage ich mich, was würde noch in dieses Kapitel passen? Oder was sollte man völlig unerwähnt lassen?

Über Martha gäbe es noch viel zu erzählen. Wie sie auf alles Materielle flog, ohne sich im Geringsten für etwas Höheres und Erhabeneres zu interessieren. Sie hatte ja ihren Mann nie begleitet, wenn es darum ging, die Welt ein wenig zu erkunden. Dann habe er halt Trudel und die Schwiegermutter im Auto zu ausgedehnten sonntäglichen Ausflügen ins Sauerland oder in die Senne mitgenommen. Martha habe sich damit herausgeredet, dass einer doch sparen müsse, sonst würden sie alle auf den sprichwörtlichen Hund kommen. Was besaß er denn schon? Lediglich das Haus. Aber auch das war auf ihrem Grund erbaut. Ferner hatte sie ein Areal mit einigen alten Obstbäumen geerbt, gleich neben der Gärtnerei der Mutter. Einen Teil dieses Grundstückes hatte sie als Bauland verkauft und das Geld gottlob bei der Sparkasse angelegt, auf dass es Zinsen bringe.

Die Leute schätzten Martha genau so ein, wie sie tatsächlich war. Kam hingegen das Gespräch auf ihre Mutter, erklärten alle einstimmig:

„Da beißt die Maus keinen Faden ab – eine ehrenwerte Frau! Schade, dass Menschen wie sie nicht ewig leben."

Ebenso brauchte man bloß den Namen von Hugo Stöppler zu erwähnen, und alle tüchtigen Männer in Bünde lebten auf. – So, als ich das erste Mal zur Filiale der *Dresdner Bank* ging und gegen einen Scheck Geld abheben wollte, um unsere Rechnung bei Martha zu begleichen, – der Herr von der Bank schüttelte zunächst nur den Kopf. Er wollte sich mit Bielefeld in Verbindung setzen, der Einzahlungsstelle. Oder gebe es jemanden, der meine Identität bezeugen könne? Wie laute denn meine Anschrift? – Daraufhin sagte ich, dass ich schon seit zwei Monaten in Bünde wohne, in der Kronprinzenstraße, im Haus der Stöpplers.

„Im Haus von Hugo Stöppler! Das war doch ein Prachtkerl! Ach, sein Neffe ist ihr Schwiegersohn? Das reicht dann für mich. – Fräulein, bedienen Sie diesen Herrn."

Und beim nächsten Mal erkannte mich das Fräulein wieder und wusste, dass der Scheck nicht gefälscht sein würde. – Bei dieser Gelegenheit könnte ich auch noch erwähnen, dass Marthas Mann ein hervorragender Fotograf gewesen war. Schon in ganz jungen Jahren war er Fotograf auf der kaiserlichen Yacht gewesen und hatte alle Meere des Südens befahren, als Wilhelm II. nach Palästina und in andere arabische Länder reiste.

Zwar hatte Trudel einige der guten Eigenschaften ihres Vaters geerbt, doch über mehrere Jahre hinweg hatte das anschauliche Beispiel ihrer Mutter diese beinahe ausgelöscht. Nun legte auch Trude Geld auf die hohe Kante, auf dass sie nach der Heirat einen leichteren Start ins neue Leben haben würde.

Eigentlich war es bereits an der Zeit, diesen Schritt zu tun, das heißt zu heiraten, nur waren alle jungen Männer im Krieg. Mit wem sollte sie dann die Ehe eingehen? Daraufhin versuchten wir, ihr bei einem Schwatz einen Letten ans Herz zu legen, und zwar – den Dichter und Philosophen Antons Bārda[65]. Ich sagte:

„Er ist zwar um die Hälfte älter als du, aber wenn du ihn siehst, wirst du ihn allenfalls für fünfunddreißig halten. Sicherlich befindet er sich in Deutschland, denn die Bolschewiken haben ihm bereits in der ersten Besatzungszeit arg zugesetzt. Er ist ein sehr gepflegter Mann. Gerne balsamiert er sein Gesicht mit einer Creme, die er mit Vergnügen aufträgt, und nach dem Einschmieren ruht er dann wie eine Majolikafigur. Er ist auch genauso zurückhaltend wie du. Und tanzt so gut wie ein junger Gott."

---

65 Antons Bārda (1891–1981), lettischer Lyriker und studierter Philosoph. Während seine frühen Gedichte sich in „harscher, klarer Form ohne Pathos und Enthusiasmus" mit konventionellen Themen wie Gott, Natur und Liebe auseinandersetzten, fand er in den 1930er Jahren seine wahre Bestimmung in idyllischen Darstellungen ländlichen Lebens. Entgegen der Annahme von Jānis Jaunsudrabiņš war A. Bārda aber nicht aus Lettland geflohen.

Trude hatte tatsächlich Gefallen an Bārda gefunden, obwohl wir kein Foto von ihm besaßen, das wir ihr hätten vorzeigen können. Denn gelegentlich hatte sie sich bei dir erkundigt, ob keine Nachricht über den Aufenthaltsort des Dichters eingetroffen sei. Leider tauchte sein Name nirgends auf.

Ich habe die Feststellung gemacht, dass Frauen ab einem bestimmten Alter nervös werden und mit dem Kescher auf Männerfang gehen. So auch unsere Trudel. Mehrfach ver- und entlobte sie sich, bis sie dann schließlich mit dreißig in den Ehestand trat.

Wäre über Martha nicht schon so viel Schlechtes berichtet worden, könnte man ohne Weiteres fortfahren. Mit der Geschichte etwa, wie du um dein Anrecht auf die drei Zentner Briketts kämpftest, die dir zustanden. Sie erlaubte dir doch nicht einmal, Wasser für die Wäsche aufzuwärmen, wohl wissend, dass man mit kaltem Wasser nicht waschen kann. Du gingst zum Kohlenmann, doch dieser erklärte, dir stünden gar keine Kohlen zu, da wir ja in Vollpension lebten. Daraufhin liefst du zur Stadtverwaltung und dort wurden dir drei Zentner Briketts fürs ganze Jahr bewilligt. Aber diese hatte der Kohlenhändler bereits an Martha verkauft. Nach vielem Zureden und mit einer kleinen Zuzahlung bekamst du schließlich anderthalb Zentner und warst recht froh darüber. – Was soll's!

Einige Worte könnte ich auch noch über meine Misserfolge beim Angeln verlieren. Die entsprechende Erlaubnis hatte ich ohne viel Mühe erhalten und von zu Hause hatte ich Ruten und das ganze übrige Zubehör dabei. Auch gab es in der Else genügend Fische, bloß flohen diese geradezu vor mir. Ich weiß nicht, woran das lag. Vielleicht an den Regenwürmern aus Marthas Garten. Oder ich hatte vergessen, dass Fische im Frühjahr allgemein schlecht anbeißen; am Tag zwei bis drei Exemplare und keines größer als ein Finger – ein besserer Fang wollte mir einfach nicht gelingen. Ach ja, eine Ausnahme gab es doch – als ich in dem Graben hinter der Mühle schöne Forellen entdeckte. Damals haben wir uns satt gegessen. Und die drei größten haben wir noch Ina gebracht.

Aber lass uns beim Thema bleiben. Ich sehe, dass dieses Kapitel mit der Überschrift versehen ist, ich würde über Begegnungen mit Letten berichten. Doch bis jetzt ist noch mit keinem Wort Mildiņa[66] erwähnt worden, die junge, gebildete, nicht übermäßig schöne, aber angenehme Frau aus Kurzeme. Also hergehört!

Ein Offizier hatte sie nach Bünde geholt, angeblich als seine Braut. Aber nun war er auf und davon, und seine Angehörigen hatten das Mädchen zu einer gewöhnlichen Dienstmagd gemacht und freuten sich, dass sie alle Arbeiten verrichten konnte, selbst eine Kuh melken, und auch in der Lage war, den Kindern bei den Schularbeiten zur Hand zu gehen, und dies in allen Fächern.

Mildiņa weinte heimlich und ertrug es geduldig, wartete sie doch weiterhin auf ihren Offizier. Der tauchte dann auch schließlich auf, aber die Beziehung ging in die Brüche. Wir verloren den Kontakt und erst nach einigen Jahren hat dir eines

---

66 Mildiņa – Koseform des lettischen Frauenvornamens Milda.

der Mädchen aus Greven bei der Rückkehr aus Pinneberg Grüße von der Studentin Soundso überbracht. [67]

Ach ja! Und bislang unerwähnt sind auch noch die beiden Blitzkerle geblieben. Zwar nannten sie ihre Namen – wer weiß, ob's die echten waren oder falsche –, doch letztlich erschienen diese unwichtig und verschwanden auch sofort aus dem Sinn. Denn der Aufenthalt der jungen Männer war von kurzer Dauer: Am Spätnachmittag trafen sie ein und noch in der Dämmerung desselben Abends suchten sie das Weite.

Das war genau an dem Tag, als die alliierten Streitkräfte einmarschierten und die ganze Stadt wie ausgestorben war. – Ich stehe also am Fenster und was sehe ich? – da ziehen auf der anderen Straßenseite zwei verdächtige Gestalten heran. Sie kommen näher und starren zu unserem Haus rüber. Offensichtlich haben sie mich erblickt. Dem einen sitzt die Hose so knapp, dass sie aussieht wie zwei Flöten, während die Ärmel des Jacketts gerade mal über den halben Unterarm reichen. Dem anderen hingegen ist alles zu groß und zu weit. Sie haben weiter nichts dabei als jeweils eine Zigarrenkiste unter dem Arm.

Sieh an! Die beiden überquerten die Straße und kamen durch das Tor herein.

Martha verhielt sich jetzt nicht mehr so ungefällig. Ohne ein Wort zu verlieren, hatte sie die Fremden hereingelassen und ihnen den Weg zu unserem Zimmer gewiesen.

„Guten Abend!"

„'N Abend, 'n Abend!"

„Es stimmt also!", sagte der mit den kurzen Ärmeln.

„Was stimmt denn?"

„Dass es hier Letten gibt! Wir waren dort drüben in ein Haus eingekehrt, um etwas Wasser zu trinken. Dort bekamen wir diese Zigarren geschenkt; auch erkundigte man sich nach unserer Nationalität. Als wir sagten, wir seien Letten, zeigte man uns dieses Haus und erklärte, dass hier ebenfalls Letten leben. – Nun, worauf wartet ihr denn noch? Lasst uns nach Hause pilgern! – Wir wollen es nicht verbergen: Wir sind Soldaten. Und fahnenflüchtige außerdem, wie man schon an der Kleidung sehen kann. Wir wissen nicht, was wir jetzt tun sollen, und haben Angst, dass man uns aufhängt. Ein Nachtquartier werdet ihr uns wohl nicht gewähren, auch wenn wir nicht irgendwelche dahergelaufenen Leute sind."

„Darüber müsste man mit der Vermieterin reden", beeiltest du dich zu erwidern. „Doch lässt sich mit Sicherheit sagen, dass nichts daraus wird."

„Aber ein Stück Brot hätten wir gerne."

Du gingst zu Martha hinunter. Ich blieb mit den Besuchern allein zurück.

---

67 Diese Aussage dürfte sich auf die Anfang 1946 in Hamburg gegründete, von Januar 1947 bis September 1949 in Pinneberg ansässige und danach eingestellte Baltische Universität beziehen. In ihrer Blütezeit 1947 zählte sie 1 025 Studenten (davon etwa zwei Drittel Letten), die von 53 Professoren, 50 Dozenten und Privatdozenten, 48 Lektoren und 8 Lehrern unterrichtet wurden.

„Wie lange treibt ihr euch schon so herum?", fragte ich und passte mich ihrer Sprache an.

„Eigentlich die ganze Zeit seit dem großen Bombenangriff auf Dresden, angefangen mit Leipzig und so fort. Offiziell gelten wir als vermisst. Allerdings waren wir schon mal besser gekleidet, man hätte uns für Offiziere halten können. Der hier ist ein erstklassiger Schachspieler. Nur für Geld, Sie verstehen. Wo wir ein Restaurant betraten, hieß es – wie schaut's aus? Möchte jemand gegen ihn antreten? Hundert Mark Einsatz pro Partie. Auch wenn die Spieler sehr gut waren: Er hat sie alle bezwungen. – Nicht wahr?"

Der andere nickte zustimmend und der Sprecher fuhr fort:

„Auf diese Weise war für unsere Verpflegung gesorgt und wir konnten wie freie Leute durch ganz Deutschland reisen, bis nach Westfalen. Aber jetzt waren wir gezwungen, die Kleider sehr zu unserem Nachteil zu tauschen. Diese Nacht werden wir also im Graben schlafen. Kalt ist es draußen nicht. Mit einer Zigarrenkiste als Kopfkissen. Wenn das keine süßen Träume gibt. In der Tasche haben wir alte Zeitungen zum Zudecken. Wer würde uns denn über Nacht aufnehmen? Wir selber würden es nicht tun. Morgen, bei Tageslicht werden wir die Kommandantur aufsuchen. Den Kopf wird man uns dort wohl noch dranlassen. Demokratie, Sie verstehen."

Da kamst du herauf und hinter dir Martha, die einen großen Teller mit Stullen trug. Sie war die Freundlichkeit in Person.

Die jungen Männer ließen sich nicht zweimal bitten und bald schon war der Teller leer. Sie sprachen ziemlich gut Deutsch. Schließlich bedankten sie sich für die Bewirtung und zogen los.

Martha konnte sich über das feine Benehmen dieser Leute gar nicht genug freuen: „Sie hätten doch mit der Faust auf den Tisch hauen und sagen können – halt den Mund! Wir bleiben hier noch morgen und übermorgen! Was kannst du denn jemandem verwehren in einer Zeit, wo du selbst rechtlos bist und an deinem Giebel ein weißes Tuch hängt? Der kann dir doch das Leben mit derselben Leichtigkeit nehmen wie ein Butterbrot vom Teller. Aber nun sehe ich, was Letten doch für rechtschaffene Leute sind. Jetzt werde ich mal einheizen, damit ihr nicht friert. Uh! Mich fröstelt es fürchterlich! War es denn bei euch im Zimmer wirklich den ganzen Winter über so kalt?"

Die Besatzung

1.

Wie beim Herannahen einer unausweichlichen Gefahr nicht anders zu erwarten, waren die Verantwortlichen in Bünde dermaßen nervös geworden, dass sie liebend gern jedes Geräusch unterdrückt hätten, das geeignet war, an Bomben oder Geschütze zu erinnern. Ebenso gerne hätten sie den Himmel verdeckt, wenn hunderte, vielleicht tausende Flugzeuge über ihn hinwegzogen und fast jeden Tag in den Wolken Leuchtmarkierungen auftauchten, wonach die betreffende Gegend einige Minuten lang von einem donnerartigen Grollen überzogen wurde. Dort gingen Bomben nieder, fielen Schlote und Türme um, stürzten Gebäude ein und begruben Lebende und Tote unter sich.

Von Südwesten her wurde der Geschützdonner von Tag zu Tag lauter. Irgendwo war eine ganze Armee eingekesselt und nun wurde sie vernichtet. Eine Dame hatte ihrer Freundin diese Nachricht weitererzählt – doch unvorsichtigerweise ausgerechnet vor dem Rathaus, woraufhin sie festgenommen wurde. Zur Strafe musste sie sich nun jeden Tag zur vollen Stunde auf dem Flur der Stadtverwaltung einfinden, wo viele Menschen auf Behördengang waren, und mit lauter Stimme wie eine Turmglocke verkünden:

„Das sind keine Geschütze, das ist unsere *Flak*! Das sind keine Geschütze, das ist unsere *Flak*! Das sind keine Geschütze, das ist unsere *Flak*!"

Die Leute lachten und behaupteten gehört zu haben, wie die Rufende diesen Satz nicht nur einmal durcheinandergebracht und laut geschrien habe:

„Das ist nicht nur unsere *Flak*, das sind Geschütze!"

Doch wer war schon in der Lage, ein ausgesprochenes Wort nachträglich zu prüfen? Außerdem – inzwischen wussten bereits alle, dass das keine *Flak* war. Man konnte nämlich zuerst schwächer die Abschüsse hören und einen Augenblick später und sehr viel näher – die Detonation von Granaten. Bis eines Tages bereits ganz offen darüber geredet wurde, dass in dem Wald zwischen Bünde und Herford riesige Bäume quer über die Landstraße gefällt würden, um feindlichen Panzern den Weg zu versperren.

„Bis hierher und keinen Schritt weiter", erklärten diejenigen, die sich ihren Glauben nicht nehmen lassen wollten. „Dort sind Werwölfe versammelt und zuverlässige Männer mit Panzerfäusten. Bünde kann ruhig weiterhin in seinen siebzehn Fabriken, in Privathäusern und umliegenden Bauernhöfen Zigarren wickeln."

In der Tat, – noch tauchten hier keine Flüchtlinge oder abziehende Militäreinheiten auf, keine Menschenflut, wie wir sie bei uns zu Hause auf der Vidzemes-Landstraße gesehen hatten.

Die Bevölkerung war freilich sehr viel besser im Bilde als die Verwaltung. Einige Fabriken öffneten ihre Lager und verkauften Zigarren in jeder Menge zu recht kulanten Preisen, das Geld konnte man auch unter einem Stein hinterlegen. Wir überlegten nicht lange. Du liefst hin und brachtest vierhundert Stück in hübschen Holzkistchen. Unser Hintergedanke war aber ein anderer: Für Geld konnte man ja jetzt nichts bekommen, – wer weiß, vielleicht würden sie noch als Tauschmittel von Nutzen sein.

Dann liefst du noch ein weiteres Mal los, diesmal zur Kofferfabrik, gleich hinter dem Garten der Grunewalds, und brachtest zwei Koffer mit. Zwar aus Pappe, aber noch heute leisten sie uns gute Dienste. Du erzähltest, nach dir hätten mehrere Männer die Verkäufer beiseite geschoben und sich an fertiger und halbfertiger Ware alles genommen, was sie konnten. Auf diese Weise waren auch viele Zigarrenfabriken geleert worden.

Irgendwo in der Nähe des Bahnhofs gab es ein Tabaklager. Vater Lapiņš, der ein starker Raucher war, präsentierte ein recht ansehnliches Säckchen, das er sich gratis abgefüllt hatte. Die Tabakblätter lagen dort nur so herum. Er habe zunächst eine Weile zugeschaut, wie es die anderen machen, dann aber selbst in den Sack gestopft, was das Zeug hält, und sei dann nach Hause geeilt. „Das reicht mir fürs ganze Leben!", frohlockte er. „Der Sohnemann raucht ja überhaupt nicht."

Ja, dies war der Augenblick, wo man alles Mögliche bekommen konnte, und dies ohne Bezugsscheine, ohne Betteln, ohne Bestechung, sogar ohne Geld. Nur wollte es uns nicht so recht glücken, zum richtigen Moment am richtigen Ort zu sein. Du bedauertest vor allem, dass du an jenem Morgen nicht das Schuhgeschäft aufgesucht hattest, wo später Einzelschuhe noch bis in die Nacht auf der Straße herumlagen. Vielleicht waren auch einige Geschirrlager restlos leer gekauft worden. Wir hofften doch, einen eigenen Hausstand zu gründen …

Und dann, ja dann – an einem stillen Spätnachmittag vernahmen wir von Norden her bloß ein merkwürdiges, nie zuvor gehörtes Schnarren und sahen Raupenfahrzeuge über den Abhang bei Ennigloh gleiten. Sie hatten die Else bereits überquert und krochen weiter bergan.

Ich beugte mich zum Fenster hinaus und sah, dass von allen Hausgiebeln improvisierte weiße Fahnen heraushingen: Handtücher, Tischtücher, Kopftücher, Hemden, Unterhosen. Auch du schautest hinaus und sagtest: „Schau mal, da haben weder die Panzerfäuste etwas genutzt noch die Sperren im Wald, weder die Werwölfe noch das Prahlen des Bürgermeisters, sich dem Feind mit dem Schwert in der Hand in den Weg zu stellen."

Schon vorher besorgt, wehte auch vom Rathausdach eine weiße Fahne. Und sie wehte dort eine ganze Woche lang.

Aber dies war nur das Zeichen eines äußerlichen Friedens. Drinnen jedoch, in Hunderten und Tausenden von Stuben, nicht nur hier, sondern auch in anderen Städten und Dörfern, saßen düster dreinblickende alte Männer. Die Frauen weinten. Sie wurden mit großen, verständnislosen Augen von den Kindern beobachtet.

Weshalb durften sie nicht nach draußen und in der warmen Frühlingssonne herumlaufen?

Wir hatten dieses Gefühl schon mehrfach durchlebt. Wir wussten, welche Bürde das Kreuz darstellt, das eine Besatzung dem einzelnen Menschen auferlegt – und dass es für ein ganzes Volk noch viel schwerer wiegt.

2.

Die Menschen gewöhnten sich bald an die neue Situation. Es hatte sich ja auch nichts verändert, man hatte lediglich das Gefühl, nicht mehr auf der Seite zu sein, die zu siegen hoffte, vielmehr gehörte man zu den bereits Besiegten.

Der Rundfunk rief nicht mehr zum Kampf auf, es ertönten nicht mehr die großmäuligen Parolen vom Widerstand bis zum letzten Mann. Die Nachrichten wurden von derselben bekannten Stimme vorgetragen, in derselben deutschen Sprache. Bloß der Inhalt war ein ganz anderer.

Im Städtchen waren alle Beamten der Zivilverwaltung auf ihren Stellen belassen worden. Davon hatten wir recht wenig mitbekommen, doch berichtete die Schöneberg, dass der große Maulheld, der die arme Frau Gabler dazu verdonnert hatte, regelmäßig von den Geschützen und der *Flak* zu tönen, nunmehr kreuzbrav in seiner Amtsstube sitze und seinen Pflichten in ziemlich demokratischem Geist nachkomme.

Die deutsche Armee schmolz dahin wie Schnee. Hatte ein Soldat die heimatlichen Gefilde erreicht, tauchte er ab in die vertrauten Haine und Höfe, um sich nach dem Umkleiden unter die Bürger zu mischen. Wer hätte wohl einen der Seinen verraten?

Die Tommies – mit diesem Wort wurden alle Angehörigen des Siegerheeres belegt, ganz gleich, ob es sich um Engländer, Amerikaner, Belgier oder Franzosen handelte – hatte man in der Gegend gar nicht zu Gesicht bekommen. Man musste sich direkt wundern, wie eine solche Handvoll Panzer und ganz kleiner gepanzerter Fahrzeuge, wie sie hier durchgefahren war, eine Front zerschlagen und unbekümmert in weitere Schlachten ziehen konnte. Niemand kam auf den Gedanken, dass die Straßen des Landes ein gewaltiges Netz ergaben und dass jene, die hier in Bünde zusammenliefen, in Wirklichkeit nur abgelegene Strecken waren. Manchmal fuhren jetzt auf dem Marktplatz einige Transportwagen auf. Um diese spazierten, von Jungen und Mädchen umringt, dunkelhäutige Fahrer in graubraunen, knabenhaften Uniformen, wie sie auch die Offiziere trugen. Die deutschen Kinder sahen jetzt richtige Mohren, die sie früher nur aus Bilderbüchern gekannt hatten.

Und, oh Wunder! Sie waren weder wild noch listig. Sie hatten stets Schokolade, die sie verteilen konnten. – Ich habe einmal einen Neger gesehen, der ein kleines weißes Mädchen auf dem Arm sitzen hatte, vielleicht drei Jahre alt. Es aß fröhlich Schokolade und als das Kind seine Ärmchen um den dunklen Hals schlang, strahlte der Mann wie die Sonne selbst. Ach, ihr weißen Leute, schienen seine Augen zu sagen, – auch in meinem Heimatdorf, im fernen Afrika, gibt es Kinder. Und vielen Kindern dort fehlt der Vater. Auch den meinen …

Aber wenn sich diese sanften Männer ans Steuer setzten, summten die Motoren wie Bienen, und man hatte den Eindruck, als ob die Räder stillstehen und es allein der Wille der Fahrer war, der die Kraftfahrzeuge vorwärtspreschen ließ.

In Marthas Haus nahmen die Dinge ihren gewohnten Lauf. Geheizt wurde noch immer nicht. Es war auch nicht notwendig. Jetzt konnte man nämlich das Zimmer dadurch erwärmen, dass man das Fenster öffnete und frische Luft hereinließ. An manchen Tagen war es warm wie mitten im Sommer.

Der Frühling kam sehr früh. Im März blühten bereits Tulpenbäume, wie wir sie zuvor nicht einmal im Traum gesehen hatten. Schöne, hellviolette, handtellergroße Blüten. Zu groß, um echt zu wirken. Besonders unnatürlich wirkten die Bäume dadurch, dass die Blüten schon aufgingen, während die Blätter noch in den Knospen lagen. Ebenso blühten Mitte März schon die frühen Kirschbäume und in den Birnbäumen leuchteten die Blütenknospen wie weiße Erbsen.

Meine Arbeit im Garten beendete ich jetzt mit Vergnügen. Das ordentlich unter dem Schutzdach der Garage gestapelte Reisig konnte nun die Feuchtigkeit des Winters loswerden.

Am Rande des Rasenstücks, zwischen großen und kleinen Steinen, die nach Anweisung des Gartenarchitekten aufgeschichtet worden waren, sprossen bereits Primeln und Tulpen, es schossen Dotterblumen empor, Anemonen, Wintermohn und Gewächse mit Blättern, die mir unbekannt waren.

„*Na, Jan?*", sprach Martha mich an, während sie ihren Blick über die sauber gefegten Wege und das strahlend grüne Gras streifen ließ. „Ist doch herrlich, das Wetter! Nicht wahr?"

„Und ohne Heizen", gab ich zurück.

Für die alte Gärtnerin war nun Eile das Gebot der Stunde. In ihrem Betrieb gab es so viel zu tun. Es musste gegraben, gesät, ausgedünnt werden; aber die Leute kamen nicht regelmäßig zur Arbeit. Auch die Enkeltochter, die in Herford die Gartenbauschule besuchte, war wer weiß wo abgeblieben.

Trude kehrte in diesen Tagen immer recht frühzeitig aus der Sparkasse heim; dann lief sie herum und wusste nicht, wo sie Hand anlegen sollte. Alles erschien so unnütz, so nichtig. Sie mochte weder lesen noch den Klavierdeckel heben.

Milly zeigte sich überhaupt nicht mehr. Sie hatte zu fest an Hitler geglaubt, als dass sie auf einmal eine Kehrtwendung vollziehen konnte, wie es die meisten jetzt taten. Gerade hatten sie noch „Heil" gerufen, aber nun jammerten sie: „Oh, dieser Hitler! Wohin hat er uns bloß geführt! Unsere Städte liegen in Trümmern und keine Familie, der nicht Angehörige entrissen worden sind."

Niemand sprach mehr von der Volksgemeinschaft, vom Reich, von der Zukunft der Nation. Alle vergaßen, dass ein Führer nichts weiter ist als der Vollstrecker des

Volkswillens. Oh, mit welchem Jubel wäre dieser begrüßt, vielleicht gar gekrönt worden, hätte er sich als Sieger erwiesen. Nun aber galt er als Henker des Volkes.

Milly dachte nicht so. Sie hielt weiterhin die alte Weltanschauung hoch, noch war der Krieg nicht endgültig verloren, noch war ihr Jüngling auf dem Schlachtfeld. Und selbst wenn … Wenn er heimkehren wird, und bestimmt wird er heimkehren, würden sie nicht von ihrer Überzeugung lassen, dass der Nationalsozialismus die beste Ordnung auf der Welt ist. Sie würden keine Demokraten spielen in der egoistischen Absicht, jene warmen Posten zu ergattern, nach denen Jung und Alt jetzt schmeichelnd trachteten. – Sie kannte sich im Lebensmittelhandel aus. Sie würden irgendwo einen kleinen Laden eröffnen und Handel treiben, bis sie an ein großes Geschäft gelangen würden, eines, wie es jetzt ihrem Prinzipal Dittmer gehörte.

Frau Schöneberg war still geworden. Sie suchte nicht mehr jeden Tag ihre Freundinnen auf. Es wurden keine Bomben mehr abgeworfen und die Flieger waren nun unsere Flieger, vor denen man sich nicht zu fürchten brauchte. Es gab keine Opfer zu zählen. Sie saß in ihrem Zimmer und nahm ihre Medikamente ein. Wenn jemand am Esstisch über den verlorenen Krieg klagte, klagte sie mit. „Hab ich's nicht gesagt?", pflegte sie zu sagen. „Alles schwindet und vergeht. Nur die Kirche und der Friedhof haben ewigen Bestand."

Doch dann erschien bei Martha eines Tages ein englischer Offizier in Begleitung zweier Soldaten und eines Dolmetschers. Sie sammelten Fotoapparate und Ferngläser ein. Martha zeigte Geistesgegenwart. Sie schickte die Tommies zuerst zu uns hoch, als ob wir die Hausherren wären. In der Zwischenzeit versteckte sie Trudes kleinen Handapparat und das große Marine-Fernglas ihres verblichenen Gatten.

Gleichwohl gab es etwas in dem Haus, woran der Offizier Gefallen gefunden hatte. Eine Wohnung! Und warum auch nicht: im Salon Polstermöbel, ein großer Spiegel, ein Lüster in der Deckenmitte. Die Südwand ganz verglast. Hell wie in Südafrika. – Beim Weggehen hatte der Offizier gesagt, er werde zurückkommen, um sich gründlicher umzuschauen.

Martha hatte im Nu schon einen Plan fertig. Daran, dass man einige Räume würde abtreten müssen, konnte es ja wohl keine Zweifel geben – aber dann sollte schon lieber ein Offizier einziehen als Soldaten mit ihren genagelten Stiefeln, da wären Treppe und Fußböden hin. Zudem, – wer weiß, vielleicht holt der Offizier später seine ganze Familie nach und sie alle nehmen das Mittagessen bei ihr ein. Dann wird es weder an Kaffee noch an Tee oder anderen schwer auftreibbaren Dingen mangeln …

Ein wenig fühlten wir uns wie damals am Rande der Vidzemes-Landstraße, als der Gendarm uns aufforderte zu verschwinden. Wer weiß, wie lange wir hier noch wohnen würden. Wir entrichteten die Miete deshalb nicht für einen ganzen Monat im Voraus, sondern für jede verbrachte Woche im Nachhinein. Unsere Gedanken zog es nach Hunnebrock, zu Lapiņš. Bloß machten die Aachener noch immer keine Anstalten, ihren Teil des Hauses zu räumen, hatten sie doch erfahren, dass es in ihrer Heimatstadt weder Arbeit noch eine Bleibe gab.

So lebten wir dahin, ungewiss, was der nächste Morgen bringen würde. Eines schönen Tages hatte die Polizei Martha benachrichtigt, dass wir aus Bünde wegziehen müssten, doch hatte sie dies bis auf Weiteres dadurch abgewendet, dass sie dem Boten fünf Mark in die Hand drückte und ausrichten ließ, wir seien nahe Blutsverwandte. Uns gab sie zu verstehen, dass sie sich für uns aufgeopfert habe und es angebracht wäre, dass du ihr dieses Geld erstattest. Das tatest du dann auch. Mithin durften wir vorläufig noch bleiben. Die fünfzig Mark waren Martha noch sicher. Und eine Woche darauf weitere fünfzig. – Und so kam der Sommer, und wir waren so klug wie zuvor.

3.

Stöpplers in Bielefeld hatten noch immer keine eigene Wohnung, darum wohnte Lilija weiterhin bei Ina in Bünde. Sie fühlte sich dabei sowohl glücklich als auch unglücklich. Ina versuchte sie zu beruhigen: „Denk bloß nicht, dass du mir zur Last fällst. Zu zweit ist es sicherer und abends vergeht die Zeit schneller."

Das stimmte. Ina bewohnte doch ganz alleine das gesamte Erdgeschoss des Hauses. Das waren große Räumlichkeiten, in denen sich zu Lebzeiten von Walters Vater ein Konfektionsgeschäft befunden hatte.

Zu uns kam Lilija selten, Ina noch seltener. Sie sagten, es sei ihnen unangenehm, Martha zu begegnen. Dafür war uns Inas Haus anfangs zu einem angenehmen Besuchsziel und später geradezu zur eigenen Wohnung geworden. Ina sagte: „Wenn du, Onkel Jānis, dort keine richtige Ruhe hast und arbeiten möchtest – bitte: Unsere große Stube steht dir zur Verfügung."

„Danke", erwiderte ich und drückte ihre Hand. „Wenn mich etwas bei der Arbeit stört, dann bin ich es wohl selber. Für gewöhnlich ist der Mensch in der Lage, sich in einem gewissen Maß zu überwinden und sozusagen geistig auf Distanz zu sich selbst zu gehen; gelegentlich jedoch stürmt die Gegenwart zusammen mit der Vergangenheit so auf dich ein, dass du schwach und sentimental wirst, weil es keine Zukunft gibt, auf die du dich stützen könntest. Da nehme ich mir lieber die Angel und verkrieche mich in das Weidengestrüpp am Fluss, wohl wissend, dass ich nichts, aber auch gar nichts fangen werde. Aber dort habe ich wenigstens den freien Himmel über mir und klares Wasser zu meinen Füßen – alles wie bei unseren Flüssen, bei der Suseja [Sussey], Jugla oder Abava [Abau]."

Ina hatte einen Garten, kleiner als der von Martha, doch für städtische Verhältnisse groß genug, damit dort einige Obstbäume grünen konnten. Es gab auch ein kleines Rasenstück und an der Begrenzungsmauer ein Spalier mit Rosen. Diese richtete ich auf und band sie an den Stützen fest. Dann lichtete ich die am Balkon wachsenden Rankenrosen, die sich dermaßen zu einem Gestrüpp verdichtet hatten, dass Ina klagte, – sie würden nicht mehr so recht blühen. In diesem Garten wühlte ich in der Frühlingserde und vergaß dabei gelegentlich sogar, dass ich fern der Heimat war.

Ja, wozu sollte ich denn auch schreiben, wenn ich nicht wusste, wohin mit dem, was bereits fertig im neuen Koffer unter dem Bett lag. Malen konnte ich nicht, weil ich weder Farben noch Leinwand hatte.

Ina hatte den Wunsch geäußert, meine Skizzen zu sehen. Sie wusste, dass ich Trude ein Bild zu Weihnachten geschenkt hatte. Während wir die Studien betrachteten, sagte ich halb im Scherz zu Ina:

„Sag mal, wenn du deine Möglichkeiten als Geschäftsfrau nutzen und mir Farben besorgen könntest, würde ich für dich eine Ansicht von Bünde anfertigen, ein Stillleben mit Blumen oder sonst etwas, was dir am besten gefällt. Oder ein Porträt von dir."

„Das ist kein Problem", erwiderte sie rasch. „Auf dem Tauschweg kann man alles bekommen, Schinken, Eier, Würste, selbst so große Dinge wie Autos. Schau mal!"

Ina entnahm dem Küchenschrank einen großen Wurstring und legte ihn auf den Tisch, an dem wir gerade Tee getrunken hatten.

„Der kostet nur zwei Rollen Garn. Ohne jeglichen Schwarzhandel. – Du brauchst Ölfarben, nicht wahr?"

Ich schrieb auf, was ich brauchte, und die Geschäftsfrau steckte den Zettel mit allergrößtem Selbstbewusstsein in die Handtasche.

Aus dem Vorhaben wurde jedoch nichts. Dabei hatte Ina nicht nur Waren aus ihrem Geschäft, sondern bereits eingetauschte Lebensmittel eingesetzt. Allein an Vorschüssen war mehr ausgegeben worden als die Farben wert gewesen wären. Aber selbst in Hannover war nichts aufzutreiben.

Durch und von Ina hatten wir schon so viel bekommen, dass ich mich unverzüglich revanchieren musste. Ich ließ sie, genau wie damals Trude, sich etwas aussuchen. Sie traf eine gute Wahl und entschied sich für eine Capri-Studie, mit Positano in der Ferne.

„Walter wird sich freuen", sagte sie leise, als sie das kleine Gemälde betrachtete.

Diese angeblich unsympathische Person war doch so sympathisch. Bloß erschloss sich diese Eigenschaft nicht jedem.

Mit diesem Geschenk begann unser Wettstreit, was Freundschaft und Liebenswürdigkeiten angeht. Zuerst war ich Inas Schuldner gewesen. Nun fühlte sie sich in meiner Schuld. Und so sind wir nie zu einem Ausgleich gelangt und werden es vermutlich auch weiterhin nicht können. – Jetzt hängt in Walters Arbeitszimmer außer dem italienischen Sommer noch ein großer lettischer Winter, den ich später im Lager gemalt habe, als wohlwollende Leute mir zum siebzigsten Geburtstag Farben geschenkt hatten. Und in diesem Augenblick, wo ich dir das erzähle, habe ich an eigenen Sachen nur die von dir gestrickten Strümpfe und die selbst gekauften Schuhe an. Alles andere stammt von Ina.

4.

Der Sommer war ganz unmerklich gekommen, so wenig unterschied er sich vom Frühling. Inzwischen befand sich die Sonne aber wieder auf dem Rückzug. Der Juli neigte sich bereits dem Ende zu. Viele Male hatten wir unsere fünfzig Mark an Martha gezahlt und jedes Mal dachten wir, – dies werden nun wirklich die letzten sein. Aber wir steckten fest. Was erhielten wir denn hier für unser gutes Geld? Fast nur dieses Zimmer, das sich jetzt dadurch erwärmen ließ, dass wir das Fenster für eine Stunde aufsperrten. Mit der Verpflegung sah es inzwischen ganz traurig aus. Der Zucker aus Lettland war verbraucht. Martha hatte das Frühstück so eingerichtet, dass wir um acht Uhr essen kommen und die Mahlzeit alleine in der Küche einnehmen mussten. Sie selbst half jetzt in der Gärtnerei aus, arbeitete, ging und kam zusammen mit *Oma*. Trude war ebenfalls außer Haus. Mit dem, was für uns unter dem Tüchlein auf dem kleinen Tisch zurückgelassen worden war, mussten wir uns zufriedengeben. Die Brotscheiben waren – welch ein Zufall – stets vom Ende des Laibes, mehr Rinde als Weiches. Du warst beim Zahnarzt gewesen und kamst irgendwie damit zurecht. Ich aber nicht. Der Kaffee war zweiter Aufguss. Nicht einmal Bittergeschmack mehr oder Farbe von Sumpfwasser. Etwas Laues, ein wenig Fades. Es wurde einem übel, sofern man davon einen Schluck herunterbekam.

„So gehen wir noch zugrunde", grämtest du dich. „Ich beobachte, wie dir die Wangen von Tag zu Tag mehr einfallen. Du wirst gelb. Die Kleider hängen an dir herunter wie von einem Bügel."

Ich teilte deinen Befund Lilija mit und lachte dabei herzlich.

„Da gibt's nichts zu lachen! Ina und ich beobachten das schon seit Langem. Deshalb lässt sie euch gelegentlich das eine oder andere zukommen, wenn sie etwas von den Bauern kriegt. Aber auch das ist noch viel zu wenig. Ihr müsst letztlich weg von dort."

„Was sein muss, muss sein. Doch wohin?"

„Warte, ich werde mit Ina sprechen. Alle Bäuerinnen der Umgebung sind doch ihre *Kundinnen*. Sie soll sich mal umhören, ob es nicht irgendwo einen *Kotten* oder ein freies Zimmer gibt."

Daraufhin hatte Ina Erkundigungen eingezogen und auch etwas erfahren. Eine Dame habe berichtet, dass in ihrer Nachbarschaft in der Gemeinde Werfen ein von Handwerkern und Kleingrundbesitzern bewohnter Fleck liege. Wir sollten dort hingehen und in jedem Haus nachfragen, – vielleicht würde sich jemand bereit erklären, uns aufzunehmen. Wir sollten bloß sagen, die Bäuerin Große-Büscher hätte uns geschickt.

Nachdem du dich über Wege, Entfernungen und alles sonst Erforderliche genauer informiert hattest, zogst du los und fandest das besagte kleine Dorf tatsächlich. Doch etwas Konkretes brachtest du nicht mit zurück. Der eine hatte diese Ausrede, der andere jene. Wenn die Männer aus dem Krieg heimkehren, werden sie alle irgendwo unterkommen müssen, hatte es geheißen. Nur auf einem alten Hof, wo es nach Schweinen stank und der Hausherr Zigarren rollte, hatte sich ein freies Zimmerchen gefunden. Winzig wie ein Starenkasten, aber mit einem kleinen Herd, einem rundlichen, altertümlichen Sofa, einem Tisch. Es gebe auch ein Bett, das man hineinstellen könne. Oben. Mit Zugang über einen unebenen Dachboden. Direkt unter den Dachpfannen. Dafür aber recht warm! Für zwanzig Mark monatlich.

„Du solltest selber hingehen und es dir anschauen", ermuntertest du mich.

„Wird schon gut genug sein", erwiderte ich. Und sonst nichts. Wir wohnten bei Martha weiter, aus großer Gleichgültigkeit gegen uns selbst.

Doch was der Mensch aus eigener Kraft nicht vermag, das schafft mit Leichtigkeit eine fremde, strenge Hand; es braucht da nicht mehr als einen Wink von ihr. – An einem Spätnachmittag erschien wieder einmal der Amtsbote mit einem Schreiben, doch diesmal nicht bei Martha, sondern direkt bei uns. Er händigte lediglich den Bescheid aus und verabschiedete sich. Das bedeutete, dass die Würfel bereits gefallen waren. Auf dem Blatt stand in Maschinenschrift und unten mit Stempel versehen, dass wir uns morgen um acht Uhr auf dem Marktplatz einzufinden haben, wo uns ein Lastkraftwagen aufnehmen wird. Mitnehmen solle man nur das, was man auch selbst tragen kann.

Sonst keine Kommentare. Weshalb? Wohin?

Für lange Überlegungen war keine Zeit. Deutschland war bereits in bestimmte Zonen aufgeteilt. Man hatte von Transporten nach Osten gehört. Die Leute waren einfach in Kraftwagen gesetzt, abtransportiert und an die Russen ausgeliefert worden. Nun waren also wir an der Reihe.

Noch vor Sonnenuntergang mussten die letzten Vorkehrungen getroffen werden. Du bist zu Lapiņš geeilt. Frau Lapiņa hatte dich zu ihrem Arbeitgeber begleitet; mit ihm habt ihr verabredet, dass er uns für drei Mark ein Pferd samt Fuhrwerk überlässt. Frau Lapiņa würde fahren. Auf dem Marktplatz sollte man sich um acht einfinden, doch wir würden uns schon um fünf davonmachen.

Auf dem Heimweg warst du noch bei Lilija und hattest ihr von unserem Pech berichtet und dass wir uns entschlossen haben zu fliehen. Sie und Ina hatten versprochen, uns behilflich zu sein. Du warst zurück, noch bevor die Sirene zur Nachtruhe heulte. Dann begannen wir sofort, unsere Sachen so zurechtzulegen, dass wir am Morgen nur noch die Bettwäsche einsammeln mussten. Was wir nun schon allerhand Kram hatten!

5.

Die Sonne war bilderbuchschön aufgegangen und hatte schon ein gutes Stück ihres Weges zurückgelegt, als Frau Lapiņa mit einem stämmigen Oldenburger und einem langen, breiten Wagen rumpelnd unter unserem Fenster vorfuhr.

Lilija saß bereits im Zimmer. Sie war losgegangen, gleich nachdem die Sirene den Tagesanbruch verkündet hatte. Ina konnte nicht erscheinen, hatte aber als Vertretung einen heimgekehrten Soldaten geschickt, der sich in ihrem Haus aufhielt. So hätten wir jemanden dabei, der mit voller Kraft anpacken konnte, sollte etwas Schweres zu heben sein. Hier gab es eine Treppe und dort würde es auch eine geben. Auf uns wartete reichlich Schlepperei. – Wir brauchten eine halbe Stunde, um alles aus unserem Zimmer auf die Ladefläche des Fuhrwerks zu schaffen. – Zu unseren Habseligkeiten war noch ein großer Weidenkorb hinzugekommen, zwar von Mäusen angenagt, doch noch gut genug, um dort weniger benötigte Sachen unterzubringen. Der rundliche Deckel hatte sich eingebogen. – Wie geschaffen zum Sitzen. Den stellten wir ganz vorne für den Kutscher hin. Wir anderen suchten uns dahinter ein Plätzchen.

Sicherheitshalber nahmen wir nicht die Strecke über den Marktplatz. Wer weiß, ob da nicht eine Falle auf uns warten würde. Stattdessen bogen wir in den Weg ein, der am alten Friedhof entlang abwärts führt, und gelangten dann hinter der Kirche auf die Straße, die sich durch ganz Hunnebrock erstreckt. Es glückte uns, ohne Zwischenfälle die Landstraße nach Werfen zu erreichen, auf der wir uns ruhig, im langsamen Pferdetrott weiterbewegten.

Du hast den Weg gewiesen, wobei sich deine Kenntnisse als geradezu bewundernswert herausstellten. Durch das komplizierte Netz der Straßen hast du hindurchgefunden, als seiest du hier jahrelang unterwegs gewesen.

„Dort hinter dem Bach, nach Passieren der kleinen Brücke, müssen wir nach links und dann wieder den Weg rechts nehmen. Links geht es nach Enger weiter. So. Das ist hier der Große-Büscher-Hof. Alle Gebäude aus Ziegeln. Was für ein Kartoffelfeld. Und wie groß die Kohlköpfe schon sind!"

Sonst sprach niemand. Wir fuhren eine Anhöhe hinauf, und dort, etwas weiter unten, am Rande eines kleinen Waldes, standen einige Häuser verstreut.

„Schade, dass das Dorf keinen Namen hat", hast du wieder das Wort ergriffen, „doch das ist es nun."

„Hier werdet ihr ja ganz wie in Lettland leben!", rief Frau Lapiņa aus und gab dem Pferd die Peitsche, das daraufhin begann, sich in schwerem Trab gemächlich bergab zu bewegen.

So fuhren wir am Haus der Niestrats vor, das mit der Schmalseite zur Straße stand, auf jeder Seite ein Anbau. Die ganze Fassade war bis zum Dachfirst mit echten Weinpflanzen bewachsen, in denen man kleine, grüne Reben ausmachen konnte.

„Schön!", sagte ich und kletterte herunter.

Vor dem Haus erschienen der Wirt, die Wirtin, deren Tochter und Enkeltochter. Leute aus den Nachbarhäusern fanden sich ein. Alle waren verwundert, als würden sie Gespenster erblicken. Am meisten überrascht war die Wirtin, als du an sie herantratest, ihr die Hand reichtest und sagtest, dass wir nun da sind.

„Sie haben aber ... Wir hatten doch nichts Endgültiges verabredet."

„Wie denn nicht? Sie sagten zwanzig Mark. Ich war damit einverstanden. Es soll noch ein kleines Bett hineingestellt werden, sagten Sie. Die überflüssigen Sachen ließen sich auf dem Dachboden verstauen. War's nicht so?"

„Ja schon. Doch dann haben wir begonnen, die Angelegenheit unter uns zu besprechen, und sind zu dem Schluss gelangt, das es nicht gehen wird."

Nun trat die Junge vor und sagte mit durchaus verzweifelter Stimme:

„Suchen Sie doch woanders. Stellen Sie sich vor: Die Eltern haben unten nur die gute Stube und das Schlafzimmer. Zwei Räume gehen für den Tabak drauf. Ich und das Mädel leben in einem Verschlag, der ebenso groß ist wie der leer stehende. Wenn Sie den nun belegen, – wo soll denn mein Junge bleiben, wenn er aus dem Krieg zurückkommt? Er dient in der Marine und ist noch am Leben, also wird er bestimmt heimkehren."

Du wandtest dich an die Umstehenden: „Hat denn wirklich niemand von Ihnen eine kleine Ecke übrig, wo wir unterkommen könnten?"

Alle wichen langsam zurück.

„Solch eine Schar völlig unbekannter Leute ...", sagte ein Mann vor sich hin, während er seine Zigarre aus einem Mundwinkel in den anderen wandern ließ; dann begannen sie untereinander zu flüstern.

Es blieb nichts anderes übrig, als zu bitten. – Wir beriefen uns auf die Büscher-Bäuerin, auf Frau Marxmeier, mit der waren wir doch verwandt. Ebenso mit den Grunewalds, die mit der großen Gärtnerei in Bünde. Wir waren doch keine Fremden!

Nun schloss sich uns auch der von Ina geschickte Soldat an, der bezeugte, dass wir rechtschaffene Leute sind, und darauf hinwies, dass Soldaten es gewohnt seien, unter primitivsten Bedingungen zu leben. Wenn es denn sein müsste, würde der Sohn auch auf drei Roggenhalmen nächtigen. Und tagsüber würde er es genießen, in der Sonne zu sitzen oder im Wald spazieren zu gehen anstatt im Zimmer zu verkümmern.

„Wie viele würden Sie denn sein? Damals sagten Sie, – bloß zwei alte Leute."

„Und das sind wir auch", beeilte ich mich zu antworten, da ich ein Nachgeben verspürte. „Die drei anderen begleiten uns lediglich."

Über die Ausweisung, oder wie sollte man es nennen, verloren wir vorläufig kein Wort. Was unsere Aufnahme in Werfen anging, hatte Ina mit dem Bürgermeister gesprochen. Das durftest du ruhig sagen. Und so gelangten wir schließlich so weit, dass sich die Wirtsleute ins Haus zurückzogen, um sich zu beraten.

Es verging eine ganze Weile und wir hatten es allmählich satt, am Wagen zu stehen und von den Werfenern bestaunt zu werden, als der Hausherr alleine heraustrat und feierlich sagte:

„Gut. In Gottes Namen – Sie können kommen. Aber nur bis zur Rückkehr von Paulines Sohn. Dann wird er Ihr Zimmer benötigen."

„Danke auch schon dafür", sagte ich, und wir reichten uns die Hände.

Dann nahmen wir uns alle das Gepäck vor. Stück für Stück wanderte es in einer ununterbrochenen Kette über die bequeme Treppe nach oben. Die Zuschauer zerstreuten sich.

Dann wurde damit begonnen, das Zimmer einer Bewertung zu unterziehen. Die Frauen taten sich überall um und urteilten:

„Der Herd ist gut. Sogar eine Messingstange drum herum, damit der Wirtin der Rock nicht anbrennt."

„Strom. Ein Ventilator. Die Sonne scheint direkt zum Fenster hinein."

„Bei dem Sofa kommen allmählich die Federn durch; doch wenn man da etwas Dickeres drüberlegt, wird's mit dem Schlafen schon klappen."

„Ihr Lieben, wo wollt ihr denn das Bett hinstellen?!"

„Wir werden schon mit alledem zurechtkommen", setzte ich einen Punkt, „Hauptsache, wir haben ein Dach über dem Kopf. Vielen Dank, Frau Lapiņa, für Ihre Mühe. Lilija wird doch noch ein wenig bleiben?"

„Wie sollen wir drei uns hier denn auch nur umdrehen können?", scherzte Lilija zurück und nannte dann den wahren Grund, – wenn sie denn schon eine Fahrgelegenheit hatte, weshalb sollte sie sich da noch die Schuhe abwetzen und mehr als fünf Kilometer mühsam zu Fuß zurücklegen?

So fuhren sie alle drei davon. Wir begleiteten sie noch bis zum Scheitel der Anhöhe. Von hier aus gesehen war Bünde zum Greifen nahe. Nur legte sich ein leicht bläulicher Schleier über die Türme. Wenn das Sonnenlicht direkt drauffiel, leuchteten hier und dort Dächer auf. Weites Grün erstreckte sich vor uns.

„Ade, ade! Und nochmals Danke! Grüße an Ina!"

Dann wandten wir uns um. – Gleich hier, am Rande eines saftigen Haines, befand sich unser Dorf. Hinter dem Wald erhob sich eine Anhöhe mit einer Baumreihe, die in den Himmel ragte. Sie markierte eine weitere Straße, die wir vielleicht irgendwann mal befahren würden. Der Berg war weit entfernt, denn die Bäume wirkten nicht größer als Streichholzköpfe. Wie weit doch die Welt war! So weit, dass einem das Herz in der Brust erstarrte, wurde man sich dessen erst bewusst.

Was sollte hier Lettland ähneln? Und doch blieb uns nichts anderes, als hier zu leben!

6.

Pauline hatte dir erzählt, wie sie ständig die Rückkehr ihres Sohnes erwarte und deshalb gerade erst das Zimmer gründlich gereinigt habe. Meines Erachtens hätte man nach dem Einzug nur den Staub wischen müssen; doch du hast Wasser vom Brunnen hochgeschleppt und vor meinen Augen damit begonnen, mit dem Lappen auf dem Boden herumzukriechen. – Ach, dieses ständige Putzen. Ich hatte Kārlis Skalbe sagen hören, dass ihm beim Anblick einer Frau mit einem Besen in der Hand auch die Allerhübscheste wie eine Hexe vorkomme. Womöglich befand ich mich in dieser Hinsicht unter dem Einfluss von Skalbe, doch auch ich halte mich ungern in einem Raum auf, der gerade gesäubert wird.

Unsere Habseligkeiten standen draußen, unweit der Tür, unter dem kleinen Dachfenster. Einige mussten dort auch bleiben, damit wir drinnen mehr Platz hatten. Die Wirtin überließ dir ein kleines Regal für das Geschirr, Kochtopf und Pfanne. Du hast auch einen alten Schemel bekommen. Auf den konntest du die Waschschüssel stellen und darunter den Eimer für das Schmutzwasser. Auch waschen konnten wir uns also mit einem Dach über dem Kopf. Mir war das freilich gleich, denn waschen konnte ich mich an einem warmen Ort genauso gut wie auf Eis.

Nun ließ ich dich auch diesmal allein zurück und ging los, um die nähere Umgebung zu erkunden. Natürlich begab ich mich zuerst zum Wald und schaute mir unterwegs die Häuser beiderseits der Straße an. Oh, wir hatten hier sogar eine eigene kleine Kneipe und eine Schreinerei. Drüben war hinter einer Fensterscheibe ein Ausschnitt aus einem Modeblatt aufgeklebt, – eine Dame in einem rosafarbenen Sommerkleidchen. Also eine Schneiderin! Bestimmt wird es hier auch noch andere Handwerker geben. Dafür aber keinen Laden. Aber das hatte man dir schon gesagt – Lebensmittel mussten aus einem Geschäft besorgt werden, das sich einen guten Kilometer entfernt in Richtung Bünde an einer Kreuzung befand. Dort konnte man alles bekommen, was es auf Lebensmittelkarten gab. Sogar einiges darüber hinaus, zum Beispiel Senf.

An jedem Haus grünten ein paar Obstbäume. Es leuchteten große, gelbe Äpfel hervor. Die Wipfel der Birnbäume bogen sich unter der Last der bräunlichgrauen Früchte. Auch Pflaumen gab es im Überfluss. Überall wurden Hühner gehalten, und wo Hühner sind, da gibt's auch Eier.

Der Wald war herrlich. Riesige Eichen und Weißbuchen, vereinzelte Birken. Darunter wuchsen Faulbäume, Zwergholunder, Erlen, kleine Birken, Haselbüsche. Die Haselbüsche voller Nüsse! Ich pflückte mir einige Dolden. Das waren wilde Haselbüsche, – die Kerne waren erst hanfsamengroß. Aber die Blaubeeren waren reif und so reichlich vorhanden, dass man sicher davon einige Flaschen einmachen konnte. Und Täublinge! Das war schon wirklich wie in Lettland.

Aber was für mich als Angler das Allerwichtigste war, – hier in der Schonung, wo Espen die Oberhand erlangt hatten, stieß ich auf Junikäfer. Zwar nicht so riesige wie in den Weidenbüschen an der Gauja, aber immerhin von der Größe einer ansehnlichen Kaffeebohne, – glänzend schwarz und lehmfarben. Ich durfte mithin auf Döbel hoffen. Anhand der örtlichen Karte stellte ich fest, dass es von hier aus bis Ahle[68] lediglich zwei Kilometer waren, und die Ortschaft befand sich jenseits der Else. Also war der Fluss leicht zu erreichen. Wer weiß, vielleicht würde hier sogar noch der Bünder Angelschein gelten …

Da hörte ich, wie weiter im Wald mit dem Beil gearbeitet wurde. In die Richtung ging ich dann auch weiter, um von den Forstarbeitern zu erfahren, ob man in diesem Wald so einfach ohne Genehmigung spazieren gehen kann. Hatte man doch gehört, wahrscheinlich sogar in Zeitungen gelesen, dass man in Deutschland keinen Strauch, nicht mal eine Blume am Wegesrand anrühren darf. Überall stehe *Privat* geschrieben, und dies sei so gut wie gleichbedeutend mit verboten.

Es waren aber keine Holzfäller. Ich traf eine junge Frau an, die mit einem stumpfen Beilchen auf eine schlanke, armdicke Weißbuche einhackte. Ganz in ihrer Nähe stand ein Wägelchen, in dem ein Kind lag. Ich grüßte.

Die Frau strich sich die Haare aus der Stirn und lächelte.

Ich wusste nicht, was ich sagen sollte, und fragte: „Gehört dieser Forst dem Staat oder Bauern?"

„Wer fragt denn heutzutage danach, wem was gehört, mein Herr? Dies ist weder ein Staats- noch ein Bauernforst. Das hier und das gesamte Hücker Moor gehören einer Gutsbesitzerin, die weiß Gott wo lebt. Wir hatten schon damit begonnen, hier zu wirtschaften, als sei es unser Besitz. Aber jetzt hat sie einen Bevollmächtigten hergeschickt. Vermutlich einen Offizier. Im Krieg verwundet und in Lazaretten wieder zusammengeflickt. Er schnauft, kann aber gehen. Der fängt jetzt an, uns herumzuscheuchen.[69] Aber mein Mann ist weder zusammengeflickt, noch wird er jemals zurückkommen, – er ist gefallen!"

Die letzten Worte schrie die Frau nur so heraus, um ihr weiches Herz zu verbergen. Dann begann sie wieder energisch loszuhacken, hielt aber plötzlich inne.

„Schauen Sie sich diese Baumstümpfe und Späne hier an. Es kommen durchaus wohlhabende Leute hierher, mit Sägen und richtigen Holzfälleräxten, wo der Stiel einen Meter lang ist. Worauf soll ich dann noch warten? Ich wohne in der Stadt und kann mir selten frei nehmen. Ich wickle Zigarren, mit denen man aber im Winter das Zimmer nicht beheizen kann. Und der Kleine hat Wärme ebenso nötig wie Nahrung. Ich verstehe weder etwas vom Hacken noch vom Sägen oder Stehlen; nun aber muss ich dies tun, um zu überleben. Ab und zu, wenn ich das Sitzen nicht mehr aushalten kann, fahre ich hierher und zerhacke Äste zu Kleinholz. Das verstecke ich dann unter den Kindersachen, ziehe es nach Hause und

---

68 Wie Werfen heute ein Ortsteil von Bünde.

69 In seiner autobiographischen Erzählung „Ezis" [„Der Igel"] gibt Jānis Jaunsudrabiņš den Namen der Gutsbesitzerin mit Ziegemeier an. Ihren Verwalter beschreibt er wie folgt: „Ach, er hatte es nicht leicht, dieser junge Mensch, … ein Kriegsversehrter, ehemaliger Leutnant, ziemlich malträtiert und verstümmelt, glücklicherweise mit halbwegs gesunden Beinen und Kopf, obgleich ihm ein Auge fehlte", zitiert nach *Kopoti raksti* [*Werkausgabe*], Band XII, Riga 1984, S. 212.

staple es dort im Flur zum Trocknen. Nun habe ich einen größeren Baum in Angriff genommen. Aber der lässt sich nicht so leicht bewältigen."

„Geben Sie mir mal Ihren Hammer her!"

Ich nahm das Beil, hob mir einen glatten Stein vom Boden auf, schärfte damit die schartige Schneide und brachte den Baum nieder. Das weitere Zerhacken fiel leicht: Solange nämlich eine Weißbuche noch grün ist, ist sie weich wie eine Erle. – Ich zeigte ihr, dass man nie direkt quer, sondern etwas schräg schlagen muss, dann wird es schneller und leichter gelingen. Und siehe da, nun ging es auch ihr ziemlich leicht von der Hand. Ich habe mich mit dem Gedanken verabschiedet, heute nicht nur Häschern entkommen zu sein, sondern auch einem Mitmenschen geholfen zu haben.

Aber das war noch nicht alles. Auf dem Heimweg fand ich im Wald eine Stelle, wo allerhand Gerümpel abgeladen wurde. Dort wühlte ich ein wenig herum und zog einige völlig heile Flaschen hervor. Die legte ich beiseite. Für die Blaubeeren. Ein kleines, flaches Fläschchen steckte ich aber sofort in die Tasche, für die Käfer.

7.

Zu Hause angekommen, fand ich dich genauso froh vor, wie ich es selber war. Der Boden war schon getrocknet. Du erzähltest, die Wirtin habe dir einige Scheite trockenes Holz gegeben. Selbst mitgebracht hattest du unsere übrig gebliebenen Briketts. Sauber angezogen standest du nun am Herd und kochtest etwas zu Mittag. Nach langer, langer Zeit konnten wir nun wie freie Menschen essen, wann es uns gefiel und wann wir wollten. Gewiss, nur im Rahmen unserer Lebensmittelkarten. Aber auf diesen stand vieles, was wir bei Martha überhaupt nicht zu Gesicht bekommen hatten, zum Beispiel Zucker. Zudem in einer Menge, dass man erst gar nicht auf den Gedanken kam, bei Kaffee oder Tee darauf zu verzichten. Und als wir am Monatsende alle Ausgaben zusammenzählten, standen unter dem Strich nicht einmal einhundert Mark. Nun konnten wir von unserem Kapital schon sechs statt drei Jahre lang zehren. Und wenn es einem von uns gelingen sollte, bald zu sterben, dann konnte der andere noch länger auskommen.

„Nun schau mal her", zeigtest du mir, „wie ich und Pauline mit Hilfe der kleinen Ingrid alles eingerichtet haben. Das kleine Bett steht unter dem Fenster. Es ist zwar so kurz, dass ich mich darin nicht ausstrecken kann, doch für ein längeres reicht dort auch der Platz nicht. Und du wirst es auf dem Sofa ja auch nicht besser haben. Du wirst dich zusammenrollen müssen, denn das ist keine Couch zum Schlafen, sondern nur zum Sitzen, rund geschwungen wie ein Tellerrand. Die Wirtin sagt, sie habe sie so schon vor sechzig Jahren gesehen. Schade, dass ich mich mit den Stilepochen von Möbeln nicht auskenne, sonst wüsste ich zu sagen, wie viel Jahre sie auf dem Buckel hat. Bestimmt ist sie aber älter als wir beide zusammen. Dann haben wir zwei Stühle. Das Stück hier ist halb Kommode, halb Schrank. Ich habe bereits die Wäsche und das Geschirr dort eingeräumt. Nun werden wir auch unsere herrlichen Löffel, Messer und Gabeln benutzen können. Martha wollte unbedingt, dass ich mein Tafelbesteck hergebe, doch das habe ich abgelehnt. Sie hatte während unserer Abwesenheit die Koffer durchschnüffelt und war über unsere gesamte Habe bestens im Bilde. Wir können noch froh sein, dass sie nichts stibitzt hat. – Doch sollte sie uns besuchen kommen, wie sie versprochen hat, werde ich sie besser bewirten als sie uns. – Und weißt du, was die Vermieterin getan hat? Martha hat uns doch damals den Läufer von der Treppe entfernt. Aber hast du vorhin gesehen – dort unten, am Ende der Treppe, ist ein hübscher, kleiner Teppich ausgebreitet. Doch heute Morgen lag er dort noch nicht. Und stell' dir nur vor, der Milchmann hat mir zwei Liter Magermilch gegeben. Er pflegt auf der anderen Seite hinauszufahren und auf unserer zurückzukehren. Deshalb kommt er ganz zum Schluss an unserem Haus vorbei. Und sollte er so wie heute Milch übrig haben, könnten wir künftig sogar drei oder vier Liter bekommen. Und so koche ich nun Milchbrei. Gerstengrütze habe ich noch aus Lettland dabei. Und wenn er tatsächlich etwas übrig haben wird, dann kommen wir zu Sauermilch, und ich werde sogar Frischkäse zubereiten können. Wir werden schon wieder zu Kräften gelangen."

Es war der Wirt unserer Kneipe, der die Milch ausfuhr. Möglicherweise war er ein guter Mensch, aber vielleicht tat er es auch aus Berechnung. Womöglich hoffte er, dass ich ein guter *Kunde* bei ihm sein werde. Aber ich bin ja kein Biertrinker, und so bin ich nie in seine Kneipe gegangen.

8.

All unser Denken kreiste nun einzig darum, wie wir uns einrichten sollten. Früher hatte ich oft genug verächtlich auf Menschen herabgeblickt, deren Interessen über ihren Bauch nicht hinausgingen. Nun ertappte ich mich bei genau der gleichen Sünde. Auf Kunst, das gedruckte Wort, ja sogar auf Kollegen und Freunde reagierte ich völlig apathisch. Ach, wir werden schon ohne sie auskommen! Manchmal packte mich Angst vor mir selbst, doch mehr noch vor anderen. Der Gedanke wollte nicht von mir lassen, dass der Mensch keineswegs ein geselliges Wesen ist. Er ist nicht für eine Herde oder einen Schwarm geschaffen wie Schaf, Krähe oder Spatz. Schon eher gleicht er dem Bären, der den Winter in einer Höhle oder eingeschneit unter einem Reisighaufen verschläft, im Sommer jedoch durch Wälder voller Stauden zieht und sich dabei Preiselbeeren abstreift – oder sich auch in ein Haferfeld verkriecht. Und sollte ein Rind in Reichweite sein, es mit einem Prankenhieb erschlägt; und bei Hunger auch Menschen anfällt. – Ich musste mich direkt dazu zwingen, mich in Gedanken in jenen Zustand zurückzuversetzen, der einst mein Leben ausgemacht hatte, und zu der Hoffnung zu finden, wieder ein vollwertiger Teil der Gesellschaft zu werden. Leider konnte dies erst nach der Rückkehr in die Heimat geschehen. Das derzeitige Leben war und blieb nur ein Provisorium.

Und trotzdem. Um die Wärme in einem zu erhalten, was seinerseits auch verhindert, dass das Blut eindickt und damit ein Herzstillstand eintritt, musste man in Bewegung bleiben.

Ich erinnere mich, mit welcher Genugtuung du einmal ein in ein Taschentuch eingeschlagenes Ei mitbrachtest. Am anderen Ende des Waldes, wo ich für gewöhnlich trockene Äste für unseren Herd sammelte, hattest du einen kleinen Hof betreten und es für zwanzig Pfennig erstanden. Als Zugabe hattest du alles erzählen müssen – wo du untergekommen bist, wer dein Mann ist, woher wir kommen. Und du musstest versprechen, niemandem zu erzählen, wo du das Ei herhast. Während wir zum Abendessen leckere dünne Pfannkuchen verzehrten, kamen wir wieder auf dieses Ei zu sprechen, und du sagtest:

„Letztlich hört ein Armer den anderen wenigstens an. Auf den großen Bauernhöfen aber würdigt dich niemand auch nur eines Blickes. Hast du der Bäuerin unterwürfig dein Begehr vorgetragen und wartest du auf eine Antwort, ruft sie die Magd, – komm her, Therese, lass uns den Korb in die Küche tragen! – Sie trägt einen leeren Korb ins Haus und kommt nicht mehr heraus. Nur von der Büscher-Bäuerin kann man mal einen Kohlkopf, eine Steckrübe oder Möhre bekommen. Einmal führte sie mich sogar hinein ins Haus. Sie zeigte mir nicht nur die Küche, sondern auch das Arbeitszimmer des Bauern mit einem richtigen Schreibtisch und allem anderen, was in einen solchen Raum hineingehört. Vielleicht wollte sie mir Ehrfurcht einzuflößen. Ein Bücherregal, wie es in den Häusern unserer Bauern üblich ist, gab es dort allerdings nicht. – Doch die Freundlichkeit dieser Bäuerin kommt nicht aus dem Herzen. Sie erwidert damit nur die Freundlichkeit unserer Ina. Womöglich ist es sogar eine erkaufte Freundlichkeit."

Als wir einsehen mussten, dass von den Bauern keine Nahrungsmittel zu haben waren und die Rationen der Lebensmittelkarten allein wohl kaum zur Wiederherstellung der Kräfte reichten, begannen wir unsere ganze Aufmerksamkeit den Gaben der Natur zuzuwenden. Du hast Pilze gesammelt. Manchmal brachtest du schöne Steinpilze nach Hause. Die brauchten fast keine Beilagen. Der Kopf kam in einem Stück mit der Unterseite nach oben in die Pfanne. Wie bei einem Kümmelkuchen hast du dann ein Klümpchen Butter genau in die Mitte hineingedrückt, Salz darübergestreut und das Ganze durchgebraten. Was für ein Leckerbissen.

Ich habe wiederum meine Käfer eingesetzt und tatsächlich schnappten die Döbel unter der Brücke in Ahle genauso gierig nach ihnen wie in der Gauja. Ich habe schon beim ersten Mal so viele davon nach Hause gebracht, dass du die Hälfte unserer Wirtin geben konntest, wofür sie sich bei dir umgehend mit einigen Zwiebeln und einem Korb Kartoffeln revanchierte. Sie hatten nämlich einen großen Gemüsegarten.

Bei deinen Streifzügen durch die Wälder hattest du Blaubeeren gelesen und eingekocht, da man diesen keinen Zucker hinzuzufügen brauchte. Im Hücker Moor hattest du zwei große Felder mit Brombeeren entdeckt, die uns gelegentlich unseren Nachtisch hergaben. Erinnerst du dich, wie du nach einem Sturm von der Vermieterin alle herabgewehten Pflaumen für eine Mark erstandest? Auf dem Boden schienen es gar nicht so viele zu sein, doch füllten sie nach dem Auflesen einen großen Eimer. Unsere Wirte – sie waren nicht habgierig.

Bei der Rückkehr vom Angeln führte mich der Weg eine apfelbaumbestandene Landstraße entlang, wo ich herabgefallene Äpfel fand. Roh essen konnte man sie noch nicht, doch gebraten, mit etwas Zucker überstreut und Milch übergossen, taugten auch sie zum Nachtisch.

Unsere Gedanken kreisten nur noch um Nahrung. Wir trachteten danach, alles zu verzehren, was wir an Essbarem bekommen konnten. Vieles von dem, was die Vermieterin oder Pauline hochbrachte, war für unseren Geschmack fremdartig und erschien uns alles andere als schmackhaft – wir aßen und lobten es trotzdem. Dennoch verspürte ich weiterhin im ganzen Leib Hunger, ein früher nie empfundenes Gefühl. Es war so, als ob in der Magengrube ein Parasit, ein Wurm ständig alles Nahrhafte wegsaugen würde. Richtig warm wurde es mir erst in der Mittagssonne. Sobald sich aber der Himmel bewölkte, froren die Hände und erstarrten die Finger. Gelegentlich fielen die Ohren zu, als ob sie voller Wasser wären. Im Rachen brannte es ständig. Obwohl die Lungen mit sauberer Luft durchspült wurden, schnarchte es in der Brust.

„Du solltest dich mal wiegen", sagtest du eines Abends, als ich auf meinem Sofa saß und mir ein Hemd überzog. „Bei dir kann man alle Rippen zählen."

„Das kommt daher, liebe Nate, dass das Licht von oben fällt. Hast du das bei Gemälden nicht bemerkt? Die Rippen müssen immer ein bisschen sichtbar sein, sonst schaut der Torso aus, als sei er aus Gummi. Selbst beim Heiland kann man die Rippen sehen. Das Gewicht ist nicht entscheidend. Entscheidend ist vielmehr das Befinden. Doch dies ist bei mir noch nicht so hervorragend. Wahrscheinlich verhält es sich damit wie mit einer Erkrankung. So richtig krank fühlt sich der Mensch nämlich gerade dann, wenn er sich eigentlich schon zu erholen beginnt. Aber wir werden uns schon aufrappeln, hauptsache wir sind gesund."

Diese Worte sollten jedoch nichts anderes, als dich und mich beschwichtigen. Es kam tatsächlich auf das Befinden an, und wenn das nicht stimmte, geriet die ganze Fuhre in Schieflage.

Wahrscheinlich ging ich wie in Trance. Ich schlief schlecht. Noch lange bevor die Sirene den Tagesanbruch verkündete, war ich schon draußen und ein ganzes Stück weit entfernt. Wir hatten einen eigenen Schlüssel für die Haustür. So konnte ich leise hinaustreten und die Tür wieder hinter mir abschließen. Ich ging immer weiter, auf anderen Wegen, auf fremden Pfaden. Mein Ziel war stets der Fluss, und wenn ich dort nach neuen Stellen suchte, dann einzig der Abwechslung wegen. Manchmal war ich bei Sonnenaufgang schon vor Bünde, wo es oberhalb der Brücke schöne Weiden und Barsche gab. Ein anderes Mal ging ich flussaufwärts, von wo aus der Wegweiser nur noch neunzehn Kilometer bis Bielefeld anzeigte. Dort verließ ich die Landstraße und ging über Äcker und Wiesen.

Wärst du nicht zu ehrlicher Arbeit erzogen worden – dachte ich oft, während ich so an Feldern mit reicher Ernte entlangschritt – und hätte deine Mutter dir nicht beigebracht, vom Besitz eines anderen nicht einmal so viel wie das Schwarze unter dem Fingernagel anzurühren, könntest du dich jetzt bei einer Weizenhocke hinsetzen und dir den Rucksack mit Ähren füllen. – Und kam ich an einem Zuckerrübenfeld vorbei, dachte ich, – davon könnte Nate Sirup für ein ganzes Jahr kochen. Enten gingen auf dem Fluss nieder und ich überlegte lange, wie und wo ich ihnen Schlingen oder Haken mit Fröschen auslegen könnte. Das wäre doch etwas anderes gewesen als wässriges Fischfleisch. Als ich mal auf einem dämmrigen Waldweg unterwegs war, stieß ich auf einen Igel. Er kam mir grunzend entgegen, aber als er meine Schritte hörte, fuhr er zusammen und rührte sich nicht von der Stelle. Ich stieß ihn mit dem Ende der Rute an und, zu einem Knäuel gerollt, kippte er auf die Seite. Den ganzen Weg bis zum Fluss dachte ich nur an den Igel. Und zwar nicht an das Wunder, dass die Natur ihm statt langer Beine einen ganzen Wald knöcherner Stacheln beschert hatte, damit er bei drohender Gefahr sein Leben retten kann; vielmehr überlegte ich, weshalb ich dieses „Wildschweinchen" eigentlich nicht abgestochen hatte.[70] Das wäre ein fetter Braten geworden, wie wir lange keinen zwischen den Zähnen hatten. Vielleicht würde sich davon eine leichte Fettschicht über meine Rippen legen …"

An dieser Stelle unterbrichst du meinen Redefluss und rufst:

„Nun verfängst du dich aber in Widersprüche! Aus deiner Feder gibt es doch eine ganze Geschichte über einen Igel, die ist in Zeitungen und sogar in einem Buch abgedruckt.[71] Selbst in Sowjetlettland weiß man, dass du in Deutschland angeblich Igel und Schnecken isst. Nun streitest du das ab. Was soll denn der Leser von dir denken? Dem damals Geschriebenen glauben oder dem, was du mir jetzt erzählst?"

---

70 Auch in seiner autobiographischen Erzählung „Ezis" [„Der Igel"] beschreibt Jānis Jaunsudrabiņš die Begegnung mit einem Igel, wobei er noch stärker als in *Ich erzähle meiner Frau* die Ähnlichkeit von Schwein und Igel herausarbeitet. Zudem endet das Treffen fatal für das Waldtier – der Autor erschlägt es mit seiner Angelrute und bringt die Beute nach Hause, wo Nate sie dann auch zubereitet: „Obgleich nur im eigenen Fett gebraten, schmeckte der Igel köstlich", *op. cit.*, S. 217.

71 Die Erzählung „Ezis" [„Der Igel"] erschien u. a. in Buch *Bez dzimtenes* [*Heimatlos*] von Jānis Jaunsudrabiņš, das den Untertitel *Autobiographie, Gedichte, Erzählungen und Skizzen* trug und in der ersten Auflage zu seinem 50-jährigen Schriftstellerjubiläum im Dezember 1946 in Greven erschien; eine weitere Auflage folgte 1947 in Halle (Westfalen).

„Soll doch jeder meinen, was er will", erwidere ich. „Ich glaube, ich habe damals literarisch gedacht, genau wie jetzt auch. Ich denke nicht im Entferntesten daran, mich vor Alīda Cīrule[72] und ihresgleichen zu rechtfertigen, die keine Ahnung haben von der Kunst und noch weniger vom Leben."

---

72 Alīda Cīrule (geboren 1907), lettische Sprachwissenschaftlerin und Journalistin. Studium der Baltistik an der Universität Lettlands. Vor dem II. Weltkrieg Lehrerin in Dobele [Doblen], Rēzekne [Rositten] und Jelgava [Mitau], ab 1945 am Lettischen Gymnasium Esslingen. 1949 Auswanderung in die USA.
Der Ton, in dem Jānis Jaunsudrabiņš hier und an einer weiteren Stelle in Kapitel 9 („Über die ersten Eindrücke im Lager") A. Cīrule erwähnt, lässt erkennen, dass er allgemein nicht gut auf sie zu sprechen ist. Über die Gründe gibt *Ich erzähle meiner Frau* jedoch keine Auskunft.

Abschied aus Werfen

1.

Gleich am ersten Sonntag suchte uns das Ehepaar Nollendorfs mit Salz und Brot in der neuen Wohnung auf. Diesmal ohne Kinder. Vielleicht wäre noch so manch anderer erschienen, doch war unsere Flucht aus Bünde noch nicht bekannt. Und es gab ja auch nicht viele, die einen fahrbaren Untersatz von zu Hause mitgenommen hatten. Ein Fahrrad war damals ein Schatz, den man sich am helllichten Tag auf der Landstraße gegenseitig wegnahm. Zu guter Letzt waren auch die Entfernungen beträchtlich und auf dem Weg nach Bünde kam man nicht durch unser Dorf.

Nollendorfs fanden, das Zimmerchen sei hübsch für zwei ruhige Leute. Deutlich anders würde es aussehen, wenn wir Kinder hätten, die ständig rein- und rausrennen. So könnten wir aber jeder an einer Seite des Tisches sitzen und dabei mit den Händen alle vier Wände erreichen. Ansonsten wäre eine Tischlampe doch schon angebracht. Das vorhandene Glühbirnchen, zudem noch ganz oben an der Decke, brächte fürs Lesen überhaupt nichts.

Nollendorfs öffnete das Fenster, schloss es und öffnete es wieder.

„Im Winter werdet ihr wohl ein wenig bibbern müssen. Der Anbau hat allzu viele Jahre auf dem Buckel. Mauer bleibt zwar Mauer, da wird der Wind niemals hindurchblasen und durch das Glas ebenso wenig. Doch würden die Holzteile leicht wie Schwamm zerbröseln, stieße man mit dem Fingernagel ein wenig kräftiger daran. Was für merkwürdige Knebelhölzer und Splinte!"

Er schloss das Fenster wieder und zeigte, wo durch die Risse Licht hereinschien. Vermutlich wird dann auch Regen hereinschlagen. Nur gut, dass alles so zugewachsen ist.

„Aber", lenkte er das Gespräch in eine andere Richtung, „möglicherweise sind wir im Winter bereits in einem Lager. – Die Großen befürchten, ein paar Millionen Flüchtlinge könnten vor Hunger einen Aufruhr anzetteln, der sich beim besten Willen nicht zusammenschießen ließe. Weder waren wir es, die den Krieg vom Zaun gebrochen haben, noch hatten wir ihn nötig. Hitlers Volk fehlte der Raum. Stalin brauchte die Ostsee und mehr Sklaven. Engländer und Amerikaner versuchen hingegen, Geschäfte zu machen, und sei es unter dem Aushängeschild der Wohltätigkeit. Sie richten Camps ein, die sich nicht allzusehr von Kriegsgefangenen- oder Sträflingslagern unterscheiden sollen. Es heißt, sie würden Verpflegung und Kleidung und überhaupt alles ganz umsonst abgeben. Noch ist nicht bekannt, ob es auch Arbeit geben wird und was für welche. Ich werde diesen Orten einen Besuch abstatten und mich ein wenig umschauen. Wenn dem wirklich so wäre, warum sollten gerade wir draußenbleiben? Vielleicht sind wir letzten Endes die Einzigen, die etwas von diesem Krieg haben."

Wir tranken den Sonntagskaffee, dazu gab es die von Frau Nollendorfs selbst gebackenen und als Willkommensgruß mitgebrachten Kümmelbrötchen, und anschließend fuhren sie wieder los. Wir blieben zurück, betrübt von dem, was sie uns erzählt hatten. Kaum dass wir uns eingelebt hatten, sollte das Herumirren wieder beginnen.

Am nächsten Sonntag erschien Martha, aber nicht mit Trude, wie man hätte hoffen können, sondern mit *Oma*. Sie brachten abgefallene Birnen mit. Birnen und ein ganzes Klagelied über ihr Schicksal. – Die Engländer hatten ihr Haus in Beschlag genommen. Aber nicht nur ihres, sondern sämtliche Häuser in dem Viertel. Jetzt war dieses so eingezäunt, dass kein Fremder dort hineingelangen konnte. Kein Verkehr mehr auf der Straße vor ihrem Haus. Es war ihnen zwar gelungen, die neuen Möbel rechtzeitig gegen alte auszutauschen. Und sie hatten die wertvollsten Konservendosen und Marmeladengläser aus dem Keller geschafft. Dafür seien alle schweren Sachen zurückgeblieben. Und etwas noch heimlich zu entfernen – daran sei jetzt nicht mehr zu denken.

„Kannst du begreifen, *Jan*, was wir verloren haben?!", jammerte Martha und wischte sich die Augen. „Hundertfünfzig Zentner Kohlen. Trudes Klavier. Ihren Bücherschrank. In was für einem Zustand werden wir diese Sachen zurückbekommen, und werden wir sie überhaupt zurückbekommen? – Wovon soll ich, eine Witwe, jetzt leben? Nun muss ich zur Miete bei meinem Bruder wohnen, mit dem ich mich nicht verstehe. Unsere Verhältnisse sind so beengt, dass wir nicht einmal ein eigenes Schlafzimmer haben."

Die Geschichten unserer Besucherinnen bewegten uns nicht sonderlich, doch hatten wir sie lange genug zu hören bekommen, als sich Martha schließlich erkundigte, wie es uns denn ginge. Doch wohl besser als ihnen. Ich sei nicht weiter vom Fleisch gefallen. Nates Wangen, so scheine es, hätten sich sogar etwas gerundet.

Dann fragtest du sie, wie ihnen unser Zimmer gefällt, worauf Martha ein bisschen aufschniefte und kurz angebunden sagte: „Da kann man nicht klagen?!"

Bis zur Bewirtung kam es nicht. Als sie sahen, dass du den Herd einheizen wolltest, erhoben sich die beiden Verwandten. Wir hielten sie auch nicht auf. Wir begleiteten sie die Anhöhe hinauf, von wo aus man die Stadt sehen konnte. Beim Abschied sagte *Oma*:

„Auch ich wollte sehen, wie ihr euch eingerichtet habt. Nichts für ungut. Kommt ihr mit den Vermietern zurecht?"

„Bessere Leute kann man sich nicht wünschen", bezeugten wir beide.

„Man sieht es. Einfaches Volk. Na, dann auf Wiedersehen!"

Völlig unerwartet, am späten Nachmittag eines Werktages, schaute Mildiņa mit einem Körbchen Pfirsiche vorbei. Ihre Herrschaften hatten erlaubt, das Obst zu pflücken und ihren Landsleuten zu bringen.

147

„Das ist sehr freundlich von ihnen. Und danke dir, Mädel, für das gute Herz und die fleißigen Beine. Ade!"

Ina sollte unser Kämmerlein überhaupt nicht zu sehen bekommen, obgleich sie jedes Mal, wenn wir uns begegneten, vorbeizuschauen versprach. Die Herbstsaison rückte näher und im Geschäft gab es viel zu tun. Aber eines Tages brachte der Briefträger eine Postkarte von ihr mit der Nachricht, sie habe für deinen neuen Haushalt einen guten Kessel bekommen, zum Kochen der Wäsche. Daraufhin suchtest du sie auf und brachtest ihn her. Genauso einen brauchtest du wie täglich' Brot.

Nun hatten wir bereits August und auch der neigte sich dem Ende zu. Genau an meinem Geburtstag[73] sahen wir Lilija und ihre Schwiegermutter den Weg entlangkommen. Aber was schleppte sie da bloß? Weiß und rund war es. Vielleicht wieder einen Kessel? – Wir gingen nach unten und ihnen entgegen. Anna wälzte mir einen riesigen Kohlkopf in die Arme und wünschte mir dabei viel Glück zum Geburtstag.

„Der ist vom Feld der Große-Büscher!", rief ich aus.

Wen kümmert's – aber gar nicht weit von hier habe ein Mann am Wegesrand gesessen, und als die Frauen sich über den prächtigen Kohl gefreut hätten, habe er ein Messer aus der Tasche gezogen, einen Kopf abgeschnitten, gesäubert und ihnen gegeben. Ohne ein Wort zu verlieren, sei er dann eilig den Weg zum Hof entlanggeschritten. Das wird wohl der Bauer gewesen sein.

„Hatte er denn einen weißen Schnurrbart?", fragtest du nach.

„I wo! Der war vielleicht keine dreißig Jahre alt."

„Nun, dann wird das genauso ein Passant gewesen sein wie ihr. Das macht aber nichts. Gleich morgen werde ich den Kohl klein schneiden und auf lettische Art einsäuern."

Nachdem sie die Stube betreten hatte, wünschte Anna ein gutes Wohnen hier und verkündete, sie habe bei Ina zwei Daunendecken hinterlegt, denn dieses Mitbringsel sei zu groß gewesen, um es zu Fuß bei so heißem Wetter hierher zu tragen. Bei den Daunen handle es sich zwar um einfache Hühnerfedern, doch seien diese bestimmt wärmer als Watte. Darüber freuten wir uns nun überschwänglich.

„Danke, danke! Wir werden sie schon herbringen. – Dann lebt Lilija nun bei euch?"

„Ja, wir haben eine halbzerbombte Wohnung gefunden, fast in der Stadtmitte."

„Fast!", erklärte Lilija. „Nur eine halbe Stunde Fußweg bis zum Johannisplatz. Oerlinghauser Straße sechs. Notier' es dir, Vater, in deinem Adressbüchlein. – Momentan kann man nur die Küche und zwei Zimmer nutzen. Doch insgesamt werden es fünf sein. Würdet ihr mein Kämmerlein sehen, so würdet ihr das eure als groß bezeichnen. Aber es ist gemütlich und warm in einem so kleinen Raum.

---

73 Jānis Jaunsudrabiņš ist am 25. August 1877 geboren.

Mir scheint, ihr werdet hier auch nicht frieren. Oh! – Euch klettern die Weintrauben schon zum Fenster rein. Kann man die denn schon essen?"

„Wir haben sie noch nicht probiert. Die Vermieterin wird uns schon ein paar Reben zukommen lassen, wenn sie reif sind. Und was die Kälte angeht, werden wir gewiss nicht so stark frieren wie bei Martha."

„An diese Martha werdet ihr euch wohl ein Leben lang erinnern", schloss Anna das Thema.

„Aber wisst ihr", riefst du plötzlich aus. „Mit Martha ist es genauso wie mit Brimerberǵis. Wenn ich mir das so recht überlege – wohin hätten wir gehen sollen, wenn sie uns nicht bei sich aufgenommen hätte? Sie ist habgierig, aber so ist ihre Natur nun mal, und wir können diese nicht in Verschwendungssucht umwandeln, nicht einmal in Freigebigkeit. In meinem Herzen habe ich ihr bereits alles verziehen."

Von den Letten aus der Herforder Gruppe wohnte Frau Krūmiņa uns am nächsten. Aber sie hatte nicht einmal sonntags frei. Sie hatte eine Stelle als Magd und auch die beiden Buben standen bei dem Bauern in Lohn und Brot. Da wurde weder über Schwierigkeiten gemurrt noch über das Essen. Alle drei hatten sich sichtlich erholt. Die Jungs radebrechten schon ganz gut Deutsch. Es bekümmerte die Mutter allerdings, dass die Kinder die Schule verpassten, die Buben störte dies aber keineswegs. Der Ältere wollte auf jeden Fall das Schusterhandwerk erlernen und dieser Beruf erforderte nun einmal keine große Schulbildung.

Als unsere Schuhe bis zum Letzten abgetragen waren, brachtest du sie ihm endlich zum Reparieren, und der Junge besserte sie tatsächlich wie ein echter Schuster aus. Zusammen mit dem Werkzeug hatte er auch alle Lederstücke mitgenommen, die sich im Schränkchen seines Vaters befunden hatten, und nun bekam er gutes Geld dafür. Dem tüchtigen Jungen gabst du noch ein paar Mark über das hinaus, was er für seine Arbeit verlangte. Aber dafür waren unsere Schuhe nun so gut wie neu.

2.

Die Einheimischen gewöhnten sich bald an uns. Überhaupt pflegen Menschen sich Fremden gegenüber wie alle Tiere zu verhalten, wenn sich jemand aus einem anderen Bau oder Nest zu ihnen gesellt. Der Neuankömmling wird gejagt und getrieben, gebissen und gerupft, bis man sich schließlich freundschaftlich beschnuppert und Frieden schließt.

Schon nach ein paar Wochen gehörten wir zu den Alteingesessenen. Nur in einer Hinsicht stachen wir noch krass hervor: Mein Name war für fremde Ohren allzu lettisch, um ihn aussprechen zu können. Noch heute, wo wir bereits mehr als sieben Jahre in Deutschland leben, wo „Jaunsudrabinsch" bereits mehrfach schwarz auf weiß gedruckt zu sehen war, wird es keine hundert Leute geben, die den Namen ohne Stottern auszusprechen vermögen. Manche versuchen ihn abzukürzen und sagen bloß „Jauns", andere machen es sich aus unerklärlichen Gründen noch schwerer, indem sie zwischen dem „u" und dem „d" ein überflüssiges „n" einfügen. Ich habe auch erlebt, dass man mich „Jaunsubindranat" genannt hat. Und einfach „Rundumdentisch." Nur kleine Kinder verstehen es, mich beim richtigen Namen zu nennen und zwar genauso, wie man mich in Nereta rief, als ich selbst Kind war. Sie sagen „Sudrabiņš." Das klingt so nett, wenn die kleine Gitte Tummer sagt:

„Herr Sudrabiņš – ein Bonbonchen!"

Und dann bekommt sie ein Stückchen von der Schokolade, die aus Kanada oder Australien den Weg hierher gefunden hat.

Aber weshalb erzähle ich dir das? In welchem Zusammenhang? – Nun, deshalb, weil wir ohne Namen waren und sind, genau wie damals unser kleines Dorf. Auf die Frage, wo wir wohnen, konnten wir nur sagen: in Werfen. Doch Werfen war eine Gemeinde, womöglich eine große Gemeinde. Also war damit nichts gesagt. Solche Häusergruppen wie die unsrige gab es dort mehrere. Aber man musste bloß sagen: in Werfen bei Niestrat und alle wussten Bescheid. Ebenso wusste jedermann, dass wir gemeint sind, wenn von *den Letten* die Rede war. So wurde für Lettland geworben. Aber wenn jemand von Lettland keine Ahnung hatte, dann waren wir aus Riga, und das kannte jeder. Riga war doch eine große Stadt irgendwo in Russland.

Wir waren und blieben ein zugezogenes Paar ohne Namen in einem namenlosen Dorf.

Doch selbst jetzt ist dir noch ein Rätsel, was ich sagen will. Ich möchte dir nämlich über den sechzigsten Geburtstag des alten Niestrat erzählen. Und im Zusammenhang damit muss ich wieder auf Ropaži zu reden kommen, und im Zusammenhang mit Ropaži – auf Menschen mit zusammengesetzten Familiennamen, die nicht nur schwierig auszusprechen, sondern auch ein wenig komisch sind.

Über mich habe ich schon berichtet. Aber dort in Ropaži hatten wir eine Nachbarin – Frau Plataiskalns[74]. Als sie einmal eine Dame kennengelernt habe, soll sie sich bei dieser Gelegenheit so vorgestellt haben: Mein Familienname ist recht kompliziert – ich heiße Plataiskalns. Worauf die andere erwidert habe: Meiner ist ja weiß Gott auch nicht so toll. Ich heiße Ģenģergailis[75]. Und dann hätten sie beide herzlich gelacht.

---

74 Im Lettischen ist „platais" die männliche Form des Adjektivs „breit", während „kalns" für „Berg" steht. In direkter Übersetzung würde die Nachbarin also „Breitenberg" heißen.

75 „Ģenģergailis" ist im Lettischen „jemand, der anderen lästig ist, andere stört". Im vorliegenden Fall ist dieser Familienname für eine Frau umso „komischer", als „gailis" die Entsprechung für „Hahn" ist.

Womit wir bei der Lösung des Rätsels angelangt wären, und nun geht's im Sauseschritt weiter, so, als würde man einen Berg hinabschießen.

Frau Plataiskalns war in Riga Kassiererin in einem großen Schreibwarengeschäft und sie hatte im Dorf Ropaži ein Sommerhaus neben unserem. Diese Frau hatte mir im letzten Sommer einen Kasten Farbstifte mit der Aufschrift „Stabilo" geschenkt. Darin waren vierundzwanzig Stifte, und mit diesen konnte man fast malen. Ohne viel darüber nachzudenken, hatten wir sie zusammen mit einem großen Zeichenblock mitgenommen, und nun wollte ich dem alten Niestrat zu seinem Jubiläum etwas schenken, was seinen Kindern und Enkelkindern als Andenken an jenen Letten bleiben würde, der während des großen Krieges hier mal gewohnt hatte. – Ich wollte sein Haus zeichnen.

Dies musste heimlich geschehen, damit niemand vorzeitig davon Wind bekam. – Ich suchte den Schreiner gleich gegenüber auf und bat ihn, ob er so freundlich sein würde, mir einen Blick von dort oben aus dem Fenster seines Eckzimmers zu gestatten. Ich hätte die Absicht, die Dorfstraße mit den Häusern und den Bäumen zu zeichnen. Der Schreiner gestattete mir hochzugehen und hinauszuschauen, so lange ich wollte.

In dem Eckzimmer waren trockene Bretter gestapelt. Ich nahm darauf Platz und zeichnete. Die Sonne beschien die Fassade des Niestratschen Hauses. Das gräuliche Mauerwerk harmonierte gut mit dem Grün der Weinranken. Blauer Himmel. Ein paar weiße Wölkchen. Der Birnbaum ragte über das Haus hinaus. In den beiden oberen Fenstern spiegelte sich die Umgebung wider. Unten sah man den Eingang mit den Blumenbeeten unter den Fenstern.

Ein Bleistift ist kein Pinsel. An einem Tag war es nicht zu schaffen. Doch zum Glück blieb das Wetter sonnig und schließlich ging ich zufrieden nach Hause. Der Schreinermeister interessierte sich nicht, ob ich etwas zustande gebracht oder überhaupt gezeichnet hatte. Als ich mich bedankte und verabschiedete, gab er nur ein kurzes Knurren von sich, während er mit einem Auge prüfte, wie gerade das soeben abgehobelte Brett geworden war.

In normalen Zeiten hätte ich die Zeichnung, wie es sich gehört, unter Glas gelegt, versehen mit einem Passepartout in entsprechender Farbe und sie fertig zum Aufhängen an die Wand überreicht. Das musste ich nun dem Besitzer selbst für später überlassen. Aus diesem Grund löste ich die Zeichnung auch vorläufig nicht vom Block, so konnte sie nämlich zum Anschauen aufgestellt werden. Nun konnten wir in aller Ruhe dem Geburtstag entgegensehen, der genau auf einen Sonntag fiel.

Zwischendurch kehrte Lilija bei uns ein. Als ich ihr die Zeichnung zeigte und sagte, dass ich beabsichtige, sie dem Vermieter zu schenken, schüttelte sie den Kopf.

„Wäre er nicht selber ein Zigarrenwickler, könnte man ihm besser eine der Zigarrenkisten schenken, die ihr gekauft habt. Das wäre ein wertvolles Geschenk. Vielleicht hast du eine neue Krawatte, Wollsocken oder sonst etwas. Die Zeichnung aber behalt' lieber selbst. Mir scheint, sie ist das Beste, was du mit deinen Stabilo angefertigt hast. Du weißt doch, was einfache Leute von solchen Dingen halten. Sie werden sie zuerst mit ihren Händen verschmutzen, dann zerknüllen und schließlich draußen auf den Müll werfen. Könnte man sie noch einrahmen, wäre das schon anders. Dann käme etwas hinzu, was einen eigenen Wert hat: Glas, Holz."

Ich besaß aber nun mal keine nicht getragene Krawatte und auch kein Paar neuer Socken. Nur die von *Oma* gestrickten Handschuhe, die mir selbst ein teures Andenken waren. So blieb ich denn bei meinem Entschluss.

Und dann konntest du miterleben, wie mein Geschenk im ganzen Haus eine wahre Woge der Freude auslöste.

Wir gingen hinunter, wo das Geburtstagskind neben dem Rundfunkgerät in der guten Stube saß. Wir gratulierten ihm und wünschten ihm noch viele weitere Jahre. Dann stellte ich den Block auf den Tisch, lehnte ihn an die Vase mit den Rosen und sagte:

„Wir haben nichts, was wir Ihnen zur Erinnerung an diesen Tag schenken könnten; doch hier habe ich Ihr Haus angefertigt. Stellen Sie sich vor, dass Sie dort drinnen sind und Ihre Gattin und Pauline und Ingrid. Ihre ganze Familie und auch wir."

Niestrat blickte zuerst die Zeichnung an, dann mich, dich und wieder die Zeichnung. Schließlich schrie er laut los: „Pauline! Frau!"

Im Glauben, es sei hier etwas Unerwünschtes passiert, eilten die beiden aus der Küche herbei. Als sie aber ganz unerwartet die Zeichnung entdeckten, blieben sie verdutzt stehen.

„Sie muss bloß vor Fliegen geschützt werden", sagte ich. „Solche Sachen gehören hinter Glas."

„Selbstverständlich, wo sonst", rief Pauline aus. „Und dann hierhin, an diese Wand, und nirgendwo anders. Hier gibt's das beste Licht. Aber vorläufig werden wir Zellophan davortun. Ich habe gerade ein passendes Stück." Sie lief hinaus, brachte es her und deckte damit den Block ab, was ein Glas so gut wie ersetzte.

„Tatsächlich gibt es viele Fliegen. Und im Herbst sind sie für gewöhnlich nicht reinlich", sagte sie.

Mein Geschenk sollte im ganzen Dorf die Dämme brechen. Nicht, dass es ein Kunstwerk gewesen wäre, das den Betrachter in Ehrfurcht erstarren ließ. Nein, hier ging es um etwas anderes. Für Niestrat war es sein Haus mit allem Drumherum. Schau her, auch der Himmel! Und für das ganze Dorf war es Karl Niestrats Haus.

Wir wurden umgehend zum Mittagessen eingeladen und später zum Kaffee, wo wir unter den Gästen Ehrenplätze einnehmen mussten, in der Nähe des Jubilars. Das Bild wurde auf einem besonderen Tischchen aufgestellt und jeder, der hereinkam, musste es sich sofort anschauen und sagen, um was es sich handelte.

„Das Haus kommt mir irgendwie bekannt vor … Karl, alter Junge, – das ist doch dein Schloss!"

„Und weißt du, wer das angefertigt hat? – Hier, unser Ausländer. Ach, ich schaffe es einfach nicht, mir seinen Namen zu merken."

„Das ist auch nicht nötig", sagte ich. „Sagen Sie getrost – der Lette aus Riga."

Nach Niestrats Geburtstag konnten wir im Dorf Gartenfrüchte und Gemüse, auch Mehl kaufen, so viel wir nur brauchten. Auf jedem Hof grunzte ein Schwein. Für die Schlachtzeit bekamen wir Fleisch versprochen. Der Schreiner von gegenüber bot eine bequemere Wohnung für den Fall an, dass Paulines Sohn heimkehren sollte. Wir konnten zwei Zimmer für fünfundzwanzig Mark im Monat haben. Eines davon wäre dasselbe Eckzimmer gewesen, von dem aus man so schön zeichnen konnte.

Leider konnten wir von all dem keinen Gebrauch mehr machen, weil der Bürgermeister von vorgesetzter Stelle die Anweisung erhalten hatte, in der Gemeinde keine Ausländer aufzunehmen, da man für diese besondere Lager eingerichtet habe.

3.

Als ich klein war, wuchsen ganz in der Nähe junge Birken, und die kleinen Bäume hatten Zweige mit zarten Blättern. Mutter streifte die Blätter ab und band die Zweige zu einem Besen, und hatte ich es einmal verdient, hatte sie im Nu eine Rute aus dem Besen in ihrer Hand und ich bekam zu spüren, dass so eine Birke auch alles andere als zart sein kann. Zugleich erfuhr ich damit auch, was ein Kind darf und was nicht.

Ich hatte ein Kind. Es wuchs im zwanzigsten Jahrhundert auf, unter anderen Bedingungen, doch kam es vor, dass ich gleichfalls eine Rute in die Hand nehmen und damit drohen musste – aber auch das andere Ende erheben, wenn die Drohungen wirkungslos blieben.

Rainis[76] pflegte zu sagen, – wie könne man bloß ein Kind schlagen. Bekanntlich hatte er keine eigenen Kinder, weder artige noch unartige, denn seine Frau Aspazija[77] war nur als Dichterin fruchtbar. Aber als wir in Pļaviņas nahe Nachbarn von Emilija Prūsa[78] waren, kam sie, die große Verfechterin einer prügelfreien Erzie-

---

76 Jānis Rainis, eigentlich Jānis Pliekšāns (1865–1929), lettischer Nationaldichter, Lyriker, Verfasser zahlreicher Bühnenwerke, Übersetzer (u. a. Goethes *Faust*), 1926–1928 Bildungsminister. Verheiratet mit Aspazija (s. nachfolgende Fußnote).

77 Aspazija, eigentlich Elza Pliekšāne (1865–1943), lettische Lyrikerin und Dramatikerin. Verheiratet mit Jānis Pliekšāns (s. vorige Fußnote).

78 Emilija Prūsa (1878–1950), lettische Schriftstellerin, befasste sich während der Zwischenkriegsjahre in Romanen und Bühnenwerken mit der Psychologie von Frauen und der Welt von Kindern und Kleinstädtern.

hung, eines Tages bei uns angelaufen und bat mit gerötetem Gesicht, ich möge kommen und ihren Oḷgerts verhauen. Sie komme mit dem Jungen nicht zurecht.

„Sind Sie denn noch bei Trost?", sagte ich. „Wenn man schon Kinder nicht schlagen darf, dann Heranwachsende umso weniger. Das sollten Sie doch am besten wissen. Es kann ja sein, daß die Braut hinter dem Zaun zuschaut".

Oḷgerts war fast sechzehn Jahre alt. Vom Alkohol benebelt, war er auf das Dach des Wohnhauses geklettert und hatte Dachpfannen herabgeworfen. – Ich empfahl ihr, das Dach lieber mit Stroh zu decken.

Ich hatte gehört, dass Lehrer in Deutschland zur Rute griffen. Nichtsdestotrotz musste ich hier mehr ungezogenen Kindern begegnen als sonstwo auf der Welt. Sogar in Russland verdienten sie mehr Lob, vom Kaukasus ganz zu schweigen. Doch hier war es so, dass mich jedes Mal ein Gefühl des Unbehagens, um nicht zu sagen – der Angst beschlich, wenn ich mich bei einem Fluss oder See befand und ein Kind herannahen sah. Ich wusste genau, dass der Knirps herantreten und sagen würde: „Na, Onkel, haste was gefangen?"

Aber das wird dann auch der einzige unschuldige Satz sein, der Eröffnungszug sozusagen. Es werden absichtliche Dummheiten folgen und schließlich Steine – platsch, platsch! – Wenn der Junge anschließend nicht das Weite sucht, dann suchst du es bald. Dir wird nichts anderes übrig bleiben, als die Angelrute zusammenzupacken und Schluss zu machen. Ade, Fischmahlzeit! Denn eine andere Stelle aufzusuchen hätte keinen Zweck: Der Plagegeist wird sich an deine Fersen heften.

Und weißt du? Am schönen Möhnesee, wo sich im Sommer unter der Aufsicht von Lehrern unzählige Exkursionen tummeln, passieren noch jetzt ähnliche Dinge – nur beklage ich mich nicht jedes Mal.

„Du, Alter", tritt ein Schüler heran und spricht mich an, – „haste was gefangen?"

„Noch nicht", antworte ich so ruhig wie möglich.

„Weshalb fängst du nichts?"

„Die Fische beißen heute nicht an, Ihre Hoheit."

„Dann pack' sie doch am Schwanz!"

Um nicht ebenso grob zu werden, muss man den Einfaltspinsel spielen und sagen, dass man einen Fisch am Schwanz nicht festhalten kann, oder aber eilends das Ufer verlassen.

Aber ich wollte noch von den Zeiten berichten, als wir in Werfen lebten.

Einmal gesellte sich dort an der Else, in der Nähe von Ahle, ein Junge zu mir, den ich an Geduld übertreffen wollte. Es sollte mir jedoch nicht gelingen. Ich war auf der einen Seite des Flusses, er auf der anderen. Der Fluss war so schmal, dass man beide Ufer von einer Seite aus beangeln konnte. Bei den Weiden auf der anderen Seite gab es bestimmt Fische. Ich warf die Angel aus.

Da bewegte sich das Weidengestrüpp, teilte sich – und es erschien ein Junge mit gebleckten Zähnen.

Weder er noch ich sagten etwas.

Ich ging flussaufwärts, er hielt sich auf dem anderen Ufer auf gleicher Höhe. In einer scharfen Biegung kam ich an einen breiten Strudel. Ich setzte mich hin. Der Junge setzte sich auch hin, fromm wie ein Lamm. Aber als ich einen Barsch an Land zog, begann er, Stücke der Grasnarbe aus der Uferböschung herauszureißen, als würde er Regenwürmer suchen, und warf sie ins Wasser. Ich musste aufstehen und eine ruhigere Stelle suchen.

Der Junge folgte.

Dann änderte ich meine Taktik. Dort, wo der Fluss einen großen Bogen machte, kürzte ich den Weg ab und ging geradeaus am Feldrand entlang. Als ich den Fluss wieder erreichte, befand sich der Junge ziemlich weit weg von mir. Um mich einzuholen, musste er nun fast einen Kilometer außen herum laufen. Er tat dies auch und traf fast zur gleichen Zeit an der Stelle ein, wo ich mich niedergelassen hatte. Hier machte der Fluss einen Bogen zur anderen Seite hin. Wir fanden uns mithin in vertauschten Rollen wieder. Da konnte ich mich nicht mehr zurückhalten und fragte:

„Willst du mir jetzt ständig folgen? Wenn du weiter musst, dann tu's doch."

„Ich möchte dort sein, wo du bist."

„Weshalb?"

„Nur so. Ich möchte sehen, ob du was fängst."

„Ich gehe jetzt aber nach Hause."

„Ich auch."

Und so zogen wir jeder seines Weges. Es war doch vergeblich, auf einen Fang zu hoffen, solange man solch einen Störenfried im Schlepptau hat.

Als ich an einem anderen Tag am Ufer zwei Jungen erblickte, den Größeren mit einer Angel, überquerte ich die Uferkrümmung ohne Umschweif, um sie nicht zu stören. Da kam der kleine Junge abwärts gelaufen und rief:

„Onkel! Hier gibt's viele und große Fische!"

Ich wusste zwar, dass das keine Stelle für Fische war. Aber weil ich das Kind nicht kränken wollte, kam ich zurück, warf die Angel aus und sagte:

„Na dann auf dein Glück."

Aber kaum hatte ich dies getan und gesagt, griff sich dieses „Kind" ein Stück verfaultes Holz und warf es direkt auf meinen Schwimmer.

„Haste gesehen, wie groß er ist?"

Er lief zu seinem älteren Gefährten zurück und ich hörte sie noch lange über seinen Streich und meine Leichtgläubigkeit lachen.

Aber das war bei Weitem nicht das schlimmste Erlebnis.

Erinnerst du dich, was passierte, als wir zu Besuch bei der Familie Lapiņš in Hunnebrock waren? Lapiņš hatte vor dem Haus eine hübsche Bank gezimmert. Darauf hatten wir alle Platz genommen. Gleich in der Nähe, im Schatten des Baumes, hatte sich der Großvater zum Schlafen ins Gras gelegt. Da schoss aus dem anderen Hauseingang, wo die ausgebombten Aachener wohnten, ein Junge hervor, der etwa sechs Jahre alt war. Er trat rasch an den Schlafenden heran und – bepinkelte ihn einfach.

Ich schüttelte mich, als ob mir dies selbst widerfahren wäre. Dann rief ich der Mutter des Jungen zu, die in ihrer Tür stand:

„Wie kann man bloß so etwas tun!"

„Ja, was soll ich denn mit ihnen anfangen? Hören sie denn auf mich? Der Vater ist im Krieg …"

Ganz unrecht hatte sie ja nicht. Und trotzdem …

4.

Nicht nur Bekannte aus der Herforder Gruppe, deutsche Verwandte und die eigenen Angehörigen haben uns hier in diesem abgelegenen Dorf aufgesucht. Einmal fand ich bei der Rückkehr vom Fluss einen Herrn mittleren Alters auf dem Sofa vor, genau auf meinem Platz. Der Mittagstisch war bereits für drei Personen gedeckt. Du schöpftest gleich die Suppe aus meinem gestrigen Fang auf die Teller. Ich forderte den Gast dazu auf, je nach Belieben einen Löffel oder eine Gabel zu nehmen. In der größeren Schüssel befand sich die Suppenflüssigkeit, in der kleineren die Fische. Eigentlich taugten sie nur dafür, in die Finger genommen und abgelutscht zu werden – kleine Döbel, noch kleinere Barsche, die Köpfe aufgelöst. Die Augen der Fischlein hatten sich wie weißer Schrot in der ganzen Schüssel verteilt. Lediglich die orangeroten Flossen der Barsche verrieten, was dies für eine Speise war. Von den Kartoffeln stieg duftender Dampf über dem Tisch auf und tauchte alles in hellen Sonnenschein. Wärme, Licht, Duft – was will man mehr. Wir aßen und unterhielten uns, obgleich Ärzte raten, beim Verzehr von Fisch nicht zu reden.

Zuerst erkundigte sich der Besucher, was denn der Meister derzeit so treibe und was das Volk in nächster Zeit aus seiner fleißigen Feder zu erwarten habe.

Als ich das hörte, wurde mir ein wenig flau. Ich sagte:

„Das hört sich ganz nach einem Zeitungsmenschen an. Wohl ein Interview?" Ich wies auf die Gräten auf meinem Teller. „Fürs erste, bis wir uns einigermaßen erholt haben, ist dies meine einzige Verpflichtung. Dort ist Lyrik enthalten, Epik, auch einige dramatische Auftakte. Aber vor allem Existenz. Ich habe keine literarischen Pläne. Alles ist dort geblieben, hinter dem großen Vorhang, wie in einem Grab. Vielleicht hätte ich auch selbst dort bleiben sollen. Nicht um zu leben, sondern um rascher meinen Frieden zu finden. Jetzt lässt das Herz nicht einmal den Gedanken an den Tod zu. Hoffnungen, Ahnungen, Träume – alles ist auf ein neues Lettland gerichtet. Es scheint so, dass mir nur dies Kraft gibt zu leben. – Doch erzählen lieber Sie etwas. Sie sind wenigstens mit dem Zug unterwegs gewesen. Da bekommt man die weite Welt zu sehen. Unsere ist dermaßen

zusammengeschrumpft, dass an Regentagen für uns die einzige Abendbeschäfti-
gung darin besteht, die totgeschlagenen Fliegen zusammenzuzählen. Und wenn
wir anschließend zu Bett gehen, lautet unser Stoßseufzer: Möge morgen bloß die
Sonne scheinen!"

„Ich merke, Sie sind pessimistisch gestimmt. Trotzdem will ich nicht verhehlen,
dass ich die Fahrt hierher mit der Absicht unternommen habe, von Ihnen etwas
zu erbitten. Wir wollen dort in Detmold ein Blättchen herausgeben. Es soll *Det-*
moldas vēstis[79] heißen. Fürs erste wollen wir nur Informationen und Nachrichten
zum Innenleben des Lagers Detmold bringen. Aber wir denken daran, es allmählich auszuweiten und reichhaltiger zu gestalten. Vielleicht wird eine Zeitung daraus,
vielleicht sogar eine Literatur-Zeitschrift. Wir möchten Detmold zum Zentrum der
lettischen Flüchtlinge machen. Wir verfügen bereits über eine umfangreiche Kartei.
Ihre Patentochter verwaltet sie. Übrigens – sie lässt Sie grüßen. Herzlich grüßen."

„Nun bin ich aber neugierig, welche das sein könnte. Rasma Prande?"

„Nein. Fräulein Grīna, doch mit gleichem Vornamen."

„Wirklich? Danke, danke! Was für eine große Freude. Bitte grüßen Sie sie von
mir zurück."

Gerade an jenem Tag waren mir Freund und Feind gleich egal. Ich wusch mir
die Hände und sagte: „Wissen Sie, – setzen Sie keine Hoffnungen auf mich, wenn
Sie eine Zeitung herausgeben wollen. Außer, – man würde mich in Ihr Lager aufnehmen."

„Diese Frage liegt nun wirklich außerhalb meiner Zuständigkeit. Ich weiß
nicht, wie es dort um eine Unterkunft bestellt ist. Sie müssten selbst …"

„Schauen Sie, genau dieser Umstand hat mich in Pessimismus verfallen lassen.
Besonders seit gestern. Wir hatten uns hier in einer ziemlich großen Gruppe organisiert, so an die fünfzig Leute, und beschlossen zusammenzubleiben. Wir kannten uns fast alle schon. Der Gruppenälteste hatte es übernommen dafür zu sorgen, dass die Gruppe sich geschlossen in eines der Lager einfügen kann, wenn es
denn solche gibt. Da taucht eines Tages, vorgestern war es, jemand aus unserer
Gruppe hier auf und verkündet: – ‚Ich hatte Urlaub von der Arbeit. Mir hatte ein
Freund aus dem Lager in Essern[80] geschrieben. Das liegt ja nicht allzu weit weg,
also dachte ich mir, warum fährst du nicht hin und schaust dich um. Und wissen
Sie, es gefiel mir dort. Eine schöne Natur sucht man da allerdings vergeblich. Die
Gegend ist bewaldet, ein wenig sumpfig, wie bei uns in Vidzeme. Doch gibt es
keine großen Städte in der Nähe. Ringsum reiche Landwirte. Man kann Mehl,
Kartoffeln kaufen, was Sie nur wollen. Im Lager erhalten die Flüchtlinge freie
Unterkunft und Verpflegung, nicht schlechter als das, was wir hier bekommen,

---

79 *Detmoldas vēstis – Detmolder Nachrichten.* Von dem Informationsblatt unter Leitung von A.
    Mežotnieks und N. Bluķis erschienen zwischen dem 16. September 1945 und 3. Januar 1946
    insgesamt 11 Ausgaben. Siehe dazu I. Daukste-Silasproģe, *op. cit.,* S. 360.
80 Essern – nordöstlich vom niedersächsischen Espelkamp, bis 1974 selbstständige Gemeinde, die
    seither zu Diepenau gehört.

wenn wir bei den *Bauern* arbeiten. Jede Familie hält sich zudem ein Schwein im Bretterverschlag. Ich habe auch Hühner und Enten gesehen. Und so habe ich dort mit Hilfe des Freundes zehn Plätze freihalten lassen. Sollten Sie interessiert sein – bitte. Obwohl es für Sie besser wäre, nach Detmold zu ziehen, zu den Herren.' – Wir bedankten uns und sagten, wir seien bereit mitzufahren. Ich würde bloß noch den Vorstand unserer Gruppe verständigen. – ,Muss das denn sein? Es ist ja nicht Nollendorfs' Angelegenheit!' – Dabei blieb es auch. Aber was passierte dann? – Nachdem ich gestern Morgen zum Fluss aufgebrochen war, kommt der Junge der Krūmiņa mit der Nachricht angelaufen, wir möchten, falls wir fahren wollten, mit dem ganzen Gepäck um elf bei ihnen sein, oder noch besser, an der Kreuzung, zu der wir es viel näher hätten."

An dieser Stelle übernahmst du es, unserem Gast die Geschichte weiterzuerzählen, denn ich kehrte an jenem Tag ja erst um ein Uhr mittags nach Hause zurück.

„Was konnte ich denn alleine anfangen? Zu Frau Krūmiņa zu laufen machte keinen Sinn. Zum Fluss laufen? Der Fluss ist lang. Der Junge war um acht gekommen. In drei Stunden konnte ich nicht einmal packen. Dann musste auch eine Fahrgelegenheit gefunden werden. Als Einziger besaß der Wirt der Kneipe ein Pferd, aber er fuhr zu dieser Zeit die Milch aus. Ich winkte schließlich ab. Ich sagte mir: Hier haben wir es gut, wir haben uns eingelebt, uns mit den Vermietern und den Nachbarn angefreundet. Sollen doch die anderen in dieses Schlaraffenland fahren. Es war doch offensichtlich, dass man uns nur aus Höflichkeit benachrichtigt hatte. Hätte man uns tatsächlich mitnehmen wollen, hätten sie doch mit dem Kraftwagen auch die anderthalb Kilometer hinausfahren und uns abholen können."

Dann griff ich wieder den Faden auf:

„Nehmen Sie es nicht übel, wenn wir Sie hier mit unseren Lappalien wie mit Spreu überschütten. Aber die Ereignisse sind noch so frisch, dass man darüber reden möchte. Vielleicht werde ich schon morgen darauf pfeifen und übermorgen überhaupt nicht mehr daran denken. Und so saß gestern, als ich mit diesen Fischlein da zurückkehrte, ein Mensch auf dem Sofa, wie heute Sie, nur war er beinahe zweimal größer und dicker als Sie. Aber eine derart verzweifelte Miene hatte ich mein Lebtag noch nicht gesehen. Ich hatte diesen Hünen auf unseren Versammlungen bemerkt, seiner Gestalt und bedächtigen Sprache wegen. Ich wusste allerdings nicht seinen Namen und erkannte ihn kaum, so sehr hatte er sich verändert. Beim Essen vergaß er sich zuweilen so sehr, dass er nicht wusste, ob ihm der Bissen noch im Mund steckte oder er ihn bereits heruntergeschluckt hatte. Man konnte die Empörung dieses Menschen verstehen. Er war ein Bauer aus Vidzeme, aus derselben Gegend wie der Organisator des besagten Transports. Auch ihm war gesagt worden, er solle sich bei Krūmiņš einfinden. Daraufhin hatte er seine Stelle auf einem Bauernhof gekündigt und war mit einem schweren Koffer und einem großen Bündel acht Kilometer weit marschiert. Viertel vor elf war er eingetroffen, hatte das Häuschen aber leer vorgefunden. Die Vermieter berichteten ihm dann, es sei um zehn ein Auto vorgefahren, mit dem die Leute abgereist seien. Glücklicherweise habe er aus Gesprächen gewusst, wo wir ungefähr wohnen, und sei auf den Gedanken gekommen nachzuschauen, ob man uns ebenso genarrt hatte wie ihn oder ob wir auch fort sind. – Hier war er nun, wie am Tag seiner Ankunft in Bünde. Nur war das Gefühl jetzt noch elender. Er fühlte sich wie ein Kranich im Herbst, den die anderen zurückgelassen hatten. Damals waren sie mehrere und zum Schlafen hatte man ihnen eine Strohscheune zugewiesen. Nach der Mahlzeit machte sich der große Mann auf den Weg. Wir boten ihm zwar ein Nachtquartier an. Im Vorraum, gleich hier oben, ließ sich doch etwas für eine Übernachtung herrichten. Nein, er wollte sofort aufbrechen. Er werde losziehen, nachforschen und suchen, bis er dieses Lager Essern mit dem Beinamen *Venta*[81] finde. Den Hut in der Hand sagte er beim Abschied entschlossen: ‚Und sollte man mich dort nicht aufnehmen, werde ich diesen Rēķis totschlagen!‘ – Wissen Sie, – wenn ein verzweifelter Mensch so etwas sagt, dann wird einem schon ein wenig bange, egal wie wenig Glauben man Worten wie diesen schenken mag."

Einen Augenblick lang schwiegen wir alle, dann sagte unser Gast:

„Wir werden versuchen, Sie tatsächlich in Detmold unterzubringen. Dort werden Sie mehrere Leute Ihres Kalibers vorfinden. Wozu haben Sie denn diese Esserner Sümpfe nötig? Detmold ist ein höher gelegener Ort."

Doch erging es uns mit Detmold nicht besser als mit Essern. Wir kamen weder hier noch dort oder in einer anderen Stadt unter, in die uns gute Menschen hinzubringen versprachen. – Ich weiß nicht und werde es wahrscheinlich nie erfahren, woran es damals lag. Ob an rein lettischer Missgunst, ob an ebenso purer Heuchelei oder ob an den üblen Launen der UNRRA[82] – jedenfalls war das Lager ein Buch mit sieben Siegeln. Man trieb die Leute zwar mit aller Macht zu den Camps, doch in eines hineinzugelangen war gar nicht so einfach.

5.

Der September ging dem Ende entgegen. In einigen Baumwipfeln tauchten bereits gelbe und rote Flecken auf. Wir hatten gerade von der Vermieterin einen halben Zentner Kartoffeln gekauft und wollten sie nach oben tragen, als Nollendorfs vor-

---

81 Venta – ein Fluss in Westlettland, im Landesteil Kurzeme. Die deutsche Bezeichnung lautet Kurländische Aa.
82 UNRRA steht für United Nations Relief and Rehabilitation Administration. Das damalige Flüchtlingshilfswerk der Vereinten Nationen war nach der Kapitulation des Dritten Reichs im Mai 1945 zuständig für die in Deutschland befindlichen Ausländer und organisierte unter anderem auch deren Rückführung in die Heimat. Die Betreuung Repatriierungsunwilliger wurde ab dem 1. Juli 1947 von einer anderen Organisation übernommen – der IRO bzw. International Refugee Organisation. Mit dem Wort „Unra" findet sich im Originaltext an dieser Stelle im Übrigen ein schönes Beispiel für die Neigung des gesprochenen Lettisch, selbst fremdsprachliche Akronyme als deklinationsfähige „Substantive" ins eigene Idiom zu übernehmen.

fuhr. Wie immer kam er auf einem hohen Fahrrad daher, und als er abgestiegen war, überragte er uns noch immer um einen halben Kopf.

„Ich habe keine Zeit", sagte er. „Bemüht euch nicht, mich nach oben zu bitten. Ich wollte diesmal bloß mitteilen, dass ich euch recht weit wegbringen werde."

Damit schreckte er uns beide auf. Zum einen deshalb, weil wir, ganz wie der Dūdars bei Blaumanis[83], alle Hoffnungen in einem Bündel verschnürt hatten. Zum anderen aus Misstrauen. Könnte es denn diesmal wirklich klappen? So bedankten wir uns für die Nachricht beinahe unhöflich, auf jeden Fall aber gleichgültig, und fragten lediglich, wohin es denn gehen sollte.

„In ein großes polnisches Lager unweit von Münster. Das Dorf heißt Greven, obwohl es eher eine Stadt ist, nicht kleiner als Bünde. Also merkt euch – am neunundzwanzigsten. Die genaue Uhrzeit kann ich nicht nennen, aber es wird auf jeden Fall vormittags sein, damit wir drüben frühzeitig ankommen. Haltet euch bereit, wir werden euch abholen. Kräftige Männer werden wir genug haben, da wird man sogar euch herunterschleppen und auf den Wagen befördern. Aber nun muss ich weiter. Hier werdet ihr weitere Einzelheiten finden."

Er fischte einen zerknitterten Brief aus der Tasche, gab uns diesen, schwang sich auf das Rad und war weg.

Nachdem wir nach oben gegangen waren, lasen wir natürlich zuerst den Brief:

„Sehr geehrter Herr Jaunsudrabiņš!

Hier sind wir nun und hier werden wir bleiben. Herr Nollendorfs wird Ihnen ja ausführlich berichten, wie es hier aussieht. Als Ihr Bekannter möchte ich Sie lediglich dazu ermuntern, hierher zu ziehen. Derzeit haben zwar noch die Polen das Sagen in Greven, doch werden sie hoffentlich bald eine Minderheit sein. Sie haben nämlich ein spezielles polnisches Lager gefunden und ziehen nun in Massen weg. Wir leben hier aus allen drei baltischen Völkern mit ihnen zusammen, und das gefällt weder den einen noch den anderen. Die Verpflegung ist gut. Wir sind in Einfamilienhäusern untergebracht, deren Eigentümer man hinausgeworfen hat. Uns stehen ganze Straßen zur Verfügung. Das Zimmer, das für Sie vorgesehen ist und komplett hergerichtet sein wird, befindet sich ganz in der Mitte des Lagers. In dem Haus gibt es insgesamt nur vier Zimmer. Ihr Mitbewohner wird Prof. Teodors Celms[84] sein. Da seine Familie größer ist, stehen ihm zwei Zimmer zu. Sie werden wohl mit einem auskommen müssen. Aber das Zimmer ist geräumig. Unten gibt es einen großen Keller, eine große gemeinsame Küche und oben einen Dachboden. Nun, das werden Sie ja bald selber sehen. Außer uns werden Sie hier mehrere alte Bekannte, möglicherweise gar Freunde vorfinden. Zum Beispiel den

---

83 Dūdars – eine männliche Figur aus dem Komödien-Klassiker *Skroderdienas Silmačos* des lettischen Schriftstellers Rūdolfs Blaumanis (1863–1908).

84 Teodors Celms (geb. 1893), lettischer Philosoph. Studium u. a. bei Edmund Husserl in Freiburg. Seit 1936 Professor für Systematische Philosophie an der Universität Lettlands, auch Dekan der Philosophischen Fakultät. 1944–1949 Professur an der Universität Göttingen, 1950 Auswanderung in die USA.

Schriftsteller Oberst Edvins Mednis[85], Juris Benjamiņš u. a. Nicht unerwähnt lassen kann ich auch die Ems und den berühmten Angler und Sportler Buks, der in diesem Sommer mit der Spinnrute mehr als hundert Hechte gefangen hat.

Ziehen Sie doch her. Hier werden Sie von allen erwartet.

Mit Grüßen
P. Norvilis"

Pēteris Norvilis[86] war der Bruder des Komponisten Jānis Norvilis[87]. Wir hatten ihn während der deutschen Besatzung ganz gut kennengelernt. Er arbeitete in einer Art Kulturbehörde und sorgte für geistige Genüsse in den Städten und ländlichen Gegenden Lettlands, vor allem in Vidzeme. – Wer weiß ob wir nach Greven gefahren wären, hätten wir diesen Brief nicht bekommen. Doch nun waren wir uns sicher, dass es ein gutes Ende geben würde.

Wie bei solchen Gelegenheiten üblich, lebten wir in den verbliebenen paar Tagen ein geteiltes Leben: Während wir uns in Werfen hin und her wandten, packten, ordneten, Bündel schnürten, einander im Weg standen, uns nicht selten gegenseitig anfuhren, waren wir in Gedanken bereits an dem neuen Ort. Ich stellte mir die Straßen, die Himmelsrichtungen, die ganze Gegend recht klar vor. Da der Fluss größer war als die Else, machte er dort auch größere Schleifen. Am Ufer standen riesige Eichen und neigten sich Weidenbäume ins Wasser. Stellenweise war der Fluss voller großer Steine, um die das Wasser schöne, silbrige Wirbel zog.

So kam ganz unmerklich der festgelegte Tag und das Auto fuhr schneller vor als wir erwartet hatten – gleich nach dem Frühstück. Zudem war es nicht nur ein Lastkraftwagen, sondern auch ein ebenso großer Anhänger. Die Frauen hatten sich dick angezogen und vermummt, weshalb sie allesamt alt und hässlich aussahen und es schwerfiel, jemanden zu erkennen. Sie blieben auf ihren Plätzen sitzen, während die Männer von den Fahrzeugen heruntersprangen und die Treppe hochstürmten, allen voran Nollendorfs.

„Nun erteilen Sie uns nur Ihre Weisungen, gnä' Frau – wir sind Ihre ergebenen Knechte. Gestatten Sie nur den Hinweis: Als erstes solche Sachen, auf die man getrost schwere Dinge packen kann."

Davon hatten wir zu Genüge. Bettwäsche und einen großen Sack voll Kleinholz. Die Männer lachten auf: „Wozu Holz in den Wald bringen! – Drüben wird es doch sowohl Holz als auch Kohle gratis geben."

---

85 Edvins Mednis (geb. 1897), lettischer Militär und Schriftsteller. Eigentlich Oberstleutnant, seit 1935 Abteilungsleiter in der Militärverwaltung. 1944 Flucht nach Deutschland, 1950 Auswanderung in die USA. Hat laut Angaben einer lettischen Enzyklopädie „mehrere Dramen und Sammelbände von Geschichten ohne bleibendem Wert verfaßt".

86 Pēteris Norvilis (geb. 1902), lettischer Psychologe und Bibliothekar. Vor dem Zweiten Weltkrieg Studium der Philosophie und baltischen Philologie an der Universität Lettlands, danach der Psychologie an der Universität Münster. Promotion 1950, ein Jahr später Auswanderung in die USA.

87 Jānis Norvilis (geb. 1906), lettischer Musikpädagoge und Komponist. 1944 Flucht nach Deutschland, hier Leiter des lettischen Chors in Blomberg. 1950 Auswanderung nach Kanada.

„Das macht nichts", erwidertest du. „Jede einzelne dieser Gerten wurde doch aufgehoben, hergebracht, klein gehackt und getrocknet. Das wird als Anmachholz dienen."

„Wenn dem so ist, dann soll er mitkommen!"

Der Sack brauchte bloß am Ende der Treppe der Länge nach hingelegt und angeschoben zu werden, und schon rutschte er zügig nach unten, wo vier Hände ihn auffingen und auf den Wagen warfen.

Es verging keine halbe Stunde, da waren der Vorraum, das Zimmer und unser ganzer Bereich leer geräumt und ausgekehrt. Das Zimmerchen musste nur noch gewischt werden. Aber Pauline nahm dir den Lappen aus der Hand und sagte:

„Lassen Sie mich lieber für das verträgliche Zusammenleben danken und Glück auf dem weiteren Weg wünschen." Und sie küsste dich auf beide Wangen.

Unten hatten sich alle Nachbarn versammelt, die nicht aus irgendwelchen Gründen verhindert waren. Wir gingen reihum und verabschiedeten uns. Der Schreiner reichte dir eine große Tüte mit rotgestreiften Herbstäpfeln.

„Wenn's dort nicht gut läuft, – kommen Sie zurück. Die beiden Zimmer – jederzeit."

Als der alte Niestrat die Hand zum Abschied reichte, hielt er in der anderen eine Pappschachtel.

„Ich weiß, Sie rauchen nicht, aber vielleicht sind sie von Nutzen, wenn Sie etwas kaufen müssen. Sie sind wertvoller als Geld. Und danke und abermals danke für das Haus."

Ich begriff, dass es Zigarren waren.

Die Vermieterin hatte alle Weinreben abgeschnitten, die in der Nähe unseres Fensters reiften. Die gehörten doch uns, die mussten wir auf jeden Fall mitnehmen.

Und ganz zum Schluss kam Ingrid mit einen Strauß Dahlien, größer als sie selbst.

Wir waren außerstande, auch nur ein einziges Wort über die Lippen zu bringen. Du als Frauenzimmer konntest ungeniert den Tränen freien Lauf lassen. Ich als Mann schämte mich, welche zu zeigen. Mit fest zusammengekniffenen Lippen bestieg ich den Kraftwagen und drängte mich schweigend zwischen die übrigen Sitzenden auf die lange Bank. Erst später suchte mein Blick dich auf. Du saßest auf unserem Sack mit Holz.

Der Kraftwagen brummte laut auf. Ich nahm den Hut ab und wandte mich zu den Niestrats um. Die Gefühlsaufwallung hatte sich nun schon gelegt. Ich winkte mit der Hand und sie winkten noch einmal zurück.

Die ersten Tage im Lager

1.

Wir bogen auf eine Landstraße ab, die Aufschrift auf dem gelben Brettchen wies nach Enger. Ich dachte an nichts. Oder an etwas doch … Zumindest erinnerte ich mich an den bleichen, von einem Geschütz überfahrenen Mann, es war in Danzig; er hatte uns ans Herz gelegt, uns Deutschland anzuschauen. Nun werden wir, fast ein Jahr darauf, ein bisschen davon sehen. Aber hatte sich an den Umständen etwas geändert? Für Deutschland waren sie sogar noch schlimmer geworden. Und selbst wenn uns der Sinn danach gestanden hätte – unsere Bewegungsfreiheit ließ sich in Kilometerangaben mit nur einer Ziffer ausdrücken. Und was hatte es mit diesem merkwürdigen Zufall auf sich, dass es gerade an der ersten Kreuzung hieß: Enger? Führte dieser Weg womöglich in eine noch größere Beengtheit?

Aber nichts dergleichen. Es stellte sich heraus, dass wir in der Kleinstadt Enger nur eine weitere Teilnehmerin unserer Gruppe und ihre betagte Mutter abholen sollten.

Währenddessen verschlechterte sich das Wetter, das schon am Morgen nicht besonders verheißungsvoll gewesen war. In der Luft lag nichts als Trübsal. Nieselregen kam auf. Der Wind nahm zu und wurde kühler. Auf den Bänken sortierten wir uns je nach Zugehörigkeit. Du kamst herüber, um dich zu mir zu setzen. Es war doch bequemer, mit einem vertrauten Menschen als mit einem Fremden enger zusammenzurücken, um sich vor dem Wind zu schützen. Man könnte sich sogar eine Reisedecke teilen.

Bald hingen die Wolken so tief, dass man auf dem weiteren Weg nichts vom schönen Deutschland ausmachen konnte. Erhebungen in der Landschaft erkannten wir bloß daran, wie sich das hintere Gefährt im Vergleich zu unserem hob und senkte. Größtenteils hielten sie sich aber auf gleicher Höhe. Also eine ununterbrochene Ebene. Ab und zu wurde es ganz finster. Dann passierten wir sicherlich ein Wäldchen.

„Wo zum Teufel gibt es zusammen mit Regen einen solchen Nebel!", klagte eine Stimme wie aus dem Grab.

„Was gibt's denn da nicht zu verstehen?", meldete sich jemand von der gegenüberliegenden Bank. „Die Erdoberfläche weist die verschiedensten Eigenschaften auf. Es gibt da Stellen, die saugen das Wasser auf und behalten es, andere können es wieder nicht schnell genug abgeben. Genauso verhält es sich mit der Luft. Da löst sich eine Wolke auf, aber ein Stückchen weiter beginnt sie, sich wieder zu verdichten. Eine Luftschicht zieht das Wasser gen Himmel, eine andere stößt es so schnell wie möglich ab und läßt es in schweren Tropfen auf die Erde fallen. Und so regnet es und es scheint die Sonne, aber nicht unsertwegen. – Uldis, was sagst du dazu?"

Den Sprecher erkannte ich nicht an der Stimme, doch bei Uldis handelte es sich bestimmt um den jüngeren Sohn der Nollendorfs. Ich wartete gespannt, wie er antworten würde. Und nach einer guten Weile sagte er:

„Es ist doch bekannt, dass die Sonne zu unserem Wohle scheint."

Daraufhin sagte lange Zeit niemand etwas. Der einzige Zeitvertreib lag darin zu beobachten, wie sich die Umgebung einmal deutlicher zeigte und dann wieder völlig verschwand, wie der Fahrer wegen des Nebels die Scheinwerfer anstellte und sie wieder ausschaltete. – Alle, die einen Regenschirm hatten, hielten diesen geöffnet, mit der Wölbung gegen den Wind. Auch du. Aber auf einem schnelleren Abschnitt fuhr der Wind unversehens unter dein Dächlein, und weg war es. Du hast im selben Augenblick aufgeschrien, aber bis wir dem Fahrer zugerufen hatten, er möge anhalten, und bis diejenigen, die in der Nähe des Führerhauses saßen, auf den Gedanken gekommen waren, dass Rufen nichts nützt, sondern dass man aufs Dach klopfen muss … Und dann wollte der Fahrer auch noch wissen, was los ist. So vergingen Minuten, bis wir uns verständlich gemacht hatten. Als wir dann endlich anhielten, schicktest du mich zurück, doch ich erwiderte:

„Lass ihn verrotten! Wir werden ja nicht ewig unterwegs sein. Im Lager wirst du einen besseren bekommen. Hätten wir ihn in Lettland zurückgelassen, wäre er erst recht hin."

Sollten sich einige darüber geärgert haben, dass die Fahrt wegen einer derartigen Lappalie unterbrochen worden war, so lachten sie nun. Aber bald mussten wir erfahren, dass Reisenden auch größere Missgeschicke zustoßen können. Dabei ist es unerheblich, ob man in der Luft, zu Wasser oder auf dem Lande unterwegs ist. Züge stoßen am helllichten Tag zusammen, Dampferschrauben nehmen Schaden, ja, selbst ein Fußgänger kann sich aus dem Nichts den Fuß verrenken und nicht mehr vom Fleck kommen. – Wir hielten plötzlich an.

„Was ist denn nun wieder los?", riefen mehrere.

Aus dem Führerhaus stieg Nollendorfs aus und teilte lächelnd mit:

„Wer möchte, kann im grünen Wald spazieren gehen."

Das wollte ich sehr und stieg sofort herunter. – Hier gab es tatsächlich einen Wald. Als sie erfuhren, dass es nicht so schnell weitergehen würde, stiegen auch andere aus und zerstreuten sich in alle Richtungen. Eine Abwechslung wie diese konnte nicht schaden. Hier war vom Wind nichts zu spüren. Auch der Regen hatte nachgelassen. Nur fahler Nebel verdeckte schon ganz in der Nähe die Bäume so sehr, dass der Wald endlos erschien, auch wenn er in Wirklichkeit nur ein kleiner Hain sein mochte.

Aber der Kraftwagen hatte nicht des grünen Waldes wegen angehalten. Der Fahrer hatte bemerkt, dass das Auto auf der einen Seite ein wenig ausbrach – und in der Tat: Ein Reifen war platt. Er wurde aufgepumpt, war jedoch nach fünf Minuten wieder leer. Nun musste man mit dem Wagenheber ran und einen Ersatzreifen montieren.

Es ging wieder weiter, aber nur wenige Kilometer, vielleicht nicht einmal einen Kilometer, denn gefahren wurde nur langsam.

Nichts da! Der Fahrer stieg wieder aus und untersuchte den Mantel des ersten Reifens, da sich der andere als völlig kaputt herausstellte. Der Fahrer verfluchte den Besitzer des Autos, dass dieser so einen Reifen noch nicht auf den Müll befördert hatte. Der sah doch schon von außen wie ein blank gewetzter Schleifstein aus und war vielleicht ohne Schlauch. Nun wurde der erste Reifen umso sorgfältiger untersucht. Alles klar – ein Nagel! Anschließend wurde lange hantiert, bis der Schlauch endlich geflickt war.

„Es ist halb drei", mahnten wir einander voller Ungeduld.

Erst um drei konnten wir die Fahrt fortsetzen und dann auch nicht mehr so schnell wie vorher. – Auch Stahlrösser ermüden mit der Zeit. – Dann hielt der Wagen abermals an. Es tauchte Nollendorfs mit der Straßenkarte auf und sagte:

„Hier müssten wir nach Greven abbiegen. Wir müssten da weder einen Fluss passieren noch einen ... Ach so, einen Kanal wohl! Aber egal – es hilft alles nichts. Der Fahrer fürchtet liegenzubleiben. Zum Teufel! Bald ist es vier. Es kann passieren, dass uns die Dunkelheit überrascht. Durch das langsame Fahren und Anhalten haben wir mehr Benzin verbraucht als geplant. Es bleibt nichts anderes übrig, als einen Umweg zu fahren und zu versuchen, in Münster einen Kanister Benzin zu ergattern."

Er verschwand wieder im Führerhaus und wir wussten, dass wir nach Münster fahren.

An der Tankstelle reichten die Reisedokumente Nollendorfs' nicht aus. Um die Genehmigung für eine Extra-Zuteilung Benzin zu erhalten, mussten wir bei verschiedenen Stellen vorsprechen, aber schließlich bekamen wir die Freigabe.

Zum Glück hatte der Regen aufgehört und die Wolken hatten sich etwas gelöst, als wollten sie uns einen Blick auf die grauenhaften Verwüstungen dieser Stadt ermöglichen. Es wurde ziemlich kühl und auch die Dämmerung machte sich bemerkbar.

Den weiteren Weg nahm ich mit äußerster Gleichgültigkeit wahr, mich interessierten weder der Verlauf der Strecke noch die Abfolge der Ereignisse. Ich erinnere mich bloß daran, dass wir geradeaus fuhren, aber auch nach rechts oder links und gelegentlich zurück. Einmal erwischten wir den falschen Weg. Ein anderer führte uns an einen leeren Kanal, der mit seinen Schilf bewachsenen Ufern den Weg wie ein großer Trog versperrte.

„Wo ist die Brücke?" hörte ich rufen und die Antwort:

„Hier gibt's keine Brücke. Fahren Sie zurück nach Münster!"

Aber wir fuhren in der eingeschlagenen Richtung weiter und nach einem Augenblick lag der Kanal abermals vor uns. Hier sah man große, dunkle Lastkähne auf dem Grund; zur Seite gekippt, glichen sie riesigen Walfischen. Am

Ufer machten sich mehrere Männer auf den Heimweg von der Arbeit, durchnässt, schlammverschmiert. Angesprochen, konnten sie wenig helfen. Endlich trafen wir jemanden aus der Gegend von Greven. Der willigte ein, neben dem Fahrer Platz zu nehmen und uns bis zu einer Stelle zu führen, von der ab man sich nicht mehr verfahren könne.

Er setzte sich rein und brachte uns auch hin. Aber noch immer wollte ein albtraumhaftes Gefühl, ganz wie damals in Danzig, nicht von mir weichen. Wie alles ablief und geschah, wer weiß das noch? Dem Anschein nach ging es über zwei Flüsse – denn wie konnte ein Fluss wohl zwei Brücken haben? Über ein steiniges Sträßchen, ganz wie in Krustpils [Kreuzburg][88] oder Jelgaviņa [Friedrichstadt][89] irrten wir einen Berg hoch. Als wir endlich anhielten, war es völlig dunkel. Es regnete wieder. An uns gingen Menschen vorbei – sie sprachen lettisch. Also waren wir hier richtig. Wir stiegen von der Ladefläche.

Jemand führte uns durch ein enges Tor. Dann über einen Hof, durch eine Art Gemüsegarten und eine offene Tür irgendwo hinein, wo es nicht mehr regnete. Wir stolperten mehr oder weniger hinter unserem Begleiter her in ein bequemes, aber völlig leeres Zimmer. Hier sollten wir unsere Sachen abstellen. Und wir gingen alle zurück und schleppten die Habe herein, egal ob die eigene oder fremde – wer konnte dies in der Dunkelheit auch schon ertasten? Endlich öffnete man in dem Haus mehrere Türen und teilte uns mit, dass wir hier vorläufig übernachten könnten. Die Zimmerfrage werde man dann schon morgen klären.

Da sagte ich ziemlich prahlerisch, dass ich ein Schreiben von Herrn Norvilis habe, wonach auf uns ein eingerichtetes Zimmer wartet. Aber der Verantwortliche zuckte nur mit den Schultern, sofern man dies bei der kleinen Flamme der Kerze ausmachen konnte. Dann äußerten wir den Wunsch, mit Norvilis persönlich zu sprechen, und wir wurden zu ihm hingeführt – ein Mädchen musste zur selben Straße. Die Straße erschien uns endlos lang, doch schließlich erreichten wir Nr. 67.

Die Norvilis hatten ein winziges Zimmerchen. Wir waren sehr müde. Ein Gespräch wollte überhaupt nicht in Gang kommen, obwohl wir uns lange nicht gesehen hatten. Zuerst wurden wir hervorragend verköstigt und durften dann in ihren Betten schlafen. Sie selber wollten bei Nachbarn übernachten.

Das Zimmerchen war nicht beheizt, doch allein durch seine Enge wurde es uns nicht kalt. Wir schliefen wie in Gottes Armen. Nur Norvilis' Bemerkung, sie hätten uns nicht so bald erwartet, gab mir ein wenig zu denken, bevor ich einschlief.

---

88 Krustpils – ostmittellettische Ortschaft auf dem rechten Ufer der Daugava gegenüber der Stadt Jēkabpils [Jakobsburg], nicht weit von dem Jaunsudrabiņš-Heimatort Nereta entfernt.

89 Jelgaviņa – volkstümliche Bezeichnung für die ostmittellettische Ortschaft Jaunjelgava, auf dem linken Ufer der Daugava, nicht weit von dem Jaunsudrabiņš-Heimatort Nereta entfernt.

2.

„Danke, gnädige Frau! – Wir hatten einen warmen Schlaf, Abendessen und Frühstück waren schmackhaft. Aber jetzt müssen wir unser Zuhause aufsuchen. Ich weiß bloß nicht, ob wir es finden können. Es war dunkel, als wir im Lager ankamen, und wir haben in der Dunkelheit zu Ihnen gefunden. In welche Richtung müssen wir denn jetzt gehen? In Ortschaften wie diesen kann man sich leichter verlaufen als in Großstädten."

„Pēteris, du solltest sie doch besser begleiten", drängte Frau Norvilis.

„Nun ja. Wie denn sonst. Nur weiß ich nicht, wo man euch untergebracht hat. Und wie es dort um das Zimmer bestellt sein wird. Wahrscheinlich wird man mit Jurjāns sprechen müssen. Ob sie dort schon etwas veranlasst haben. Jetzt ziehen so viele hier ein. Es war ja nicht ganz klar, wann ihr eintreffen würdet. Aber lasst uns zuerst zur Kommandantur gehen, dort wird man sicherlich Bescheid wissen."

Der gestrige Regen, der hier den ganzen Tag niedergegangen war, hatte die Barkenstraße gewaschen; sie sah sauber aus und die Hauptsache – keine Ruinen. Oder vielleicht war es das schöne Licht, das den geradezu angenehmen Eindruck hervorrief: die Sonne stand bereits recht hoch und ließ unsere Schatten an Häuserwänden, Zäunen, Bäumen entlanggleiten und manchmal in einen kleinen Garten fallen, der sie für einen Augenblick ganz verschluckte. Doch mussten wir einen langen, eintönigen Marsch zurücklegen, bis wir zu dem für uns bestimmten Haus gelangten: Meerkuhle 7 – da, wo sich bereits unsere Sachen befanden.

In dem Haus standen alle Türen weit offen. Von unseren Leuten keine Spur, nur ein paar ältere Frauen saßen beim Gepäck. Wir gingen in den Raum, wo unser Kram abgestellt war. Ja, hier war ja auch der Sack mit Holz.

Aber wo ist denn der Ofen? – Vor dem Fenster war ein Holzrollladen heruntergelassen. Das war ein Pluspunkt. So wird es im Winter wärmer sein. Und wenn wir demnächst abends das Licht einschalten, werden die Passanten nicht hereingaffen können. Bloß jetzt wäre es zweckmäßig, den Rollladen hochzuziehen, um wenigstens etwas zu erkennen. Obgleich die Tür weit geöffnet war, ließ sie kaum Licht herein, weil der Vorraum selbst ziemlich dunkel war. – Ich tastete beide Seiten des Fensters ab. Für gewöhnlich hatten solche Jalousien eine Schnur oder einen Riemen, an dem man ziehen kann. Hier aber gab es so etwas nicht.

Die Augen hatten sich mittlerweile an die Dunkelheit gewöhnt. In einer Ecke entdeckte ich eine weitere Tür, nur schaffte ich es nicht, sie aufzumachen. Es gab keine Klinke. Die Tür sollte nach innen aufgehen. Man musste es von außen versuchen. An der ersten Tür standest du mit Norvilis und der hielt den Finger in das Loch für die Klinke.

„Hier fehlt ja ebenfalls die Klinke und es ist trotzdem offen", lautete seine Tatsachenfeststellung. „Aber wo hat diese Teufelsbrut sie hingetan? Wahrscheinlich mitgenommen. Dann müsste man hier wohl Bescheid sagen, damit Jurjāns dafür sorgt, dass man die Türen öffnen und schließen kann. Jetzt ist es ja so, dass sich jene dort nicht öffnen lässt. Während man diese zwar schließen kann; sie von alleine aber wieder aufgeht."

Nachdem ich die andere Tür von außen aufgestoßen hatte, wurde es heller. Nun konnten wir sogar die Decke in Augenschein nehmen. Genau in der Mitte hing so eine Art Mäuseschwänzlein herunter. Offensichtlich handelte es sich dabei um das Überbleibsel einer Deckenlampe oder gar eines Leuchters. Neben beiden Türen gab es Stellen, wo sich zuvor die entsprechenden Drücker oder Dreher befunden hatten, oder wie auch immer sie genannt werden; Strom war in diesen Wänden also vorhanden.

Norvilis meinte, da müsse man Vīndedzis herbeiholen, der solle dann versuchen, dies bis zum Abend in Ordnung zu bringen.

Dann hast du damit begonnen, die von den beiden Innenwänden gebildete Ecke abzusuchen; hier war eindeutig ein Kaminanschluss zu erkennen, womöglich verbarg sich unter den Kleidungsstücken ein kleiner Herd oder Ofen. Als sich aber keiner fand, wurde uns bewusst, dass es in dem Zimmer noch an vielem fehlte, was ebenso notwendig war: Tisch, Sitzgelegenheit, Bett. – Mich packte der Zorn, doch der verrauchte umgehend. Es war doch offenkundig, dass Norvilis noch weniger zum praktischen Leben taugte als ich. Wir standen alle drei zusammen und überlegten, was wir nun tun sollten.

„Könnte man das Fenster aufkriegen", klagtest du, „würde ich die eine Seite aufwischen und uns dort eine Schlafstelle für die Nacht herrichten. Es wäre ja nicht das erste Mal, dass wir auf dem Fußboden schlafen müssen."

Nun fingen wir an, das Zimmer genauer zu untersuchen, und entdeckten ganz oben am Fensterpfosten etwas Ausgefranstes. Ich kletterte auf das Fensterbrett, griff nach dem flachen, aus feinen Schnüren geflochtenen Stoffstreifen und zog mit aller Kraft daran. – Der Rollladen draußen knarrte kurz auf und fuhr dann quietschend in die Höhe. Als er oben anlangte, wurde es im Zimmer so hell, dass wir alle drei die Augen zukneifen mussten. Plötzlich redeten wir lauter und fröhlicher, als ob alle Mängel bereits beseitigt wären. Aber als wir Makel auf Makel entdeckten, stellten sich die Sorgen sofort wieder ein. – Nun möge einer sagen, was jetzt zu tun ist?

„Man sollte den betreffenden Herrn aufsuchen und bitten", sagte ich, und Norvilis stimmte zu:

„Da wird nichts anderes übrig bleiben. Jurjāns, um damit anzufangen, wohnt in unserem Haus. Ihn aufzutreiben, wäre nicht schwer. Doch habe ich nicht die geringste Ahnung, wo Vīndedzis wohnt."

Während wir so dastanden und über das weitere Vorgehen nachdachten, hattest du bereits den mitgebrachten Eimer gefunden und auch einen Brunnen und warst dabei, den Boden aufzuwischen, sofern dieser nicht mit Gepäckstücken verstellt war. – Da tauchte plötzlich wie aus dem Nichts Nollendorfs in der Tür auf.

„Gut, dass ihr auch einmal ausgeschlafen habt. Bei uns ist bereits alles in Ordnung. Nur unsere Sachen müssen noch verstaut werden. Das soll meine Frau mit den Kindern tun. Und wie steht's bei euch? Wollt ihr hierbleiben oder euch nach einer weniger demolierten Bleibe umschauen? Bloß dass ihr es wisst – es gibt keine, die viel besser wäre. Ich habe alle freien Räumlichkeiten gesehen. Wo die Polen durchgezogen sind, da schaut's aus, als ob Heuschrecken alles kahl gefressen hätten. Hier gleich gegenüber, neben Jānis Otiņš, gibt's Zimmer, wo nur noch die nackten Wände übrig geblieben sind. Und dabei sind dort weder Bomben niedergegangen, noch hat es gebrannt. Was braucht ihr denn hier?"

„Wie Sie selbst sehen, haben wir hier gar nichts", klagtest du. „Schauen Sie nur, um es am Davonlaufen zu hindern, hält mein Mann das Fenster fest, als sei es ein Pferd. Andernfalls würden wir hier völlig im Dunkeln sitzen."

„Stimmt genau. Ich stehe hier schon eine ganze Weile wie angebunden und halte das Licht in meinen Händen. Denn es gibt hier weder einen Nagel noch einen Hammer."

Nollendorfs fuhr mit den Fingern am Fensterrand entlang – so, als würde er tasten, ob sich nicht doch ein Haken findet. Dann griff er mit der linken Hand in die Tasche, fischte einen Nagel heraus, zog sich mit der rechten den Schuh vom Fuß und jagte mit dem Absatz den Nagel in den Fensterpfosten. Um meine Freiheit wiederzugewinnen, zögerte ich nicht, das Band daran festzuschlingen.

„Also Herd, Bett, Tisch, zwei Stühle, Schlüssel für die Türen. Was noch?"

„Beleuchtung", hast du gesagt und den Blick gegen die Decke gerichtet.

„Beleuchtung", wiederholte Nollendorfs und lief davon.

„Sieh doch nur, wie einfach!", rief Norvilis aus. „Er wird alles beschaffen. Es gibt keinen Grund, sich Kummer und Sorgen zu machen. Lasst uns jetzt zu mir gehen. Dort ist es wärmer. Ihr müsst euch doch nach der gestrigen Fahrt erholen."

Ich war bereits einverstanden, mit Freude sogar, denn was konnten wir noch tun? Mir erschien alles ziemlich sinnlos. Der Boden feucht. Beide Türen sperrangelweit auf. Und es war kalt wie in einem Eiskeller. Aber dann sagtest du in beinahe scharfem Ton:

„Geh, wenn du willst – ich werde bleiben. Wir dürfen nicht zulassen, dass nur andere für uns sorgen. Auch wenn wir nichts tun können, müssen wir wenigstens hier sein."

Und so blieben wir. Du fingst sofort damit an, alles zusammenzusuchen, was von unseren Kleidungsstücken in dem Dauerregen nass geworden war. Mehr zu dir selbst sagtest du dabei: „Ich werde sie aufhängen. Der Wind geht ein wenig, die Sonne scheint, vielleicht werden sie trocknen. Hier drinnen könnten sie bald verschimmeln."

Nachdem du die Kleidungsstücke und Decken aufgehängt hattest, gingst du fort. Ich schloss unsere Tür und behielt durch das Fenster des anderen Zimmers unsere Kleider im Auge, damit sie nicht gestohlen werden. Nach nicht allzu langer

Zeit kehrtest du mit einem federleichten Ding zurück, das die Deutschen als *Liege* bezeichnen, wir jedoch umgehend „guleklis"[90] tauften.

„Der ist für mich", erklärtest du. „Besorg' dir einen besseren und schöneren, wenn du kannst."

„Was hast du dafür bezahlt?"

„Achtzehn. Wenn solch eine Kleinigkeit schon achtzehn Mark kostet, wie viel wirst du dann wohl für Bett, Tisch und alles andere ausgeben müssen, was in einem Zimmer unentbehrlich ist?!"

3.

Irgendwann später, als wir uns so weit beholfen hatten, dass wir in unserem Zimmer sitzen konnten, auch schlafen, essen und einiges arbeiten, haben wir uns wiederholt über unsere Missgeschicke in der Anfangszeit unterhalten.

„Wir werden noch lange auf vieles Notwendige verzichten müssen", sagte ich. „Aber dafür sind wir im Exil, wo das wichtigste Gut wir selbst sind. Sollte sich die Möglichkeit dazu ergeben, werden wir uns im Laufe der Zeit einige Dinge zulegen. Wir sollten uns jetzt vor allem bei den Freunden aus unserer Gruppe bedanken, die uns sehr geholfen haben. Hätten wir auf die Obrigkeiten gewartet, säßen wir noch heute auf dem Sack Holz. Nun können wir aber schon heizen. Hast du nicht selbst gesagt, dass in den Nebenräumen der Lagerküche schon seit mehr als einer Woche zwei intelligente Familien aus Liepāja vor sich hinkümmern? Gewiss, mit der Zeit werden auch sie irgendwo besser unterkommen, aber auch nur dann, wenn sie sich selbst dazu aufraffen oder ihnen so wie uns jemand zur Hilfe kommt, der sich auskennt."

Ja. Wenn ich mir nun unser Zimmer anschaute, so war dieses um keinen Deut schlechter als eine der Gesindestuben in Lettland zu jener Zeit, als ich Kind war. – An der einen Wand stand ein Bett aus Holz, mit mächtigen, ungehobelten Beinen. Das Kopfende sah anders aus als das Fußende. Die Seitenbretter – einfach drangenagelt. Mitnichten das Werk eines Tischlers. Im Bett keine Matratze, sondern ein Strohsack auf Latten, die auf darunter angeschlagenen Leisten auflagen. Das Bett war so tief, dass man beim Hinlegen oder Aufstehen sich nicht einfach gemütlich auf die Kante setzen und dann rein- oder rausgleiten konnte. Man musste schon förmlich ein- und aussteigen, wie ich es zu Zeiten des *Weißen Buchs* getan habe. Deine Liege war im Vergleich zu meinem Bett zwar der reinste Paradiesvogel. Doch in praktischer Hinsicht konnte das Bett seine Qualitäten nicht

---

90 Guleklis – dieses Wort gibt es im Lettischen eigentlich nicht; es ist jedoch korrekt aus „gulēt" [„schlafen"] abgeleitet und lässt sich sinngemäß mit „Ding" oder „Vorrichtung zum Schlafen" oder „Schlummern" wiedergeben.

verleugnen. Ich war sicher, dass ich nicht herausfallen würde; du hingegen bist schon mal bei unruhigem Schlaf heruntergerollt und am nächsten Morgen auf dem kalten Fußboden aufgewacht. – Die Zimmerecke mit diesen beiden Möbelstücken bezeichneten wir als Schlafzimmer.

Unser Esszimmer war ein kleines Stück Fußboden, wo ein Schemel und ein braun gestrichener Stuhl an einem selbst gebastelten Tisch standen – der Schublade eines richtigen Tisches, mit dem Boden nach oben gekehrt, innen an allen vier Ecken ein Bein. Zugleich war dies auch mein Schreibzimmer. Es wurde ja nie gleichzeitig geschrieben und gegessen, weshalb man mit nur einem einzigen Tisch auskommen konnte. Bei unseren Mahlzeiten breitetest du ein kleines Tischtuch darüber aus und wenn ich mit dem Schreiben dran war, nahmst du es wieder herunter, damit ich es nicht verschmutze. Dieser Tisch dient mir noch heute als Schreibmaschinentisch. Nur hat man ihm inzwischen die Beine gekürzt, und da es sich um eine ziemlich tiefe Schublade handelt, musste daraufhin die vordere Wand ausgeschnitten werden, damit ich meine Füße darunterstellen kann.

Ferner gab es noch den Ankleideraum oder die Garderobe, wo all unsere Klamotten hingen, überzogen mit einem alten Bettlaken, damit der Küchenruß und der Staub aus dem Bettsack nicht auf direktem Weg auf sie niedergingen.

Die Küche diente zugleich auch als Flur und Badezimmer, bloß ohne Wanne; dort stand mit der Rückseite direkt neben der Tür auf wackeligen gusseisernen Füßen etwas Herdähnliches, nur fehlten die Ringe. Die waren auch nicht notwendig. Beim Kochen verschloss doch der Boden des Kessels die Öffnung. Aber wenn wir der Wärme wegen heizten, dann deckten wir beide Löcher mit einem großen Stück Blech ab, das ich aus dem Warenlager des Militär-Diskont-Kaufhauses[91] hergebracht hatte – so hatte man hier die riesige Abfallgrube getauft, die sich über das ganze Ufer des ausgetrockneten Flussbettes erstreckte und wo Schrotteile herumlagen, angefangen von leeren Konservendosen bis hin zu Autokarosserien. Wer auch nur einigermaßen technische Kenntnisse besaß, konnte aus hier gesammelten Fundstücken nicht nur Nähmaschinen und Fahrräder zusammenbauen, sondern auch Apparaturen zum Schnapsbrennen. Unser Herd hatte weder Schieber noch Luftklappe. Die Flammen schossen direkt in den Kamin. So konnten wir wenigstens sicher sein, dass wir nicht durch Kohlenmonoxyd umkommen, da mochten die blauen Flammen unter dem Blech noch so züngeln, wenn du in kalten Nächten Kohlen zu dem Werfener Holz schüttetest.

Doch wozu so viel über Belangloses reden? Ich möchte nur noch daran erinnern, dass uns ein junger Freund für wenig Geld Klinken für beide Türen besorgte. Es handelte sich um einfache Holzklötzchen mit einer Halterung aus Eisen, doch

---

91 Jānis Jaunsudrabiņš benutzt an dieser Stelle des lettischen Originals den Begriff „Armijas ekonomiskais veikals" – seit der Gründung 1919 eine volkstümliche Institution im Lettland der Zwischenkriegsjahre. Dabei handelte es sich um ein dem Verteidigungsministerium unterstelltes, durchaus modernes Kaufhaus mit Hauptsitz in Riga.

CIEMĀ ATNĀK TANTE NATE,
VIENA PATE.

KAIMIŅDURVĪS JAUNSUDRABIŅŠ.

1945/46 zeichnete Jānis Jaunsudrabiņš mit
Buntstiften ein Kinderbuch für die kleine
Maija, die in Greven in der Nachbarschaft
wohnte. – Unter dem Bild steht: „Zu Besuch
kommt Tante Nate ganz allein."

„In der Nachbartür Jaunsudrabiņš."
Er musste zu Hause bleiben,
da die Tür noch nicht abzuschließen war.

erfüllten sie ihren Zweck. Für ein paar Zigarren feilte ein deutscher Schlosser Schlüssel zurecht. So konnten wir endlich beide zugleich das Zimmer verlassen, und das war ein großer Gewinn für uns. Eigentlich fehlte nur noch Licht für die Nachtstunden. Doch fast allabendlich sprach Vīndedzis vor, den alle den Minister für Beleuchtungswesen nannten, und sagte:

„Bitte haben Sie ein bisschen Geduld."

Auch das war schon etwas wert. Weit schlimmer wäre es gewesen, wenn er überhaupt nicht aufgetaucht wäre. Jetzt wussten wir zumindest, dass man uns nicht vergessen hatte, dass wir hoffen durften.

Und da wir nun die Tür abschließen und zusammen ausgehen konnten, ließen wir es uns nicht nehmen, ein wenig die Umgebung zu erkunden und das Dorf, das ganz wie eine Stadt wirkte. Tatsächlich war es auch eine Ortschaft von der Größe unserer Stadt Ventspils [Windau], mit zirka sechzehntausend Einwohnern. Nicht umsonst hatten Schulkinder in Westfalen den Vers gelernt:

Die größte Stadt in Engeland
Ist London an der Themse.
Das größte Dorf in Münsterland
Ist Greven an der Emse.

Ich habe keine Ahnung, weshalb es in Deutschland so riesige Dörfer gibt, während einige Städte so klein sind, dass deren Einwohnerzahl keine fünftausend erreicht. Vielleicht hat dies etwas mit dem Alter zu tun, vielleicht mit der Anzahl der Kirchen, vielleicht hängt es aber auch von der Geschäftigkeit oder Schlafmützigkeit der Bürger ab. Doch nun, mit der Währungsreform, hat Greven endlich das Recht erlangt, sich Stadt zu nennen.

In Greven gibt es mehrere große Fabriken, hauptsächlich Spinnereien und Webereien. Einige waren zerbombt worden, aber der größte Teil arbeitete mit voller Leistung, wie man an den rauchenden Schloten unschwer erkennen konnte. Und wo immer die hohen Schornsteine emporragten, zogen sich ringsum in langen Reihen dicht gedrängte Häuser wie Fliegenpilze hin, alle gleich, mit weißem oder gelblichem Stiel und rotem Hut. So war dieses weit verstreute Dorf entstanden, ganz in der Mitte eine alte, riesige katholische Kirche, der der Krieg kaum etwas hatte anhaben können, bloß einige Schrammen hatte er ins Mauerwerk geschlagen, die Turmspitze zur Seite gedrückt und die Zeiger der Uhr weggerissen. Doch die Uhr ging weiterhin und schlug die Stunden, die Glocken dröhnten, und jeden Sonntagmorgen sah man auf den umliegenden Höfen, in den Toreinfahrten und am Straßenrand die gelben Kaleschen stehen, mit denen die Bauern zur Frühmesse gekommen waren. Die Orgel brauste, die Gemeinde sang, und durch die zerborstenen Fensterscheiben erreichte die Stimme des Pfarrers auch jene, die auf dem Kirchplatz standen.

Etwas weiter, am Rande des neuen Marktplatzes, stand eine kleine Kirche, nicht größer als so manche Friedhofskapelle. Das war das Gebetshaus der evangelischen Gemeinde. Dort fanden auch die Gottesdienste der estnischen und der lettischen Gemeinde statt, ebenso die der Baptisten. Den Litauern und Polen hatte man nach langem Bitten den Zutritt zur großen Kirche gewährt.

In unserem Lager gab es vier, mitunter gar sechs Pfarrer. Fast so viele wie Polizisten. Die Gemeinde schätzte sie nicht besonders. Denn wo sich das Leben in so großer Beengtheit und Armut abspielte, wurde selbst die geringste, manchmal völlig unschuldige Schwäche, wie sie einem jeden Menschen eigen ist, einem Pfarrer gleich als Sünde angekreidet. So lief Ulmanis jeden Morgen selbst Magermilch holen. Und nicht nur für sich, sondern auch für das Ferkel. Santiņš sprach dem Alkohol zu und ging ohne Hut umher. Sarkanbārdis, Naumgads, später Meisters, – ein jeder hatte seinen Tick, wie Skalbe wohl gesagt hätte. Wir waren weder fleißige Kirchgänger, noch Freunde von Pfarrern, aber auch nicht ihre Feinde oder Schmäher. Zu den Baptisten-Pfarrern Meteris[92] und Čukurs bauten wir aber überaus herzliche Beziehungen auf. Zum einen kamen sie aus der Herforder Gruppe, und dann waren sie durch und durch achtbare Menschen.

So war Greven rund um die Kirchen und Fabriken gewachsen, indem es die Beine wie ein Krebs strahlenförmig ausstreckte. Vor der katholischen Kirche befand sich das Dorfrathaus, große Geschäfte, ein Kino, Gasthäuser, Kneipen. Neben der evangelischen Kirche befand sich ein stattliches Schulgebäude, das nach dem Abzug der Polen die lettische Gruppe erbte und wo später unser Gymnasium unterkam. Wie du dich erinnerst, übte ich mich in dieser Schule auch im Lehrerberuf. Ich sollte Zeichnen unterrichten und den beiden letzten Klassen etwas über Kunst und deren Geschichte erzählen. Ich war kein guter Lehrer und wahrscheinlich konnten mich die Kinder deswegen besonders gut leiden, ebenso wie ich sie.

Etwas unterhalb des Gymnasiums befand sich an einer Straßenecke das Reli-Theater. Hier wurden Filme geboten, gelegentlich auch lebendiges Theater und Konzerte und allerhand Volksbelustigungen. Auch die Ehrung zu meinem fünfzigjährigen Autoren-Jubiläum. Ja, was hätte ich denn auf dem Teller gehabt, wenn ich nicht gearbeitet hätte?

Im selben Maße, wie sich das Dorf strahlenförmig nach außen dehnte, ragten Wiesen und Felder von allen Seiten herein, sogar bis zur Dorfmitte. Im Osten schoben sich in drei Keilen Äcker heran, in südlicher Richtung war es eine ununterbrochene Weite von Kartoffel- und Roggenfeldern, nach Westen hin Gemüse- und Schrebergärten und die Ems-Wiesen mit dem Fluss, der sich S-förmig durch das Dorf schlängelte und dann nach Norden weiterfloss, wo es nur noch Weiden und Wald gab und Äcker und wieder Wald und so fort.

Die Flussufer waren hier die einzigen Anhöhen. Sonst hatten wir hier eine sandige Ebene mit stacheligem Gebüsch an Wegrändern und Gräben, wo sich Kaninchen versteckten und morgens die Fasanenhähne sangen. Aus unerklärlichen Gründen erinnerte mich die Natur an den Kaukasus, im Abschnitt zwischen Petrowsk und Derbent.[93] Vielleicht deshalb, weil es dort auch viele Fasanen gab. Nur war der Unterschied in der zivilisatorischen Entwicklung doch gewaltig. Ich erinnere mich, wie dort ein Bauer den Boden eggte, den er zuvor mit einem hölzernen Pflug aufgerupft hatte: Er saß dabei auf einem Häuflein ästigen Reisigs, das

---

92 Jānis Jaunsudrabiņš bzw. dem oder den Setzern scheint entgangen zu sein, dass im lettischen Original von *Ich erzähle meiner Frau* der Name des Pfarrers in Kapital 6 („Wie wir mit Letten zusammentrafen") mit „Mēteris", hier jedoch mit „Meteris" angegeben wird.

93 Während Derbent relativ eindeutig im heutigen Dagestan am Kaspischen Meer zu verorten ist, gibt es in der GUS mehrere Städte mit dem Namen Petrowsk. Vemutlich hat Jānis Jausudrabiņš jedoch die Ortschaft nordwestlich von Saratow gemeint.

von zwei schwächlichen Jungochsen gezogen wurde. Hier pflügte ein Mann, die Zigarre zwischen den Zähnen, mit einem vierscharigen Pflug, den ein Paar überaus stämmige Pferde zogen. Zwei der Pflugscharen bahnten sich im Boden ihren Weg, während die beiden anderen hochgestellt in die Luft ragten. Am Ende der Furche wendete er lediglich die Pferde, stellte die beiden anderen Scharen hoch und fuhr zurück. Hier gab es überall Tiefkulturen.

Um den Bericht über Greven einigermaßen abzurunden, bedarf es noch einiger zusätzlicher Worte.

Ich sagte schon, dass sich die Ems durch das Dorf hindurchschlängelt. In Wirklichkeit befand sich das Dorf jedoch am rechten Flussufer. Aber da die Bahnstation auf der anderen Seite des Flusses gelegen war und weil dort auch ein paar Fabriken Rauch ausstießen, war im Laufe der Zeit ein ganzer Ortsteil drum herum entstanden, mit Straßen und Pflaster, mit Häusern und Gärten. Auf der linken Seite kam der Fluss nur an wenige Häuser dicht heran. Aber dann folgten in der Biegung einige Häuser, die unmittelbar am Ufer standen, darunter auch das Molkereigebäude. Und an dieser Stelle befanden sich dann auch die beiden Brücken, über die ich fantasiert hatte, als wir das erste Mal nach Greven hineingefahren sind. Hier krümmte sich der Fluss in einer dermaßen scharfen Biegung und sein Bett war so eng, dass es bei Überschwemmungen das ganze Wasser nicht abzuführen vermochte. Deshalb hatte man etwas weiter aufwärts einen Kanal von der Breite des Flusses angelegt und eine Betonbrücke errichtet. Jene bei der Molkerei war in Wirklichkeit kaum mehr als ein eiserner Steg von einem Ufer zum anderen. Es rasselte nur so, wenn ein Auto drüber fuhr. Um aber den Bahnhof zu Fuß zu erreichen, war dieser Weg den Dorfbewohnern zu weit, weshalb man in jüngster Zeit – ich schloss dies aus den ziemlich kleinen Bäumen entlang des Weges – eine hölzerne Brücke gebaut hatte, nunmehr schon die dritte an der Zahl und allein Fußgängern und Radfahrern vorbehalten. Das war dann zwar der kürzeste Weg von der Bahnstation zur Dorfmitte, betrug aber auch noch etwa einen Kilometer. Hatte ein Schwarzhändler etwas Schwereres hin- oder herzutransportieren, war er ohne ein Handwägelchen aufgeschmissen.

Der Fluss war das einzig Schöne an Greven. An ihm habe ich so oft gesessen, mich über die Morgenfrische gefreut, an Sommertagen über die Sonne und die kühlen Schatten unter den Bäumen. Auf einer Länge von fünf Kilometern oberhalb des Dorfes und ebenso weit unterhalb hat er sich klar und deutlich meinem Gedächtnis eingeprägt. Auch habe ich daraus so manch schmackhaften Bissen an Land geholt und dir mit den Worten von Grundulis aus *Jaunsaimnieks un velns*[94] überreicht:

„Bitte, gnädige Frau, schmoren Sie dies."

---

94 *Jaunsaimnieks un velns* [*Der Neubauer und der Teufel*], ein ländlicher Roman von Jānis Jaunsudrabiņš, zuerst in Fortsetzungen in der lettischen Illustrierten *Atpūta* erschienen, 1933 auch als Buch. Im selben Jahr wurde auch eine deutsche Fassung veröffentlicht, die *Rigasche Post* druckte 1935 einen Auszug. Die Kritik hat vor allem den Realismus der Darstellung hervorgehoben; allerdings gehe es dem Autor nicht um soziale Fragen, vielmehr stünden Charakterstudien im Vordergrund, die widersprüchliche Psychologie des Individuums.

5.

Ich will gerade meinen Bericht über Greven fortsetzen, da legst du mir plötzlich die Hand auf den Mund:

„Halt mal ein! – Glaubst du nicht, es könnte dem Zuhörer zuviel werden, wenn du nur von seelenlosen Orten und Dingen erzählst? Jetzt habe ich schon vier Episoden gehört und es gab dabei nichts, worüber man lachen, staunen oder sich richtig empören konnte. Erzähl doch etwas, was ich selber nicht ebenso klar gesehen habe. – Lüg, wenn es denn sein muss, aber achte schon auf die Wortwahl. Mir gefällt nämlich überhaupt nicht, dass du Ausdrücke gebrauchst, die von dir zu hören ich sonst nicht gewohnt bin."

„Ich weiß, woran du denkst. Wo es um den alten Lapiņš geht. Aber weißt du, für diese Stelle konnte ich kein anderes Wort finden. Dort musste das Wort völlig mit dem Inhalt verschmelzen, um einen nachhaltigen Eindruck zu hinterlassen. Darf man denn sagen, dass Aas duftet, Rosen aber stinken? Glaubst du, es hätte sich besser angehört, wenn ich gesagt hätte, der Bub hat Wasser abgelassen? Oder – jemanden nass gemacht? Der Inhalt wäre zwar der gleiche, jeder würde auch ohne Weiteres den Sinn dieser Worte verstehen, aber dafür wäre der ganze Effekt dahin. Ist es nicht so?"

„Gut, da ist was dran! Aber wer weiß, was die große Kritikerin Alīda Cīrule[95] dazu sagen wird."

„Es wird jedoch auch andere geben, denen ein normales Leben begonnen hat, die Falten zu glätten. Aber ich erzähle ja von schrecklich unnormalen Zeiten und deshalb soll es ruhig bei dieser Fassung bleiben. Hingegen bin ich einverstanden, über Greven kein Wort mehr zu verlieren. Stattdessen werde ich darüber berichten, wie sehr man sich täuschen kann, wenn man einen Menschen allein nach seinem Äußeren beurteilt."

Schon gleich zu Anfang, als die Tür unseres Zimmers sich noch nicht schließen ließ und die Außentür am Hausende ständig offen stand wie bei einer Stadolle[96] und fremde Leute kamen und gingen, um sich die noch freien Zimmer anzuschauen, wobei der eine oder andere von ihnen seinen Kopf auch in unsere Behausung steckte und anschließend zu sich selbst sagte, dass hier bereits Leute wohnten, – hatte ich einen jungen Menschen bemerkt. Er war mittelgroß, von brauner Gesichtsfarbe, hatte einen pechschwarzen Schnurrbart und einen kurz gestutzten Kinnbart. Auf dem Kopf trug er eine echte Admiralsmütze mit ausladendem Deckel, einer Einfassung aus geblümter Seide und einem glänzenden Schirm, der fast die Augen verdeckte, denn zweifelsohne war die Kopfbedeckung

---

95 Zum offenbar gespannten Verhältnis zwischen Jānis Jaunsudrabiņš und Alīda Cīrule s. auch die Schlusspassage von Kapitel 7 („Die Besatzung").

96 Stadolle ist im baltischen Deutsch ein Schuppen zur Unterbringen von Pferden und Wagen in Wirtshäusern.

für ihn zu groß. An wärmeren Tagen hatte er eine bräunliche Strickjacke an, an kalten oder regnerischen so etwas wie einen Regenmantel.

„Wenn das kein ehemaliger Räuberhauptmann ist, dann sicher ein bolschewistischer Spion. Du wirst schon sehen", sagte ich dir. „Was treibt er sich bloß an unserer Straßenecke herum?"

„Du hast recht", lautete deine Antwort. „Auch mir macht dieser Mensch Angst. Gestern hatte er bereits unseren kleinen Garten betreten, wo noch immer unsere durchnässten Sachen hingen. Als er mich erblickte, schien er aufzuschrecken und begann ‚Manch' schöne Blüte'[97] zu pfeifen. Aber ich könnte schwören, dass er ein Russe ist."

Später hörte ich diesen Russen auch in der Küche unseres Hauses pfeifen, im mittleren Raum, wo es allerdings bis auf Weiteres nichts anderes gab als einen Fußboden, besudelte Wände und eine Decke. Ich ging auch gar nicht hinaus um nachzuschauen, so widerlich war mir die Manier, ein fremdes Haus zu betreten und sich so zu benehmen, als wäre es das eigene.

Aber bald schob sich die Admiralsmütze auch durch die Tür unseres Zimmers. Zwei lauernde Augen schweiften langsam durch den Raum, bevor sie sich deckenwärts wandten. Dabei sagte der Mund unverschämt:

„Pardon! Ich wollte bloß nachsehen, ob Sie sich schon halbwegs eingerichtet haben. Mir ist zu Ohren gekommen, dass Sie noch ohne Licht sind."

„Ja, und?"

„Ja, und, – mein Name ist Ķemme. Ich bin Bautechniker. Die werden hier in Deutschland Ingenieure genannt. Ein wenig verstehe ich auch von Elektrizität. Hätten Sie etwas dagegen, wenn ich nachschaue, was Ihnen hier fehlt?"

„Von Fehlen kann bei uns mitnichten die Rede sein. Nur dort, wo es etwas gibt, kann auch etwas fehlen. Hier aber gibt es nichts. Oder doch, – dieses Mäuseschwänzchen dort an der Decke?"

„Auch das ist schon etwas."

„Glauben Sie?"

„Potz Blitz!", rief Ķemme aus, als er die Spinnrute erblickte, die ich gerade aus dem Futteral gezogen hatte, um zu überprüfen, ob sie die Fahrt unbeschadet überstanden hatte.

Er griff sich die Rute und schwenkte sie hin und her.

„Das ist ein wahres Prachtstück! – Ach, wenn sie meine sehen würden, die verhält sich zu dieser hier wie ein Bettler zu einem Baron. Die dafür geeignete Wacholderrute habe ich selbst am Ufer gefunden und die Ringe habe ich mit den eigenen Händen aus Draht zurechtgebogen und daran befestigt. Aber sei's drum, ich kann bereits sieben Gesprenkelte auf meinem Konto verbuchen. Bei Ihrem meisterlichen Können werden Sie mit dieser hier nicht wenige Fische zum Tanzen

---

97 In der Erstausgabe von *Ich erzähle meiner Frau* ist diese Stelle wohl der eindeutigste Beleg für eine lieblose und nachlässige Gestaltung des Buches: Typographisch deutet nämlich nichts darauf hin, dass mit den Worten „manch' schöne Blüte" das populäre lettische Lied „Dažu skaistu ziedu" gemeint ist.

bringen. Ein Jammer, dass das Wasser in der Ems derzeit stark angestiegen ist und fast über die Ufer tritt."

„Was können Sie denn von meinem meisterlichen Können wissen?"

„Oho! Ich habe *Gewässer*[98] vor- und rückwärts gelesen."

Nun sieh mal einer an, jetzt kam mir dieser Mensch schon nicht mehr so gefährlich vor. Er begann mir sogar zu gefallen. Es schien, als ob nur er uns zu dem heiß ersehnten Licht verhelfen könnte. Denn wie lange noch sollten wir abends, wo die Dunkelheit immer früher hereinbrach, im Schein von teuren Weihnachtskerzen dasitzen, wenn Strom für uns ganz umsonst wäre?

Wir haben uns vernünftig besprochen und Ķemme machte sich an die Arbeit. Er kletterte auf den Schemel, untersuchte die kleinen Strünke an der Decke, schaute sich bei den Türen die Stellen an, wo sich mal die Wanddosen befunden hatten, trat auf den Flur hinaus, wo auf einem schwarzen Brett genauso ein Zähler wie bei Martha in Bünde befestigt war, mit weißen Porzellan-Sicherungen, die man in die eine und die andere Richtung drehen konnte. Er schraubte sie alle ganz heraus, pfiff vor sich hin und schaute sie sich aufmerksam an, nestelte daran herum. Er lief nach Hause und kehrte mit Leitungsstrippen und verschiedenen spitzen Gegenständen zurück, fummelte hier herum und dort, bis schließlich die mitgebrachte Birne wie eine Sonne aufglühte, als er sie mit zwei Leitungsenden in Berührung brachte. – Nur eines kam auf gar keinen Fall in Frage, seine einzige Birne konnte er nicht anschließen. Denn dann müsste seine Familie mit den kleinen Kindern selbst im Dunkeln sitzen. Er gab jedoch einen guten Rat:

„Wissen Sie was? Sie müssten doch Herrn Benjamiņš gut kennen. Gehen Sie zu ihm. Er wird bestimmt eine übrig haben. Die wollen wir dann anbringen. Und wenn wir sie mit einem Knoten anbinden müssen. Vīndedzis wird auf sich warten lassen, da kommt vorher noch Weihnachten, wenn nicht Ostern."

So machten wir es auch. Benjamiņš war so freundlich, dass er nicht nur eine Birne auslieh, bis wir die Gelegenheit haben würden, uns selber eine zu kaufen – er schloss sie auch an. Das Licht an- und ausmachen konnte man zwar nur, indem man in den Flur hinausging und die mit einem Kreuzchen versehene Sicherung losdrehte, doch war dieser Komfort in Worten nicht zu fassen. Ich muss hinzufügen, dass bald darauf auch Vīndedzis erschien und alles einrichtete, wie es sich gehört, mit Steckdosen und *Stöpseln*, mit Dreh- und Kippdingern[99]. Knicks! Es

---

98 Bei *Gewässer* handelt es sich um den Prosatext *Ūdeņi* von Jānis Jaunsudrabiņš über seine Angel-erlebnisse. 1920/1921 zuerst kapitelweise in der lettischen Jugendzeitschrift *Jaunības tekas* und der Tageszeitung *Jaunākās ziņas* veröffentlicht, wurde er zum ersten Mal 1921 in Buchform zusammengeführt, allerdings mit dem Titel *Ar makšķeri* [Mit der Angel]. 1924 erschien eine weitere Ausgabe des Buches, diesmal jedoch mit den Illustrationen des Autors. Die nächste Edition folgte 1935, dabei wurde die ursprüngliche Nummerierung der Kapitel fallengelassen und der Text ausgeweitet; der Titel lautet nunmehr *Ūdeņi (Ar makšķeri)*. Schließlich wurde *Ūdeņi* 1947 in Detmold neu aufgelegt. Die Kritik hat die „sonnendurchflutete Herzlichkeit", das „wunderbar differenzierte und tiefe Naturempfinden" des Textes hervorgehoben, der es verdiene, „als leuchtendes literarisches Beispiel in die Schulbücher einzugehen".
99 Dreh- und Kippdinger – im Prinzip gelten auch hier die im Zusammenhang mit „guleklis" bzw. „Liege" gemachten Ausführungen.

ward Licht. Und knacks! Es verlosch und ließ nur einen grünen Punkt auf der Netzhaut zurück. – Wenn es später zu irgendwelchen Problemen mit dem Strom kam, und so etwas passierte ziemlich oft, wussten wir, wo es Rettung gab. Gleich in dem Haus an der Ecke bewohnte die Familie Ķemme zwei Zimmerchen.

Und von nun an war dies unser häufigstes Besuchsziel. Bestimmt einmal in der Woche fanden wir uns dort zum Rommé ein, denn auf dieses Spiel war Ķemmes Mutter besonders versessen. Seine Frau weniger, aber auch sie konnte man als leidenschaftliche Kartenspielerin bezeichnen. Und du wagtest ja auch gerne ein Spielchen. Gespielt wurde selbstverständlich nur um Geld. Wir Männer sagten, ohne Einsatz zu spielen sei wie angeln und nichts fangen. Die feste Gruppe waren fünf Spieler. Aber es konnte auch passieren, dass sich die Runde um ihren großen Tisch auffüllte und wir bis Mitternacht dasaßen, Männlein und Weiblein, verwurzelt wie Stubben, und die gesamte Tischfläche war ständig unter Karten begraben. Dann ging es lustig her. Sperrstunde war zwar um elf, aber alle hatten ihr Zuhause ganz in der Nähe, da konnte man zur Not kurz rüberlaufen.

Ja, ganz gleich, wo einen der Schuh drückte – der erste Weg führte unweigerlich zu Ķemme. Im Laufe der Zeit übernahm er die Leitung der Instandsetzungsabteilung und war sehr beschäftigt, doch das hinderte ihn nicht, zur Hilfe zu eilen, wenn wir darum baten. Frau Ķemme arbeitete später auch – als Schwester in der Ambulanz. Die Mutter pflegte und beaufsichtigte drei nette Enkeltöchter. Außerdem mästete sie auch mehrere Jungschweine, natürlich nicht alle auf einmal, sondern nacheinander. Eines war schwarz wie ein Bärenkind und streifte gerne durch alle Zimmer, wie ein kleiner Hund auf der Suche nach menschlicher Nähe. Ach, hätte Ķemme uns im ersten Winter nicht eine Fuhre Holz besorgt, wir wären wie Küchenschaben erfroren. Noch heute sei ihm dafür gedankt!

Ķemme war auch kulturell aktiv: Er spielte Theater, sang im Chor, war aktives Mitglied im YMCA[100], zeichnete Plakate und las Bücher. Schließlich fuhr Ķemme mit uns zum Möhnesee, als wir das Lager verließen, und schleppte unser Inventar so gut wie im Alleingang von der Landstraße den Berg hoch. Wir schauten bloß zu und taten so, als ob wir helfen würden, legten hier und da etwas Hand an, wie die dummen Auguste im Zirkus.

Nur eine Schwäche zeichnete Herrn Ķemme aus und ist ihm noch immer eigen: Er war und ist ein fauler Schreiber. Deshalb ist ein Briefwechsel mit ihm schwierig. Nachdem er von Greven nach Schweden gezogen war, schickte er eine Ansichtskarte aus dem Sanatorium Hässleby[101], und damit hatte es sich.

---

100 YMCA steht für Young Men's Christian Association, im Deutschen als CVJM bekannt – Christlicher Verein junger Männer. Mit dem Wort „Imka" findet sich im Originaltext an dieser Stelle im Übrigen ein weiteres schönes Beispiel für die Neigung des gesprochenen Lettisch, auch fremdsprachliche Akronyme als deklinationsfähige „Substantive" ins eigene Idiom zu übernehmen.

101 In der lettischen Erstausgabe von *Ich erzähle meiner Frau* ist an dieser Stelle von einem Sanatorium Ilässleby die Rede. Eine Anstalt dieses Namens lässt sich jedoch nirgends nachweisen, wohl aber das bekannte Tuberkulose-Sanatorium Hässleby in der schwedischen Gemeinde Eksjö.

Dann noch ein kurzes Nachwort. – Mir geht ein Tag nicht aus dem Sinn, an dem wir als Angler am Kanal unterwegs waren. Wir spinnangelten. Der Abstand zwischen uns betrug vielleicht fünfzig Schritte. Wir konnten einander mit den Spinnern fast erreichen. Ich holte zuerst drei Barsche aus dem Wasser, dann aber biss keiner mehr bei mir an. Zu ihm kamen sie hingegen mit jedem Wurf, wieder und wieder. Mancher Barsch war so groß, dass er einen Krach wie ein Hecht machte. Ich verließ meinen Standort und ging hinüber, um ihm zuzuschauen.

„Vierzehn!", zählte Ķemme gerade, während er einen Barsch vom Haken befreite.

Und mit jedem Wurf wieder einer, – fünfzehn, sechzehn, siebzehn. Als der dreißigste an Land gezogen war, sagte ich:

„Vermutlich ist mein Spinner zu groß. Würden Sie mir ein paar Würfe zur Probe gestatten? Wenn sie anbeißen, wird es am Standort liegen, wenn nicht – dann am Spinner."

„Sofort!", erwiderte Ķemme, ohne sich dabei umzuschauen, und warf wieder aus.

Auch aus Maijas Bilderbuch: „Vom Fluss kommt Alfrēds Ķemme",
den Rucksack mit Fisch gefüllt.

Bei vierzig versuchte ich einen neuen Anlauf. Ich wiederholte meinen früheren Spruch, denn es konnte ja sein, dass er den Inhalt meiner Worte in der Hitze des Gefechts nicht verstanden hatte. – Die Verhältnisse vor Ort waren dergestalt, dass es zum Auswerfen der Angel eines über mehrere Quadratmeter ordentlich niedergetrampelten Plätzchens bedurfte. Solche „Nester" hatten sich dort gebildet, wo Angler häufiger anstanden. Sonst war das Schilf so hoch gewachsen, dass es wie eine Mauer über den Kopf hinwegragte. Nun machte ich mir bereits Hoffnungen, zum Zuge zu kommen, sagte doch der Kollege:

„Ich werde noch ein bisschen weitermachen. Da hat gerade etwas mächtig zugeschnappt, aber umgehend das Weite gesucht. Zum Teufel, wahrscheinlich ein Hecht. Doch nichts wie auf und davon, verdammt noch mal."

Und Ķemme fuhr mit dem Werfen fort wie bisher, nun aber schon mit einigen Leerfängen dazwischen. – Er holte sechsundfünfzig Barsche heraus. Und als er schließlich nach mehreren Würfen spürte, dass nun nichts mehr anbiss, trat er zurück und sagte, während er sich die Stirn wischte:

„Versuchen Sie es. Vielleicht haben Sie Erfolg."

Ich überlegte, was ich tun sollte – werfen oder mich herzlich bedanken und fortgehen; aus Höflichkeit warf ich aber ein paar Mal aus. Vergebens, versteht sich.

Über diesen Vorfall habe ich oft nachgedacht und bin mir noch immer nicht im Klaren. – Was hatte ich da nun erlebt: Schieren Egoismus oder einen Gipfel der Angelkunst, zu dem ich mich nie werde emporschwingen können?

6.

Wahrscheinlich trifft es zu, dass ein gesunder Mensch nicht über seine Gesundheit spricht. Und so habe ich zwar ausführlich über das Lager berichtet, dabei aber noch mit keinem Wort die Verpflegung erwähnt. Nun, lass es uns angehen.

Ich entsinne mich, dass wir in der ersten Zeit Brot im Überfluss hatten. Und das war keineswegs irgendein Kleiebrot, sondern aus allerweißestem amerikanischem Mehl gebacken. Meiner Meinung nach brauchte man eigentlich keine weiteren Nahrungsmittel, denn es war schmackhaft und zugleich sättigend. Jedes Mal, wenn du von der Ausgabestelle zurückgekehrt bist und das Brot auf unseren kleinen Tisch abgestellt hast, kamen mir die alten Zeiten am Daugava-Ufer in Riga in den Sinn, als die Russen, die mit ihren Flößen stromabwärts gekommen waren, wie im Rausch umherliefen. Jeder hatte einen Laib Rosinenbrot unter dem Arm. Im Gehen brachen sie davon große Stücke ab und steckten sich diese in den Mund. Gesprochen haben sie nicht, sie hatten bloß Augen zum Schauen. Sie zogen bis zum großen Christophorus-Standbild, machten dort kehrt und trotteten zum Bahnhof, um mit dem Zug die Rückfahrt anzutreten. Dort auf dem Wasser machten ganze drei Wörter ihre Rede aus – „pravo, ļevo, polno!"[102]. In Riga kam noch das kurze Wort „hļeb"[103] hinzu. Und dann sprangen meine Gedanken stets zur Gegenwart an das Daugava-Ufer. – Sieht man dort heutzutage jemanden mit einem Weißbrot unter dem Arm? Sicherlich sind wir hier besser im Futter als unsere Bauern dort in ihrer Heimat. Damals bekam man russische Befehle nur auf der Daugava zu hören, jetzt in jeder Kolchose. Und sich Weißbrot in großen Brocken in den Mund stopfen, auf dass sich die Wangen wie Äpfel runden – das kann sich nur die herrschende Klasse leisten.[104]

Nun ja. Unser Brot war von allerweißester Sorte, reichlich vorhanden und tatsächlich umsonst. Was für eine überaus spendable Mutter die UNRRA doch für uns war! Das Mittagessen hast du aus der Gemeinschaftsküche geholt. – Werktags gab es Fleischsuppe mit Erbsen oder Kartoffeln oder mit beidem zusammen. Am Sonntag gab es auch noch Nachspeise. Wir vertilgten alles ohne Widerrede und waren satt bis an die Halskrause. Für Frühstück und Abendbrot gab es zweimal in der Woche allerhand Kleinigkeiten auf die Hand. Ich weiß ja nicht, wo du das alles aufgetrieben hast, doch hatten wir Butter, Margarine, Käse, Kaffee, dies und das. Und verwundert vernahmen wir die Wehklagen jener Lagerbewohner, die hier schon länger verpflegt wurden. Sie schimpften auf die Gemeinschaftsküche, die Konserven, die Erbsensuppe. Erinner' dich doch, wie wir über jene Frau lachten, die ihren Mann dazu angehalten hatte, er möge etwas von den Bauern besorgen, und seien es bloß zehn Eierchen, wozu sie erklärte: „Wenn du das nicht tust, dann werde ich das erste Hungeropfer sein."

Wenn ich hingegen abends das Hemd wechselte, pflegte ich meine helle Freude an der eigenen Brust zu haben. Mir schien, als würde dort bereits Fleisch und nicht nur Haut die Knochen bedecken.

Gewiss, mit der Zeit machte sich bei allen Überdruss breit. Nach einigen Monaten standen auch wir entschieden auf der Seite jener, die lautstark eine Aushändigung aller Lebensmittel verlangten, um selber kochen oder braten zu können, jeder nach dem Geschmack seiner Heimat. Der Gemeinschaftsküche konnte man wirklich überdrüssig werden. Der Koch war ein Jugoslawe oder Ukrainer. Die Litauer hätten gerne ihre Beetenblättersuppe gegessen. Wir lechzten nach Sauerkraut, selbst Gerstengrütze wäre uns recht gewesen. Aber wie sollte dies alles in einem Kessel zubereitet werden? Alles hing von denen ganz oben ab. Auch welche Lebensmittel angeliefert wurden. Und der Entscheidung derer, die sie in den Kessel taten, musste man sich beugen.

Nicht nur die Gerichte hatten alle schnell satt, auch der Konserven wurde man überdrüssig. Ölsardinen? Pfui! Kanadischer Lachs? Trocken wie Kabeljau! Auch die ganzen *Porks* und *Beefs* mundeten überhaupt nicht mehr. Und als der Tag kam,

---

102 Pravo, ļevo, polno – russisch für „rechts, links, genug".
103 Hļeb – russisch für „Brot".
104 Offenbar wegen des sowjetkritischen Tons fehlt der vorangegangene Absatz in Band XII der von 1980 bis 1985 in Riga erschienenen Jaunsudrabiņš-Werkausgabe.

an dem das gelbliche Grauen aus Mais das weiße Weizenbrot ersetzte, waren alle Hausfrauen und Hausmänner einstimmig für das Halten von Schweinen. Denn Menschen konnten solch ein Brot ja nicht essen. Das Schwein wird es jedoch zu Fett verarbeiten, dann wird man Schinken haben, Würste und alles, was ein Schwein so hergibt. Diejenigen, die nicht in herrschaftlichen Häusern, sondern in Arbeiterunterkünften wohnten, und das waren die meisten, hielten ihre Meinung nicht zurück: „Es bricht einem doch fast das Herz zu sehen, wie am Ende des Flures leere Verschläge mit Zementtrögen und allem stehen, was ein ordentliches Ferkel so braucht."

Sie schwangen sich aufs Fahrrad und besorgten für zwei-, drei-, ja sogar fünfhundert Mark und eine Prise Kaffee ein schlankes Ferkelchen, mit großen Ohren und kurzer Schnauze. Es nahm zu, wuchs in die Länge und füllte innerhalb eines halben Jahres den ganzen Verschlag aus. Es quiekte wie der Leibhaftige, doch auf dem Hof schrien und johlten die Kinder noch lauter, sodass auf der Straße nichts zu hören war.

Natürlich war es untersagt, im Lager Tiere zu halten. Man hielt sie aber trotzdem. Unser nächster Nachbar Krauze, ein Landwirt aus Zemgale, hatte zwei Pferde, mit denen er und die ganze Familie den Weg von zu Hause bis hierher zurückgelegt hatten. Wer hätte sie ihm da wegnehmen dürfen? Nur über die Leiche des Besitzers! Die sind lettisches Gut, nicht eures.

Mit den Ferkeln verhielt es sich natürlich ganz anders, die stammten alle von hier, aus dem schwarzen Münsterland. Das Halten der Schweine erwies sich jedoch als ansteckend wie Krätze. Selbst du, was lachtest und lachtest du über die anderen, bis sich eines Tages bei dir im Verschlag ein Schweinchen einfand, weiß wie ein Schwan. – Ach, was für ein nettes Viech!

Wir benannten es nach der Operettenheldin Julischka, und wenn es sich quiekend dem Futter entgegenreckte und sich dabei wie ein Hund auf die Hinterbeine stellte, sang ich Paula Brīvkalne imitierend:

„Oi, oi, Jūliška, was sie nicht alles kann!"[105]

Du hattest in deinem ganzen Leben noch nie ein Schwein gehalten, aber als der Metzger – ich weiß gar nicht, ob ich dieses furchtbare Wort in den Mund nehmen darf – also, als der Metzger es von einem Lebewesen in abgekühlten Speck verwandelte und als wir es nach dem Zerlegen wogen und die Pfunde zusammenzählten, kamen wir auf hundertundachtzig! Du hast dich über deine Fähigkeiten nur so gewundert. Ich nicht minder. Dir schien, als ob es niemand sonst hätte so gut bewerkstelligen können. Außer vielleicht Mutter Ķemme.

Von diesem Erfolg angespornt, hast du dir im nächsten Frühjahr wieder ein Ferkel zugelegt. Diesmal war es ein kleiner Eber; aber auch ihn nannten wir

---

105 Paula Brīvkalne (geb. 1907), bekannte lettische Sopranistin. Zwischen 1957 und 1972 ständiges Engagement an der Staatsoper Stuttgart, eigentlich Vertreterin des ernsten Faches, u. a. in klassischen Bühnenwerken von Verdi, Bizet und Wagner. Die von Jānis Jaunsudrabiņš zitierte Zeile stammt aus Fred Raymonds Operette *Maske in Blau*.

Jūliņa[106], einfach aus Gewohnheit. Er wuchs zwar heran, doch unter traurigen Verhältnissen. Da waren wir schon in ein vornehmeres Haus umgezogen, in der Kolping-Straße. Hier verbrachte unsere Jūliņa ihre gesamte Kindheit in einer finsteren Kellerwohnung, ehe sich die Möglichkeit bot, auf dem Nachbarhof eine artgerechte Behausung zu mieten. Überhaupt hatten wir mit diesem Jungschwein kein Glück. Wir mussten es vorzeitig liquidieren, da plötzlich die Nachricht die Runde machte, dass am nächsten Morgen einhundert deutsche Polizisten und ebenso viele englische Soldaten das Lagerareal abriegeln und alle Geschöpfe, tot oder lebendig, beschlagnahmen würden, die kein menschliches Aussehen haben.

War das nicht eine niederschmetternde Kunde?

Laut einer inoffiziellen Statistik wurde später bekannt, dass in jener Nacht alle Metzger in Greven beschäftigt gewesen seien. Es sollen etwa zweihundertundfünfzig Schweine ihr Leben gelassen haben. Darunter befand sich auch unseres. Wir gehörten zu jenen Glücklichen, die dem Morgen gelassen entgegenblickten. Jūliška war rechtzeitig zerlegt, die Teile in Papier gewickelt und im Keller unter Brennholz versteckt worden.

Die diversen Aufbewahrungsmethoden boten hinterher genug Stoff für allgemeines Gelächter und Spott, aber während des Geschehens war niemandem zum Lachen zumute. Alle *Bollerwägelchen*, die es nur gab, waren am nächsten Tag am Flussufer oder in den umliegenden Wäldern unterwegs und in jedem saß ein Säugling auf ziemlich hohem Unterbau. Eine alte Mutter hatte sich Puder aufgetragen und als Leichnam hingelegt, um die neben ihr liegende, tatsächlich tote Gestalt zu retten. Der Agronomiedozent Lapiņš hatte seine Schweinehälfte in einen Koffer gebettet, die kleine Rūtiņa an die Hand genommen und war zu einem Spaziergang durch die Straßen aufgebrochen. Um bei der ziemlich schweren Last den Rest der Welt über das wahre Gewicht zu täuschen, habe er sich gerade halten müssen, obgleich es eigentlich angebracht gewesen wäre, sich kräftig zur anderen Seite hin zu neigen. Und so hätten sie es schließlich vorgezogen, ein Restaurant aufzusuchen, wo sie den ganzen Tag bei erfrischendem Wasser abgesessen hätten. Und Rūtiņa hatte fast hundertmal geflüstert:

„Vati, – guck mal nach, ob es noch drin ist."

Ähnliche Gerüchte über eine anstehende Beschlagnahme von Schweinen waren auch schon bei früheren Gelegenheiten verbreitet worden, gerade von Seiten der UNRRA-Mitarbeiter, als freundschaftliche Mitteilung hinter vorgehaltener Hand an einige einflussreiche Persönlichkeiten, und dies hatte mehr bewirkt als Drohungen oder Befehle. – Nach dem Motto „Wir haben nichts damit zu tun, aber die deutsche Polizei …". So ein Hinweis verbreitete sich blitzschnell, woraufhin sich die Ställe leerten, um sich anschließend von Neuem zu füllen. Diesmal war es nicht nur ein Gerücht. Tatsächlich durchstreiften einige deutsche Polizisten in Begleitung von UNRRA-Leuten das Lager. Kam ihnen irgendwo ein Schwein

---

106 Die Namen Jūliška und Jūliņa haben eine gemeinsame Wurzel – den weiblichen Vornamen Jūla oder Jūle.

sozusagen von alleine entgegen, nahmen sie dieses mit. Sonst aber begnügten sie sich mit den Rapports der Hausältesten. Die Rede war später von zwei bis fünf glücklosen oder unachtsamen Besitzern. Allerdings hatte niemand mit eigenen Augen gesehen, dass Fleisch oder lebende Tiere in Güterwagen gesteckt und weggebracht worden waren, wie sich dies fast alle zuvor ausgemalt hatten.

Mit solch einem Ergebnis konnte man eigentlich recht zufrieden sein; doch dem Menschen passt es nie, wenn etwas seine Absichten durchkreuzt. So freutest auch du dich überhaupt nicht. Du grämtest dich geradezu:

„Ich hatte doch noch Kartoffeln und Mehl für einen ganzen Monat besorgt!"

Überhaupt war es weit und breit um Greven noch nie vorgekommen, dass so eifrig Ferkel zu kaufen gesucht wurden wie nach diesem Schweineschreck.

Aber damit auch genug von diesem Thema.

Jānis und Nate J.
im Garten ihrer Wohnung in der Kolpingstraße, 1947.

Mehr über das Lager Greven

1.

In demokratischen Staaten kann man bekanntlich über die Regierung und die Regierenden frei reden. Wir standen hier nun unter dem Schutz Seiner Majestät[107], doch in Sachen Freiheit verspürten wir nicht den geringsten Lufthauch. Die DP[108] wurden verpflegt, mit gebrauchter Kleidung ausgestattet, dem einen oder anderen gelang es manchmal auch, ein Stück Stoff für einen Anzug zu ergattern. An den Ausgabetagen ging es lustig her. Der Raum hatte wohl früher mal als richtiger Laden gedient. Dort gab es einen langen Tresen und auf diesem Tresen stapelten sich Hosen, Westen, Strickjacken und Sakkos. An dessen Ende, neben der Tür, saß eine Mitarbeiterin der Lagerverwaltung mit einem großen Buch. Sie trug dort unsere Namen ein und was ein jeder bekommen hatte. Einem Betrachter von draußen hätte sich ein heilloses Durcheinander verrückter Menschen dargeboten. Manche waren unten und andere oben herum ziemlich nackt, je nachdem, ob Hosen anprobiert wurden oder etwas Edleres. – An gebrauchter Fußbekleidung waren Stiefel und Schuhe aller Art und aus den verschiedensten Materialien zu haben. Man ließ mich in ein kleines Zimmer hinein, wo einige bekannte Lagergefährten bereits in einem großen Haufen herumwühlten. Es gab dort Hunderte von Schuhen, der ganze Boden war von einer Wand zur anderen bedeckt. Mir fiel ein Stiefel in die Hände, der mir passte und für meinen Geschmack gut aussah; nach dem anderen suchte ich allerdings anderthalb Stunden lang – und spürte ihn trotzdem nicht auf. Daraufhin nahm ich Stoffschuhe mit Gummisohlen, denn die fanden sich nicht weit entfernt voneinander. Du bist an einem anderen Tag hingegangen und dir glückte es, etwas aus Leder zu ergattern. Das Wertvollste an den Rationen waren die englischen oder amerikanischen Zigaretten. Sie waren in Wirklichkeit die Währung der DP, wenngleich es verboten war, sie zu verkaufen oder zu tauschen. Man musste rauchen, ob man nun wollte oder nicht. Freilich, wer über kein anderes Geld verfügte, war nicht darauf erpicht, dies hier in blauen Dunst zu verwandeln. Und nicht alle Verbote waren dazu da, auch wirklich eingehalten zu werden. Ich zum Beispiel erstand für zehn Päckchen *Chesterfield* ein ziemlich ordentliches Fahrrad, mit dem ich noch heute unterwegs bin.

Aber ich muss wieder zum vorhin aufgegriffenen Demokratie-Thema zurückkehren. Wir bekamen, wie schon gesagt, alles gratis ausgeteilt, aber kam es irgendwo auch nur zur geringsten Stauung, konnte dir ein Soldat oder Polizist die Faust unter das Kinn stoßen und du durftest dann keinen Mucks von dir geben.

107 Greven befand sich in der damaligen britischen Besatzungszone. Herrscher des Vereinigten Königreichs war noch bis 1952 Georg VI.
108 DP – Abkürzung für den englischen Begriff *Displaced Persons*.

So etwas geschah oftmals bei Filmpremieren vor dem Reli-Theater. – Alle Insassen des Lagers hatten grau zu sein wie Spatzen, man durfte zwitschern, piepsen, doch nie mit menschlicher Stimme schreien.

Der Lagerkommandant war nach Name und Aussehen ein Sohn Israels. Vielleicht war er kein schlechter Mensch, doch als Amtsperson legte er hier, unter Leuten, die dem Tod entronnen waren, ein despotisches Verhalten an den Tag. Man sagte, dass er selbst viel Leid erfahren sowie Frau und Kinder verloren habe und alles, was er je sein eigen genannt hatte. Schuld daran war natürlich das Hitler-Regime, doch vielleicht schien es ihm, dass die Völker aller besetzten Staaten mitschuldig wären und nun selbst vernichtet gehörten.

Der Leiter der lettischen Gruppe war der Ingenieur Sērmukslis. Wenn er zusammen mit seinem Dolmetscher und Berater beim Kommandanten zum Rapport oder zur Entgegennahme von Anweisungen antrat, standen die beiden stramm wie Max und Moritz. Der Kommandant sprach nur englisch, als wäre dies die Sprache seiner Vorfahren. Aber sollte uns allen zusammen etwas unmittelbar verkündet werden, waren wir alle verpflichtet, uns in einem der Veranstaltungssäle einzufinden. Daraufhin erschien der Kommandant und setzte sich zunächst einmal auf den Rand der Bühne, um sich eine Zigarette anzuzünden; dann begann er rauchend umherzulaufen und deutsch zu reden, das Gesagte mit englischen Wörtern erläuternd. Sein ganzes Verhalten war dermaßen geringschätzig dass man sich jedes Mal schämte, überhaupt hergekommen zu sein. Aber nicht nur der Kommandant verhielt sich uns gegenüber auf diese Weise.

Die lettische Gruppe in Greven veranstaltete häufig erstklassige Konzerte. Die Herren, *Misses* und *Mistresses* der UNRRA, für die stets die erste Reihe freigehalten wurde, ließen fast immer eine Viertelstunde oder gar länger auf sich warten. Die Künstler wurden nervös, die Veranstalter ebenfalls. Freilich konnte man auch pünktlich beginnen, doch niemand vermochte vorauszusehen, welche Folgen dies haben könnte. Schließlich erschienen sie doch, die ganze Sippe, rauchten und hörten zu. Mir kam dann jedes Mal in den Sinn – wäre Augusts Dombrovskis hier zugegen, würde er, genau wie in seiner „Ziemeļblāzma",[109] ohne Umstände an sie herantreten und ihnen zurufen: – Meine Herren, so etwas hat es hier noch nie gegeben! Und die Herren würden vermutlich daraufhin ihre Zigaretten ausmachen. Und die Damen auch. Aber es mangelte uns an derartigen Persönlichkeiten. Ohne Not versuchten wir sogar, uns an sie anzupassen.

Wir Schriftsteller hatten es da besser, weil zu unseren Abenden nur die eigenen Leute erschienen. Außerdem fanden die Theatervorstellungen ohne Qualm statt. Dafür rauchte es wieder an den Volkstanzabenden.

---

109 Augusts Dombrovskis (1845–1927), lettischer Industrieller und Philantrop. Der aus einfachen Verhältnissen stammende Autodidakt brachte es als Sägereibesitzer zu Wohlstand und förderte die lettische Kultur mit beträchtlichen Spenden. Initiator des Abstinenzlervereins „Ziemeļblāzma" [„Nordlicht"], für den er im Rigaer Stadtteil Mīlgrāvis [Mühlgraben] ein großes Heim gleichen Namens baute. Hier war auch ein Veranstaltungssaal für 2 000 Zuschauer untergebracht.

Ach, diese Volkstänze! Uns waren sie so vertraut wie Volkslieder. Altertümliche Trachten. Junge Frauen, Freier und Brüder.[110] Es wurde einem warm ums Herz beim Zuschauen. Die hohen Gäste hatten da jedoch andere Maßstäbe. Negertänze schätzten sie weitaus mehr. Die gaben was her, da waren die Tänzer schwarz oder bronzefarben, ließen Trommeln dröhnen und schwangen Bumerangs, machten Riesensätze und stachen mit richtigen Speeren in alle Richtungen. Manchmal hätte ich fast aufschreien mögen: Liebe Landsleute, vergeudet eure Energie nicht unnütz! Tanzt, aber nur für euch selbst. Wer glaubt, dass man auf diese Weise für Lettland die Anerkennung der großen Nationen gewinnen kann, der irrt. Eher wohl umgekehrt, diese werden die Letten nämlich als Naturvolk, geradezu als „Wilde" betrachten. Da müssen erst Missionare hingeschickt werden, das kleine Land ist noch zu den Kolonien zu zählen. Und die Einwohner dort müssen mit „hoher Kultur" beglückt werden. Wenn schon, dann übt euch lieber im Sport. Da werden wir wenigstens auf gleicher Augenhöhe sein.

2.

Zu der Zeit, als Gerüchte im Umlauf waren, die Alliierten hätten den Russen mehrere Tausend Kosaken und Wlassow-Leute ausgeliefert, die sich freiwillig in deutsche Gefangenschaft begeben hatten, ereignete sich in unserem Lager etwas Ähnliches, wenngleich in kleinerem Maßstab. Mitten in der Nacht wurden in Lettland eingezogene Soldaten aus ihren Betten heraus festgenommen. Die Leute hatten sich bei ihrem Dienst in der deutschen Armee abgequält, waren in Kälte und halb verhungert in Belgien in Gefangenschaft gehalten worden, der eine oder andere hatte hier endlich seine Familie wiedergefunden und nun wurden sie in einem UNRRA-Lastkraftwagen wieder wer weiß wohin verfrachtet. Dem Fahrer, einem Letten, war es nur im allerletzten Augenblick gelungen, der Frau eines der Unglücklichen oder jemand anderem den Namen eines damals weithin bekannten Lagers zuzuflüstern, wo eine russische Repatriierungskommission tätig war. Dorthin müsse er fahren.

„Also dem Tode geweiht!", jammerten die Angehörigen.

Es war Sonntag. Der Lagerkommandant war nicht zu sprechen. Wir beide hatten von dem Vorfall noch nichts gehört. Da das Wetter schön, wenn auch spätherbstlich war, hatten wir das Dorf verlassen, um die Aussicht auf die Ems zu genießen. Und dort trafen wir auf zwei junge, verweinte Frauen, deren Männer sich unter den Abtransportierten befanden. Sie kannten uns und begannen von sich aus ihr Leid zu klagen.

---

110 Junge Frauen, Freier und Brüder – Gestalten des lettischen Volkstanzes.

„Was soll ich bloß machen?", sagte die eine. „Wir waren überzeugt, jetzt endlich sei der Augenblick gekommen, an dem wir ein neues Leben anfangen würden. Wie Sie sicherlich wissen, hat mein Mann einen Chor organisiert und wurde an der lettischen Grundschule im Lager als Lehrer eingestellt."

Der Name des Dirigenten war mir wohl zu Ohren gekommen, ihn selber hatte ich aber noch nicht gesehen. Und falls doch, wer war denn schon in der Lage, in so kurzer Zeit unter zweitausend fremden Lagerbewohnern sich die Gesichter auch nur der bedeutendsten einzuprägen? Jetzt fällt mir nicht einmal mehr sein Name ein. Ich entsinne mich bloß, dass es mir unendlich schwer ums Herz wurde, als ich dies alles hörte.

Die andere wollte wissen, was denn eine Frau in einem solchen Fall überhaupt unternehmen kann? Auch ihren Mann hatte man mitgenommen.

Ich traute mich lediglich zu sagen, sie möge ruhig bleiben und die Hoffnung nicht verlieren. Denn manchmal würde sich auf dieser Welt auch das Wunder ereignen, dass Hoffnungen sich erfüllen.

Gerade diesmal kam der Sonntag mehr als recht, um bei allen die Gemüter einigermaßen zu beruhigen. – Natürlich wurde umgehend ein gewandter Mann zum englischen General ins Hauptquartier abkommandiert. Desgleichen zu den obersten Kriegsherren in Münster, mit Anfragen sowie Bitten, alles Menschenmögliche zu unternehmen, damit die gewaltsam Weggebrachten zurückgeschickt würden. Außerdem sollten alle, die sich nur auf den Beinen halten konnten, auch Kinder und Greise, sich am Montagmorgen um halb neun am Gebäude der Kommandantur zu einer Demonstration einfinden.

Der Anblick hatte es dann in sich. Schulter an Schulter, mehr als tausend Köpfe. Alle hüllten sich in düsteres Schweigen. Die Wohnung des Kommandanten befand sich einige Schritte von seinem Büro entfernt, das jetzt von beiden Straßen her umstellt war. Eiligen Schrittes und kreidebleich durchschritt er die Menge und verschwand durch den Haupteingang des Gebäudes. Die beiden lettischen Vertreter folgten ihm auf dem Fuß.

Es mochten vielleicht fünf Minuten vergangen sein, die jedoch schier endlos erschienen waren, als Sērmukslis auf die Haustreppe heraustrat und mitteilte, dass der Kommandant sich weigere, mit ihm zu reden, bevor sich die Menge nicht aufgelöst habe.

„Geht jetzt nach Hause", sagte er, „wir werden alles Menschenmögliche tun."

Wir zerstreuten uns, was hätten wir auch anderes tun können?

Mir ist nicht bekannt, wie sich das Gespräch wirklich zugetragen hat. Hinterher erzählte man sich bloß, der Kommandant habe zur allgemeinen Überraschung die Repräsentanten dazu aufgefordert, Platz zu nehmen, und ihnen sogar Zigaretten angeboten.

Und das Wunder war geschehen. Und zwar unabhängig von unseren Abordnungen, von der Demonstration, vom Gespräch der Vertreter mit dem Kommandanten und sogar vom Kommandanten selbst. – Am späten Montagnachmittag war der Fahrer mit allen Passagieren und dem Begleitpersonal ins Lager zurückgekehrt. Es hieß, bei ihrem Anblick sei der Kommandant noch blasser geworden als am Morgen beim Durchschreiten der Menge. Diese Aktion war ihm misslungen.

Die Erklärung des Wunders war einfach: Am Tor des besagten Lagers wurde ihnen barsch mitgeteilt, sie sollten machen, dass sie fortkommen. – Die Russen waren am Abend zuvor abgerückt, es war also vergeblich, sie hier zu suchen.

Und so hatte der Fahrer den Kraftwagen wieder in Richtung Greven gewendet, da die Begleiter der Gefangenen auch keine bessere Lösung finden konnten.

So reibungslos, wie man nun hätte meinen können, liefen die Dinge anschließend aber nicht. Die Soldaten wurden einige Wochen lang vor Ort in Haft gehalten, bis für sie vonseiten der UNRRA selbst die Wohnungsfrage geregelt worden war. Dann brachte man sie zusammen mit ihren Familien unter. Aber jeden in einem anderen Lager, damit sie keinen Aufruhr anstiften konnten. Der Kommandant verblieb jedoch weiterhin in demselben Lager, obwohl man ihn eigentlich hätte versetzen oder gar seines Amtes entheben müssen.

3.

Hatte sich im Lager anfangs alles so abgespielt, wie es sich in einer Monarchie gehört, mit Ernennungen und Amtsenthebungen, gewann im Laufe der Zeit jedoch das demokratische Prinzip die Oberhand. Nun hatten wir schon einen vom Volk gewählten Rat. Und als Nestor eröffnete ich dessen erste Sitzung mit den tief empfundenen Worten:

„Hiermit erkläre ich die Versammlung für eröffnet und bitte darum, das Präsidium der Sitzung zu wählen."

Nachdem das geschafft war, wischte ich mir die Stirn ab und nahm erleichtert auf der Abgeordnetenbank Platz.

In dem Rat waren gestandene Herrschaften vertreten: Ärzte, Geistliche, Agronomen, Volkswirte, Rechtsanwälte, Lehrer, Landwirte und Handwerker, aber auch einige Damen. Ich hingegen galt als Leichtgewicht und konnte vielleicht gerade deshalb bei den Urnengängen immer eine große Anzahl von Stimmen auf mich vereinen. Die Mitglieder des Rates, unter ihnen auch einige Frauen, könnte ich beim besten Willen nicht namentlich aufzählen, deshalb kann ich hier nur sagen, dass der erste Vorsitzende des Rates Agronom Jēkabsons war, ein bedächtiger und angenehmer Mensch.

Nachdem wir auf diese Weise zu einem eigenen Parlament samt Regierung gekommen waren, bot sich uns die Möglichkeit, kulturelle Autonomie zu erlangen, Schulen und Kurse einzurichten. Wir hatten sogar ein eigenes Gymnasium und fast eine Hochschule. Jawohl! Denn Prof. Celms hielt zeitweilig in den Räumlichkeiten des Gymnasiums Vorlesungen für seine Philosophie-Studenten aus Pinneberg.[111]

Greven war ein berühmtes Lager. Wir konnten ein eigenes Theater[112] vorweisen, einen gemischten Chor, ein Doppel-Quartett, eine Volkstanzgruppe, Akrobaten und Clowns aus den eigenen Reihen, Literatursoireen und -matineen. Natürlich auch einige Tanzabende. Wo die Zahl der Lagerbewohner zur Zeit des Höchststandes weit in das dritte Tausend hineinreichte, konnte man risikolos alles Mögliche veranstalten. Und warum sollte man denn nicht hingehen, sich ein Weilchen hinsetzen und zuhören oder zuschauen, wenn der Eintritt für die besten Plätze eine halbe Zigarette kostete. Ach, wenn Künstler von außerhalb auftraten, war der Saal stets gerammelt voll und die Beifallsstürme wollten sich nicht legen. Einen besonders spürbaren Publikumsandrang gab es, nachdem die Brīvkalne in den Souffleurkasten gefallen war. Alle hegten die Hoffnung: Vielleicht wird diesmal wieder jemand hineinfallen.

Ein großes Ereignis war der Besuch des Meerbecker Theaters. *Die zwölfte Nacht* schauten sich sogar unsere Befehlshaber an.[113] Einer Arche Noah gleich, war es in der Tat das Rettungsschiff des lettischen Theaters, das damals alle größeren Lager bereiste. Die Schauspieler bewahrten sich ihre Kunst und ihr Publikum wieder, Begeisterung zu empfinden.

---

111 Damit bezieht sich Jānis Jaunsudrabiņš auf die Baltische Universität in Pinneberg. Mehr dazu in Kapitel 6 („Begegnung mit anderen Letten").

112 Die lettische Theater-Gemeinschaft des Lagers Greven war zwischen März 1946 und Juni 1949 aktiv und präsentierte in der Regel fünf bis sechs Inszenierungen pro Jahr. Gleich im ersten Jahr gab es zum 15. Dezember ein Stück von Jānis Jaunsudrabiņš – das Drama *Invalīds un Ralla* [*Der Invalide und Ralla*] (s. auch weiter unten in diesem Kapitel). Regisseurin dieser, aber auch einiger anderer Inszenierungen aus den Jahren 1946 und 1947 war Jaunsudrabiņš' Tochter Lilija. Sie hatte vor dem Krieg Schauspielunterricht genossen und am Neuen Theater der südwestlettischen Hafenstadt Liepāja zahlreiche Rollen gespielt. Ein weiteres Jaunsudrabiņš-Stück – *Jo pliks, jo traks* [*Je nackter, desto doller*] – zeigte das lettische Amateur-Lagertheater in Greven im März 1948. Siehe dazu auch Viktors Hausmanis, *Latviešu teātris trimdā* [*Das lettische Exil-Theater*], Riga 2005, S. 251 ff. und 441 f.

113 Dass die britischen Obrigkeiten ausnahmsweise eine lettische Theateraufführung besuchten, dürfte wohl in erster Linie mit dem Stück zu tun haben – William Shakespeares *Twelfth Night*. Im Unterschied zu der lettischen Amateurbühne im Lager Greven vereinigte das Ensemble aus dem DP-Lager Meerbeck bei Stadthagen professionelle Schauspieler und Theaterleute. *Die zwölfte Nacht* stand im Sommer 1946 auf dem Spielplan. Das Gastspiel in Greven fand am 10. September 1946 statt, anschließend schrieb der britische Major T. D. Rogers in das Gästebuch der Truppe: „Ich habe die Vorstellung besucht, ohne Ihre Sprache zu kennen und in einer ziemlich resignativen Stimmung – mehr aus Pflichtgefühl und dem Wunsch, die Aktivitäten mir freundschaftlich verbundener Menschen im Exil zu unterstützen. Nach der Vorstellung ging ich voller Bedauern, daß dies meine letzte Dienstwoche in Deutschland ist und daß es mir nicht mehr möglich sein wird, Vorstellungen dieser Theatertruppe zu sehen. Die Dekorationen und Kostüme waren eine Wonne und Freude fürs Auge, die Musik Ihrer Sprache und Stimmen – fürs Ohr, und die Interpretation des Stücks – für den Intellekt. Das Gefallen der Zuschauer an der Vorstellung kam der Freude gleich, mit der die Truppe sie spielte. Ich hoffe zweierlei: erstens – ich hoffe, daß nicht allzu viel Zeit vergehen wird und Sie diese Vorstellung auch ihren Landsleuten in Lettland werden zeigen können; desweiteren hoffe ich, daß ich und meine Landsleute Sie eines Tages werden in London begrüßen und noch einmal die Vorstellung sehen können", zit. bei V. Hausmanis, *op. cit.*, S. 116 f.

Jānis Jaunsudrabiņš signiert Neuerscheinungen seiner Dichtungen, Greven 1948.

Einen ähnlichen Genuss bereitete auch das großartige Streich-Quartett. Wann immer es gastierte, beschenkte ich alle Deutschen, die ich kannte, mit Eintrittskarten. Diese kamen mit Vorurteilen und wussten nach dem Konzert nicht, wie sie sich bedanken sollten. – Wahre Kunst trägt stets den Sieg davon.

Ach, was könnte man noch über die vielen berühmten Solisten erzählen, die uns mit Liedern und Klängen verschiedener Instrumente erfreut haben, doch möchte ich es an dieser Stelle dabei belassen. Nur noch einige Worte über die Schriftsteller.

Als Gäste in Greven sind fast alle bedeutenderen Autorinnen und Autoren der englischen Zone aufgetreten, wobei Elza Ķezbere[114] und Konstance Miķelsone[115]

---

114 Elza Ķezbere (geb. 1911), romantisch inspirierte lettische Lyrikerin. Veröffentlichte erste Gedichtbände bereits 1937 und 1938 in Lettland. 1944 Flucht nach Deutschland, 1949 und 1950 erschienen zwei weitere Lyrikbände, 1950 Auswanderung in die USA.

115 Konstance Miķelsone (1905–1955), lettische Autorin. Begann ihre schriftstellerische Karriere in Lettland mit Dramen, 1944 Flucht nach Deutschland, wo sie zu ironisch eingefärbten Prosanovellen wechselte (bevorzugtes Thema: eheliche Dreiecksgeschichten). 1951 Auswanderung in die USA. Zu ihrem Oeuvre gehört auch die Lagergeschichte *Nakts parāde* [*Nächtliche Parade*] (1953); s. dazu Juris Rozītis, *Displaced Literature – Images of Time and Space in Latvian Novels Depicting the First Years of the Latvian Postwar Exile*, Stockholm Studies in Baltic Languages, No. 5, December 2005.

den „eisernen Bestand" bildeten. Elzīte[116] ist auf den schwierigen Wegen wer weiß wie oft in Ohnmacht gefallen; doch wieder zu Bewusstsein gebracht, machte sie nie kehrt. Ihr Geist war zehnmal stärker als ihr Leib. Mit einer geringfügigen Verzögerung feierten wir sogar den fünfzigsten Geburtstag von Jānis Veselis[117]. Nur Pāvils Gruzna[118], der im fernen Flensburg wohnte, bekamen die Grevener nie zu sehen.

Wir selber führten fleißig Lesungen durch, immer wenn sich genügend neuer Stoff angesammelt hatte. Manchmal erschienen dazu nur einige Dutzend Zuhörer, ein anderes Mal konnten es mehrere Hundert sein. Launisch ist der Leute Sinn, noch launischer – ihre Zu- und Abneigungen.

An dieser Stelle will ich dir die Bewertung einer unserer Schriftsteller-Matineen aus meiner Sicht vorlesen. Es ist meine bislang einzige kritische Auseinandersetzung und ist aus demselben Grund unveröffentlicht geblieben. Deshalb leg' doch bitte dein Strickzeug beiseite und hör zu. (Ich selber laufe natürlich *hors concours*[119]).

Bewertung unserer Schriftstellermatinee[120]

Alles in allem eine angenehme Morgenveranstaltung. Was kümmert's da, dass sich so wenige Besucher eingefunden haben. Zu bedenken gilt also: Beim nächsten Mal sollte man der Werbung mehr Aufmerksamkeit schenken. Weil das Seitenfenster des Büros im Schatten eines Baumes liegt, hätte man sich das Plakat dort auch sparen können. Das hatte doch selbst der Leiter der Gruppe nicht bemerkt, der deshalb nicht erschienen war.

---

116 Elzīte – Koseform des lettischen Frauenvornamens Elza.

117 Der lettische Prosaautor Jānis Veselis ist am 1. April 1896 geboren; mehr zu ihm in Kapitel 2 („Mit dem Schiff nach Deutschland").

118 Pāvils Gruzna (1878–1950), eine der schillerndsten Gestalten des lettischen Kulturlebens in den Zwischenkriegsjahren. Eigentlich Bankaangestellter, war P. Gruzna Bohemien und wirkte als Schauspieler, Sänger, Dirigent und Maler. Autor von Erzählungen, Novellen und Romanen, Bühnenstücken, Dramatisierungen und feuilletonistischen Betrachtungen, Übersetzer von Opern- und Operetten-Librettos. Die Kritik hat auf das uneinheitliche Niveau seines literarischen Schaffens hingewiesen. Er ist in Varel verstorben.

119 Hors concours – französisch für „außer Wettbewerb".

120 In ihrer Dissertation zählt I. Daukste-Silasproģe für das DP-Lager Greven insgesamt fünf Literaturveranstaltungen auf: 1) einen Schriftsteller*abend* am 17. Oktober 1946, 2) einen weiteren Schriftsteller*abend* am 15. Dezember 1946, 3) Literatur*tage* am 23. und 24. August 1947, 4) einen *Abend* junger Autoren am 11. August 1948, 5) einen Schriftsteller*abend* am 18. November 1948, s. *op. cit.*, S. 347 ff. Die von Jānis Jaunsudrabiņš beschriebene *Matinee* taucht in dieser Aufstellung offensichtlich nicht auf. Im Internet-Fotoarchiv *DPalbums* findet sich wiederum die Gruppenaufnahme eines Schriftsteller*abends* im Lager Greven, die mit Oktober 1949 datiert ist; hier sind unter den Teilnehmern Annija Berga-Miezītis, Irma Vīksniņa, E. Raisters, Elza Ķezbere, Jānis Jaunsudrabiņš, I. Miķelsone zu erkennen (http://www.dpalbums.lv/lat/link. php?id=270).

Über die Vortragenden in der Reihenfolge ihres Auftretens.

Pēteris Norvilis[121] hat über Literatur und geistiges Wachstum nicht gelesen, sondern frei gesprochen. Die Unterlagen, die er immer wieder in die Hand nahm, ließen dennoch erkennen, dass er genug dabei hatte, um eine gute Weile auch vorlesen zu können. Die freie Rede ist expressiver, die Lesung hingegen flüssiger. Der Stoff, seine Aufgliederung und Ausführung verdienen es, gleichwohl schriftlich festgehalten und veröffentlicht zu werden. Anmerkung: Die ganze Zeit blieb unverständlich, weshalb der Redner die Brille nicht aufsetzte, sondern in der Hand hielt; später begriff ich, es lag vermutlich daran, dass die Gläser zerbrochen waren.

Annija Berga.[122] Über dieses Menschenkind etwas zu sagen fällt schwer. Sie ist sicherlich eine Dichterin, doch verleugnet sie sich stets, wenn man auf diese Tätigkeit zu sprechen kommt. Verleugnet sich und schreibt trotzdem aufs Neue ein Gedicht. Wenn einer nicht dichten mag, soll er doch schreien, wie Alant Vils[123] zu sagen pflegt. Aber weshalb sträubst du dich gegen das Verfassen von Gedichten, wenn das ganze Himmelsrund voller Stoff ist und die Welt jeden Morgen neu und wenn du, und sei es nur für einen Augenblick, so andere Räume betreten kannst als jene, mit denen du vorliebnehmen musst? – Im ersten Gedicht gab es allerdings zuviel Juwelen: Silber, Gold, Kristall; in den anderen hingegen weniger, und diese klangen ganz echt. – Die Vortragsweise muss verbessert werden. Die Intonation – zu monoton. Hätte sich jemand die Mühe machen wollen, wäre es anhand der Atempausen ein Leichtes gewesen, die Zeilen zu zählen und anzugeben, wie viel Mark der Autorin entgehen werden, sollte sie sich nicht darum bemühen, die Gedichte an eine Redaktion oder für eine Anthologie junger Lyriker einzusenden. Obwohl der Raum klein war, war der Vortrag doch zu leise.

Anna Riekste beginnt, sich mit Prosa hervorzutun. Am Vortrag gibt es nichts auszusetzen, sieht man von einigen Sätzen ab, wo die Akzentuierung zwar logisch war, mit der geschilderten Situation jedoch nicht harmonierte. „Saimniece" [„Die Wirtin"] ist gut geschrieben: lebhaft, herzlich, lettisch. Ein beinahe perfektes Werk. – Aber wodurch zeichnet sich denn ein absolut perfektes Werk aus? – Dadurch, dass weder sein Schöpfer noch ein anderer etwas daran zu ändern vermag, ohne es zu verpfuschen. Beim Zuhören schien die Geschichte unabänderlich. Vielleicht würde man beim Lesen noch auf die eine oder andere schwächere Stelle stoßen, doch wozu? Man kann sie so, wie sie ist, bei jeder Redaktion vorlegen, ohne eine Abfuhr zu befürchten. Besser natürlich einer Monatsschrift,

---

121 Zu Pēteris Norvilis mehr in Kapitel 8 („Abschied aus Werfen").
122 Weder über Annija Berga noch über die meisten anderen Teilnehmer der Schriftstellermatinee lassen sich in den lettischen Standard-Nachschlagewerken nähere Angaben finden. Dies legt die Vermutung nahe, dass sich deren schriftstellerische Karriere wohl nicht weiterentwickelt haben dürfte.
123 Alant Vils – Pseudonym für Fricis Forstmanis (1906–2004). Im Stockholmer Exil verstorbener lettischer Mundartdichter, der sich dem westlettischen Tāmnieku-Dialekt verschrieben hatte.

vielleicht *Ceļš* [*Der Weg*][124]. Am besten dem, der am meisten zahlt. Denn hat die Gehirnarbeit erst einmal sichtbare Gestalt angenommen, gerät sie für den Schöpfer zum materiellen Wert, den er ungeniert auf dem Markt anbieten sollte. Der Verleger bewertet den Schriftsteller ja danach, in welcher Auflage er sich absetzen lässt. Autoren, deren Bücher in den Lagern liegen bleiben, sind aus Sicht des Verlegers nichts als Leichen, die eventuell erst nach ihrem tatsächlichen Ableben die Hoffnungen rechtfertigen werden, die man einst in sie gesetzt. Denn Menschen finden oft Gefallen daran, ausgerechnet den Verstorbenen ein „Mögen sie leben!" zuzurufen.

Austra Pāvelkopa. Als die Dichterin vor mehr als zwei Jahren mit ihrem „Sniedziņš" [„Der liebe Schnee"] zu mir kam, hatte ich eine ziemlich gute Meinung von ihr. Ein hübsches, kleines Gedicht für Kinder. Auch für unsereins. Ich freue mich natürlich noch immer über ihre Versuche sowohl in Lyrik als auch in Prosa; nur – geschieht dies nicht alles überstürzt? Als wollte sie möglichst schnell berühmt werden. – Ruhm kann man nicht wie ein Steppenpferd mit dem Lasso einfangen. So, wie Naturfreunde das Zutrauen wilder Vögel gewinnen, muss man ihn mit allergrößter Geduld daran gewöhnen, einem das Würmlein aus der Hand zu picken. Wer bei der Hingabe an die Kunst am wenigsten vorzeitig von Ruhm träumt, ist schon halb berühmt. Man wird es nicht durch einige Zeilen, es bedarf dafür ganzer Bögen, Bücher, manchmal vieler Bände und langer Jahre. – Zum Vortrag gilt anzumerken, dass es sich für einen Autor nicht ziemt, Eigenes allzu deklamatorisch darzubieten, das klingt, als würde man sich selbst huldigen. Ein Schauspieler hingegen darf sich dem Deklamieren hingeben, es ist ja sein Beruf. Der Dichter gewinnt jedoch mehr durch Mäßigung. Wenn es um das Lesen eigener Gedichte geht, käme es Austra Pāvelkopa zupass, Velta Toma[125] zu hören, die eine Schauspielschule besucht hat. Sie kann uns allen als Vorbild dienen: Erhabenheit, Klarheit, Gefühle, innere Kraft, allergrößte Einfachheit.

Kārlis Zvejnieks.[126] Wie man einen Bauern in den Straßen einer Stadt leicht erkennt, so lässt sich in unserem Dichter ein Städter auf dem Lande ausmachen. Beim Ausflug ins Grüne herzt er den kleinen Waldsee, stapft ins Gras, pflückt sich ein Blümchen und riecht daran. Nimmt die Mütze vom Kopf, damit der Wind die Haare flattern lässt. Dann legt er sich hin, verschränkt die Hände hinter dem Kopf und beobachtet, wie die Wolken ziehen. Aber richtig in Berührung mit der Natur gelangt er nicht. Im Rhythmus findet sich hier und da eine Unebenheit, eine Phrase. Aber es gibt auch vollendete Verse, und man muss schon

---

124 Vermutlich ist damit eine literarische Monatsschrift gemeint, die zwischen 1945 und 1948 in Würzburg erschien.

125 Velta Toma (1912–1999), lettische Lyrikerin. In demselben Ort geboren wie Jānis Jaunsudrabiņš. Nach dem Abitur am Gymnasium in Jēkabpils Schauspielunterricht. Seit 1936 Veröffentlichungen in Periodika, erster Gedichtband 1943. Flucht nach Deutschland 1944, in den 1950er Jahren Auswanderung nach Kanada.

126 Kārlis Zvejnieks, geboren in der Ukraine, aufgewachsen in Ventspils, studierter Philologe und Arzt, wie Fricis Forstmanis mit dem Pseudonym Kuraž Kriš vor allem für seine Mundartdichtung im westlettischen Tāmnieku-Dialekt bekannt. 1951 Auswanderung in die USA.

sagen: ziemlich originelle. Die Vortragsweise taugt überhaupt nichts. – Das ist wohl zu stark formuliert. Gedichte in der „Ventiņu-Sprache"[127] sollten zum Beispiel nur so vorgetragen werden. Dort verleiht die Gleichgültigkeit[128] ihnen einen gewissen Charme. Vielleicht war es gerade die unpersönliche Vortragsweise, die bei den Besuchern den Wunsch ausgelöst hatte, von Kārlis Zvejnieks, wenn nicht mehr, so doch ein kleines Gedicht im Tāmnieku-Dialekt zu Gehör zu bekommen.

Ganz im Gegensatz zu Austra Pāvelkopa hat sich Irma Vīksniņa sich selbst gegenüber völlig achtlos verhalten. Andere Autoren rezitiert sie für gewöhnlich so nett, dass es eine Freude ist, sich selbst jedoch fast im Flüsterton und so schnell, dass es den Anschein hatte – der alte Mārtiņš würde gelegentlich den Kopf zur Seite neigen, um besser zu verstehen, was diese Maid dort mit dem Ehering am Finger so alles über ihn flunkert. Ansonsten wäre an der Schilderung nichts auszusetzen, nur dass im Vortrag gehastet wurde, um Zeit aufzuholen. Was kann der Autor nun daraus lernen? – Sich kürzer zu fassen, um langsamer lesen zu können. Schlimm genug, wenn man den Zuhörer auf Worte warten lässt, schlimmer aber noch, wenn der Zuhörer nicht in der Lage ist, den Galopp des Vortragenden gedanklich nachzuvollziehen. Und wenn dann noch einige Worte ungehört bleiben, kann man nur den Langmut der Zuhörer bewundern, den sie durch herzlichen Applaus unter Beweis stellten. Obwohl wir auch nicht mit Bestimmtheit sagen können, was Menschen zuweilen zum Applaudieren verleitet. Eine Bitte: nächstens langsamer, kürzer, lauter!

Modris Zeberiņš[129] ist in unserer Gruppe das jüngste Mitglied. Aber ich kenne ihn persönlich länger als alle anderen, wenngleich dies meine erste Begegnung mit seinen literarischen Arbeiten ist. Ich kenne ihn noch aus jenen Zeiten, wo er sich in der hohen Kunst des Laufens übte und dabei Halt an den Wänden und Möbeln suchte, doch auf die Frage seines Vaters, ob er denn wisse, wie dieser bärtige Onkel da heißt, mich anlächelte und, wie es sich für einen kultivierten Jüngling gehört, in klarer Aussprache erklärte: „Herr Jaunsudrabiņš." Nicht nur, dass dieser junge Mann inzwischen herumläuft, ohne sich abzustützen, sondern auch die Klassiker studiert; es versteht sich von selbst, dass er seine geistige Schöpfung nun nicht minder ausdrucksstark und wohlklingend, um nicht zu sagen: schön vorgetragen hat. Auch das Werk selbst schien das reifste und volltönendste von allen an diesem Morgen vorgetragenen. Der Autor sollte es schleunigst zum Druck geben, solange Zeitungen und Monatsschriften sich noch nicht in alle Himmelsrichtungen verstreut haben oder eingegangen sind. Auch wenn er

---

127 Ventiņu-Sprache ist eine andere Bezeichnung für den westlettischen Tāmnieku-Dialekt.

128 Die „Gleichgültigkeit" könnte sich auch auf die Eigenheit der „Ventiņu-Sprache" bzw. des westlettischen Tāmnieku-Dialekts beziehen, Endungen und Beugungen über weite Strecken zu ignorieren.

129 Modris Zeberiņš (geb. 1923), lettischer Prosaautor. Nach dem Abitur 1940 bis 1943 Studium am Konservatorium Lettlands. Flucht nach Deutschland, Promotion in Münster 1950 über *Welt, Angst und Eitelkeit in der Lyrik des Andreas Gryphius*. 1951 Auswanderung in die USA, Tätigkeit in der Bibliothek der Cornell University. Gehört zu jenen lettischen Schriftstellern, die Anschluss an die internationale literarische Moderne suchen.

damit nicht auf einen Schlag berühmt werden sollte, so wird er bei älteren Kollegen gewiss Beachtung finden. Und das wird nicht wenig sein. Ich gehöre bereits zu jenen, die dem Schaffen von Modris Zeberiņš künftig besondere Aufmerksamkeit widmen werden.

4.

Hast du nicht das Gefühl, dass in meiner Schilderung unausgefüllte Lücken bleiben? Als würde ich ohne jede Not von einer Seite des Grabens zur anderen hüpfen, wie Buben es tun, wenn sommerliche Freude sie überkommt. Aber ich tue es nicht aus Begeisterung oder Unbeherrschtheit. Es ist die Fülle des Stoffs, die mich schweifen lässt. Ich weiß nicht, was ich greifen, was packen soll und lasse vielleicht deshalb Tatsachen und Menschen unerwähnt, über die es viel Schönes und Interessantes zu erzählen gäbe.

An erster Stelle könnte man schon allein über die Vorlesungen unseres Professors so vieles erzählen. Mit klarer Gedankenführung und schönem sprachlichen Ausdruck fesselte er seine Zuhörer. Zwei Stunden vergingen wie im Flug. Selbst die leidenschaftlichsten Raucher verzichteten darauf, nach einer 5-Minuten-Pause zu jammern. Im Grau des Lagerlebens überstrahlte sein Charakterhaupt, seine gesamte Persönlichkeit alles und jeden.

Ich erwähnte schon gleich zu Beginn, dass in der Meerkuhle-Straße, wo wir über ein Jahr lang wohnten, Zimmer für die Familie Celms vorgesehen waren. Aber sie wurden in Göttingen aufgehalten, und da Raumnot herrschte, belegten andere, uns völlig fremde Leute diese Zimmer, während die Celms nach ihrem Umzug hierher mit einer kleinen Stube im lauten Gebäude der Grundschule vorliebnehmen mussten. Wenn man dort eintrat, fühlte man sich wie in einem Maschinenraum, wo Treibriemen zum Greifen nahe vorbeilaufen und sich Räder und Rollen drehen. Diesen Eindruck bewirkten teilweise der Lärm unten im Haus und die beiden doppelstöckigen Pritschen, die den größten Teil des Raumes ausfüllten. Auf den unteren Brettern nahmen die Gastgeber Platz, die sich dabei unter den oberen Pritschen etwas ducken mussten; dem Gast aber wurde an einem etwas freieren Fleckchen der einzige Stuhl hingestellt.

Aber dieses Zimmerchen verfügte über einen sonnigen, offenen Balkon. Und wenn der Professor oder die ganze Familie dort saß, dann bemerkten die Passanten neidisch:

„Schau, wie die Herrschaften da wohnen!"

Eine Zeitlang hielt sich in Greven auch der ehemalige lettische Minister Spricis Paegle[130] auf. Obwohl er sich sorgfältig rasierte, sah er stets etwas bärtig und ein

---

130 Spricis Paegle (1876–1962), lettischer Politiker. Ausbildung als Ingenieur, seit 1906 u. a. im Kunstverein und der Wirtschaftsvereinigung tätig, 1912–14 im Vorstand der Oper zu Riga.

wenig durchgefroren aus. Im Winter sah man ihn häufig mit einigen irgendwo aufgelesenen trockenen Zweigen die Straße heruntergehen. Er hielt sie in seinen behandschuhten Händen, wie man auch Blumen hält, – etwas erhoben. Einmal fragte ich ihn:

„Wem wollen sie die denn schenken, Herr Paegle?", und er erwiderte:

„Ich werde mich selber damit wärmen. – Mein Vater[131] sagte immer, man solle von draußen nie mit leeren Händen heimkehren. Erst jetzt beginne ich, seine Ratschläge zu beherzigen und anzuwenden."

Viel, sehr viel könnte ich dir über die rein lettischen Kulturveranstaltungen erzählen. Zum Beispiel über das Theater, das sich aus einem reinen Dilettantenhaufen zu einer anständigen Truppe entwickelte, sodass es sogar zu auswärtigen Gastspielen fahren konnte. Sie führten doch „Invalīds un Ralla"[132] auf!

Und dann das Gymnasium mit seinen sechzig bis siebzig Schülern und fast genauso vielen Lehrern, die vielleicht allesamt gescheiter waren als erforderlich, dafür jedoch streng genommen keine Pädagogen. Der Einzige, für den man bürgen konnte, war der Rektor, Herr Dreimanis. Und bis auf den Rektor wollte sich niemand so recht engagieren, es lockten allein die Zigaretten, die die Berufstätigen erhielten. Es lockten auch weitere in Aussicht gestellte Vergünstigungen, die sich allerdings nicht alle ergattern ließen. Ich erinnere mich, wie Edvins Mednis, der ganz am Anfang als Englischlehrer arbeitete, in einer Konferenz vorschlug, die Schüler per Beschluss zu verpflichten, den Lehrern zum Dank dafür, dass diese sich für sie aufopfern, das Holz klein zu hacken, das allen in drei Meter langen Stammstücken angeliefert und vor jedes Haus gekippt wurde, unter die Fenster oder auf die Straße. Ein solcher Vorschlag konnte freilich mit keiner Stimmenmehrheit rechnen, wenn denn darüber überhaupt abgestimmt worden ist. Dies hat unseren geehrten Schriftsteller arg verbittert. Wohl deshalb hat dieser Herr in einer späteren Versammlung, auf der Kurse oder eine größere Veranstaltung zur Debatte standen, mehrmals auf den empfundenen Missstand hingewiesen, dass im Lager kein Unterschied zwischen Intelligenz und gemeinem Volk gemacht werde. Ich zitiere ihn wortwörtlich:

1918–1919 Handels- und Industrieminister in der Provisorischen Regierung Lettlands, seit 1921 hauptsächlich im Lettischen Roten Kreuz aktiv. 1944 Flucht nach Deutschland, verstorben in Berchtesgaden.
131 Spricis Paegle stammte aus einfachen Verhältnissen, sein Vater betrieb Landwirtschaft in Pacht.
132 Die Tragikomödie *Invalīds un Ralla* [*Der Invalide und Ralla*] gilt als das bekannteste Bühnenwerk von Jānis Jaunsudrabiņš. Die Kritik hat es allgemein als Anklage gegen eine Gesellschaft gedeutet, in der Kriegsversehrte zum Betteln gezwungen werden, ihr Blutzoll jedoch die Profite von Kriegsgewinnlern mehrt. Das Stück entstand Anfang der 1930er Jahre, zunächst mit dem Titel *Ēnu spēle* [*Schattenspiel*]. Die Veröffentlichung in Buchform erfolgte im Februar 1934, die Uraufführung einen Monat später. Nach Ende des Zweiten Weltkriegs schrieb Jānis Jaunsudrabiņš das Stück zum zweiten Mal; in der neuen Fassung zeigte die lettische Amateurbühne des DP-Lagers Greven es am 15. Dezember 1946 im Rahmen einer Veranstaltung zum fünfzigjährigen Schriftsteller-Jubiläum des Autors. Regie führte Tochter Lilija; s. dazu auch V. Hausmanis, *op. cit.*, S. 441.

„Ist das nicht eine Schande, dass ich in einer Schlange mit irgendeinem stinkenden Čangalis[133] nach Lebensmitteln anstehen muss?"

Niemand verwies den Oberst in die Schranken, niemand redete dem Schriftsteller ins Gewissen, niemand versuchte auch nur, an seine Menschlichkeit zu appellieren. Auch ich nicht, wenngleich ich vor Empörung zitterte. Alles, was ich tat, war diese Worte in meinen Notizblock einzutragen, zu den Aussprüchen anderer berühmter Männer.

Bei meiner Schilderung bleiben ebenso die Chöre außen vor, die Johannisfeiern[134] mitten im Wald, mit Singen und Feuer. Aber auch mehrere tüchtige Ärzte und Impfungen gegen allerlei Epidemien. Ferner der deutsche Zahnarzt und die lettischen Zahnärztinnen, wo mein besonderer Dank den Damen Dārziņa und Kiršteina gilt.

Und dann meine eigenen Jubiläen, zwei innerhalb eines knappen Jahres.[135] Sie brachten mir Glückwunschschreiben, Briefe, Telegramme, Abordnungen, persönlich vorgetragene Gratulationen und [Geld-]Couverts, die ich damals weniger benötigte als später, als ich mich ganz auf Selbstversorgung umgestellt hatte. Bei mir findet sich so manches reizende volkstümliche Präsent noch heute in Papier eingewickelt und an dunkler Stelle verwahrt, wo man es doch in vollem Lichte zeigen sollte.

Es wäre auch viel über die Fische der Ems zu berichten: Über riesige, beinahe acht Pfund schwere Brachse, über die großen und zahlreichen Hechte, mit denen wir Nachbarn und Freunde beschenken konnten, über die Barbe, die ich mit dem Spinner am Schwanz herauszog. Erinnere dich selbst, wie schön es war, auf dem Altarm Eislöcher zu schlagen und zu blinkern. Du holtest mehrere Barsche heraus und einen Hecht von mehr als einem Pfund. Doch der zweite entwischte dir samt Blinker. Der war bestimmt zehnmal größer. Denn jene Fische, die sich losreißen, sind stets kapital.

---

133 Čangalis – ein ausgesprochen verächtliches Schimpfwort für einen Letten aus Latgale, der östlichen Region Lettlands.

134 Gemeint ist vor allem die Nacht vom 23. zum 24. Juni bzw. vom Līgas- zum Jāņa-Tag, in der die Sommersonnenwende gefeiert wird.

135 Am 15. Dezember 1946 beging Jānis Jaunsudrabiņš sein fünfzigjähriges Schriftstellerjubiläum, am 15. August 1947 seinen siebzigsten Geburtstag.

5.

Als ich dir letztens über das Leben in Greven erzählte, über Leute und offizielle Stellen, Angenehmes und Unangenehmes, habe ich eine ganz wichtige Sache ausgelassen, – Grēvenes ziņas [Grevener Nachrichten][136].

Dieses Blatt, das anfangs als Anhängsel einer polnischen Zeitung erschien, enthielt im Kopfteil den Hinweis, dass ich deren literarischen Teil leite. Norvilis war Redakteur und von Zeit zu Zeit haben wir dort tatsächlich das eine oder andere Stück Literatur untergebracht. Mangels lettischer Buchstaben fiel das Lesen aber nicht leicht. Es hatte stets etwas „Jüdisches" an sich, zum Beispiel: – muziga dzivosana bedas un trukuma.[137] Aber wie hier Abhilfe schaffen? Die Leute lernten selber die Weichungs-Häckchen zu ziehen und Längenstriche und Zischzeichen über die Buchstaben zu setzen, und später, als die Zeitung im Rotationsverfahren mit der richtigen Schreibweise zu erscheinen begann, waren sie kaum noch in der Lage, sie zu lesen.

„Wozu sind diese Zeichen überhaupt gut!", zankte mancher Hitzkopf los. „Sie verkomplizieren das Ganze bloß."

Uns, den Autoren, schien allerdings, dass wir mit einer derartigen Magerorthographie unsere schöne Sprache sehr bald verloren hätten.

Ja, und später, als die UNRRA und ebenso die IRO kein Papier mehr zur Verfügung stellten und keinen Setzer bezahlten, sorgte die lettische Gruppe selbst für alles Notwendige. Die Zeitung konnte jetzt nicht mehr umsonst verteilt werden, man musste sie kaufen. Natürlich ließ sich in dem kleinen Blatt keine Literatur mehr unterbringen. Früher hatten wir gelegentlich den einen oder anderen Beitrag auch von auswärts bekommen. Eine Sage oder ein Gedicht meines Freundes und Landsmannes Jānis Veselis, etwas von Širmanis[138] und Jānis Siliņš[139], mit anderen Worten: von allen mit Vornamen Jānis. Zu Norvilis' Zeiten bemühte ich mich darum, in jeder Ausgabe etwas Lesenswertes zu bringen. Später ließ ich davon ab, denn nun bestanden schon alle auf Honorar. Trotz inständiger Bitten zögerte Redakteur Maizītis noch lange, meinen Namen aus dem Kopfteil der Zeitung zu tilgen. Wie auch immer: Die Zeitung blieb auch weiterhin unser eigentliches Kind

---

136 Mit dem Untertitel Grēvenes latviešu informācijas biḷetens [Informationsblatt des lettischen Lagers in Greven] erschien das Blatt vom 10. August 1946 bis 16. Juni 1949; s. dazu I. Daukste-Silasproģe, op. cit., S. 362. Die von Jānis Jaunsudrabiņš erwähnte polnische Vorläuferzeitung (1945–1946) hieß A. Z., ibid., S. 50.

137 „Muziga dzivosana bedas un trukuma" [„Ein ständig' Leben in Kummer und Elend"], im Lettischen richtig: „Mūžīga dzīvošana bēdās un trūkumā". Mit „Jüdisch" meint Jānis Jaunsudrabiņš vermutlich die nicht punktierte hebräische Schrift.

138 Jānis Širmanis (1904–1992), lettischer Kinder- und Jugendbuchautor. Lehrer von Beruf, 1944 Flucht nach Deutschland, 1949 Auswanderung in die USA.

139 Jānis Siliņš – nicht eindeutig zu identifizieren. Vermutlich handelt es sich jedoch um den Kunsthistoriker und Philosophen dieses Namens (1896–1991). Seit 1916 Veröffentlichungen über Kunst und Philosophie, ab 1931 Lehrtätigkeit an der Kunstakademie und der Universität Lettlands (Ästhetik, systematische Philosophie und Kunstgeschichte). 1946–1951 Professor an der Universität Würzburg. 1951 Auswanderung in die USA.

und gelegentlich brachte ich dort wenigstens ein Gedicht unter. So waren in der hundertsten Ausgabe der Zeitung die folgenden Verse zu lesen:

GALGENTANZ
um die 100. Ausgabe der Lagerzeitung

Die hundert haben gezeigt, wie wir
auf freudlosen DP-Pfaden umherirren.
Lasst uns nun um die hundert tanzen
wie Israel ums Goldne Kalb.

Das Aussehen der Maid ist mir gleich,
ich frag' nicht, ob sie hurtig ist
oder mit Schritten geizt –
nur springen soll sie wie ein Schaf.

Die Nähte ihrer Lumpen trennen sich auf,
ich habe keine Sohlen unter den Füßen,
aber wo wir die Innenseite der Kleider nach außen wenden,
weinen wir der Heimat keine Träne mehr nach.

Und wo wir noch um die alten hundert tanzen,
packen wir bereits die nächsten hundert an.
– Lasst uns versuchen, ein Land zu erdichten,
wo unser Kummer ein Ende findet ...[140]

6.

Es gibt ja nicht nur Kummer auf dieser Welt, auch an Freude fällt die eine oder andere Prise ab. – Für unsere Tochter und uns erfüllte sich endlich eine Hoffnung: Unser Willi kehrte aus Frankreich zurück. Alles, was der Krieg ihm verschafft hatte, war der Dienstrang eines Gefreiten und eine Narbe am Bein, die ihn bei Wetterumschwüngen stets an jenen verfluchten Tag zurückdenken ließ, an dem er gefangen genommen wurde, dort unten im Süden, wo Mimosen blühten und Palmen grünten. – In der Gefangenschaft war es ihm nicht allzu schlimm ergangen.

---

140 Diese Übersetzung berücksichtigt nicht die vorhandenen formalen Gestaltungsprinzipien des Gedichts wie Versmaß oder Reimschema. Im Übrigen taucht dieses Gedicht, zumindest unter dem angegebenen Titel, nicht in der akribischen, insgesamt 1 542 Posten umfassenden Liste der unselbstständigen Veröffentlichungen auf, die Jānis Jaunsudrabiņš in *Mana dzīve* [*Mein Leben*] veröffentlicht hat, Västeras 1957, S. 225 ff.

Im Lager war er Vertrauensmann, weil er die Sprache konnte. Später war er als Pedell an eine Lehranstalt ausgeliehen worden, wo man ihm neben seinen direkten Aufgaben auch eine Stelle als Deutschlehrer mit einigermaßen gutem Gehalt übertragen hatte. Er kehrte zwar in seiner abgetragenen Militärmontur heim, war aber nicht allzu ausgezehrt. Auch wenn es damals noch nirgends Nahrung im Überfluss gab, so waren die Menschen vom richtigen Hunger gleichfalls weit entfernt.

Unsere Prise an Freude war diesmal so gewaltig und die Hoffnung auf eine baldige Rückkehr nach Lettland so gering, dass wir zu überlegen begannen, dem IRO-Protektorat den Rücken zu kehren. Uns zog es ja in die Unabhängigkeit. Auch hatten wir die nationale Beschränktheit satt und waren der Landsleute überdrüssig, denen man tagtäglich begegnen musste. Ich mochte nicht mehr die Schule aufsuchen. Ich wollte mal arbeiten, mal ausruhen. Kurz gesagt, – ich wurde ungeduldig. Ich brauchte vor allem Stille, Frieden, ein Einzelanwesen.

Und dann fing ich an, von einem kleinen Häuschen zu träumen, wie man sie hier in der Umgebung von Greven oft zu sehen bekam, mit einem kleinen Garten dabei, auf freiem Feld, im Wald oder am Flussufer. Sie ähnelten Eisenbahnwaggons, waren grün angestrichen, mit weißen Fenstern. Drinnen – zwei, sogar drei Zimmer. Willi hatte darüber nähere Auskunft von einer Münchner Firma erhalten, die solche Häuschen herstellte und zu scheinbar niedrigen Preisen versandte. Doch musste man im Gegenzug außer Geld auch noch Holz und einiges andere hergeben. Und als wir alles zusammenzählten, fiel der Endbetrag so hoch aus, dass wir ihn nicht aufzubringen vermochten.

Auch musste man sich zuvor einen Platz aussuchen und ein kleines Fleckchen Land erwerben. Zwar kam durch meine Bücher ziemlich viel Geld herein, mit den Jubiläums-Couverts zusammen waren es einige Zehntausend, doch dafür konnte man wenig kaufen.

Dann hatte aber ein glücklicher Zufall Willi zu jener Zeit mit Herrn Ostermann zusammengeführt, der in Bielefeld selbst ein schönes Haus besaß und in Münster einen Bruder und eine Schwester hatte und in Rheydt und Paderborn zwei weitere Schwestern. Sie alle zusammen hatten kurz vor dem letzten Krieg im Sauerland, am Ufer des Möhnesees, ein kleines Sommerhaus gebaut. Zwar wohnten dort zurzeit noch Verwandte, die aus dem Osten hierher geflohen waren, sonst stand das Häuschen aber leer und dort wäre Platz genug für uns beide.[141]

Sobald ich dies hörte, setzte sich der See in meinen Gedanken fest. Und seitdem wir darüber hinaus noch gründliche Landkarten der Gegend und schematische Lagepläne mit Brücken und blauen Bächen an die Hand bekommen hatten, spielte sich mein Leben eher in der Umgebung des Möhnesees ab als in Greven. – Es lag doch auf der Hand, dass die Alliierten die Flüchtlinge nicht ewig durchfüttern würden. Wozu noch einige Monate länger im Lager bleiben, wenn sich

---

141 Bei dem von Jānis Jaunsudrabiņš erwähnten Herrn Ostermann handelt es sich um Karl Ostermann. Zu ihm und seinen Geschwistern bzw. den Eigentümern des Sommerhäuschens am Möhnesee s. insbesondere W. Raub, *op. cit.*, S. 73 f., 78 f., 84, 96.

jetzt die Gelegenheit ergab, eine Wohnung zu bekommen. Nach den großen Verwüstungen war doch ein Dach über dem Kopf das prekärste Thema von allen.

Und so riskierte ich ein Entgelt von achthundert Mark dafür, dass man uns mit einem Auto zur Besichtigung des künftigen Wohnortes bringt.

7.

An einem kalten Wintermorgen, mir scheint, es war im Februar, trafen die Bielefelder in Greven ein und wir fuhren los, wobei wir dir versprachen, zu Mittag wieder zurück zu sein.

Die Strecke kam mir nicht allzu interessant vor. Nach wie vor das für die Umgebung von Münster charakteristische Landschaftsbild. Ebene Felder, Einzelgehöfte, eine Anhöhe, Haine, größere und kleinere Städte. Einige durchfuhren wir, andere streiften wir und noch andere lagen ein ganzes Stück abseits. Ich begann schon zu zweifeln, ob es mir in dem viel gerühmten Körbecke überhaupt gefallen würde. Aber nachdem wir das Städtchen Soest passiert hatten, erkannte ich plötzlich, dass wir uns auf einem Höhenzug befanden. Es war, als öffnete sich nach Süden hin ein Vorhang und dahinter offenbarte die weite Bühne eine wunderschöne Kulisse. Tief unten schlängelte sich ein Fluss durch ein weites, weißverschneites Tal. Über uns ein klarer Himmel, mittendrin die Sonne wie eine Blume. So weit das Auge reichte, erhob sich wellenartig eine waldige Landschaft, Berg auf Berg, die nahe gelegenen dunkelgrün, die ferneren blau, bis sie verblassten und dabei immer mehr die Tönung des Himmels annahmen. Nachdem wir aber in das Tal hinabgefahren waren und uns nach Osten wandten, erhob sich vor uns ein dunkler Wall quer über das ganze Tal. Das war der vierzig Meter hohe Staudamm, dessen rundlicher Rücken das Wasser des Möhnesees samt Vögeln und Fischen bändigte.

Die Straße stieg langsam an, bis wir den Damm erreichten. Der grandiose Anblick schien daraufhin in sich zusammenzufallen. Nun bedeckte Wald beide Ufer des Sees bis ganz ans Wasser.

Beim Damm ausgestiegen, hielten wir uns nicht lange auf, denn Wintertage eilen schnell dahin. Wegen des Schnees hatten wir nicht zügig fahren können. Die Uhr zeigte bereits halb elf.

„Hier ist nun das Dorf Körbecke", sagte Ostermann, als linkerhand zwischen Bergen ein dicker, grauer Kirchturm auftauchte. „Und dort, auf der anderen Seite des Sees, wo man zwischen den Tannen die beiden roten Dächer sieht, – das dunklere ist das Dach unseres Hauses. Wäre die Brücke nicht gesprengt worden, so würden wir hier rechts abbiegen und wären in wenigen Minuten da. Doch nun muss man zum Stockumer Damm fahren, unweit von Wamel, und das ist ein recht großer Umweg. Aber das macht nichts, auf diese Weise werdet ihr die Umgebung von allen Seiten kennenlernen. Ich hoffe, es wird euch gefallen."

„Es gefällt mir bereits!", erwiderte ich fröhlich, und Willi sagte dasselbe.

Kurz darauf bogen wir von der Landstraße ab, die sich das gesamte Nordufer des Sees entlanggeschlängelt hatte, und überquerten den See auf einem langen Damm, der in der Mitte in eine nicht allzu breite Holzbrücke überging, um auf der anderen Seite, wo die Landstraße ebenfalls dicht am Wasser verlief, bald an unser Ziel zu gelangen.

Hier gab es nun bedeutend mehr Schnee als im Flachland. Auf einem schmalen Pfad zwischen verschneiten Jungtannen stiegen wir bergan, wobei wir einer in die Fußstapfen des anderen traten. Die Entfernung von der Straße bis zum Haus war nicht groß, doch führte der Fußsteig aufwärts und zum Ende hin schnappten wir alle nach Luft. Der Fahrer blieb im Wagen.

Ostermann hatte seinen eigenen Schlüssel dabei. Leise schloss er die Tür auf und wir betraten einen großen, von winterlichem Tageslicht durchfluteten Vorraum, der mit seinen vielen Fenstern eher einer Veranda ähnelte.

„Was ist das bloß für eine Wirtschaft!", rief der Hausherr aus, als er bemerkte, dass dieser Raum, der beste von allen, in eine Holzscheune umgewandelt worden war.

Hier stand noch ein wackliger Sägebock herum, darunter Späne und Tannenrinde. Eine Ecke war voller Tannenzapfen, in der anderen machte sich ein Brennholzhaufen breit. Zerkleinert wurde wahrscheinlich in der Küche, denn dort war der Boden aus Ziegeln und stellenweise ziemlich zerbröckelt. Genau, da waren sie auch schon – einige dickere Holzscheite und ein kleines Beil.

„So kann es ja nun nicht weitergehen", knüpfte Ostermann an seine Feststellung von vorhin an.

Es hallte nur so durch den Raum, als schwere Schritte die Treppe herabpolterten. Eine Frau mittleren Alters kam herein, die ein braunes, verschlissenes Mäntelchen trug und Holzpantinen an den Füßen hatte. Ich befürchtete, dass es nun zwischen den beiden zu einem scharfen Wortwechsel kommen könnte, doch Ostermann reichte ihr freundlich die Hand, während die Frau mit weit aufgerissenen Augen die unerwarteten Besucher anstarrte, die durch die geschlossene Tür hereingekommen waren. Es brauchte geraume Zeit, bis sie sich besann:

„Du, Karl?! Kommt bitte rauf, hier kann man ja erfrieren", sagte sie, öffnete die Tür und stieg allen voran nach oben.

Wie ich bereits dem Bauplan des Hauses entnommen hatte, der mir zur Einsicht vorab zugeschickt worden war, sollten sich im Obergeschoß vier Zimmer befinden. Diese waren denn auch vorhanden, bloß alle vorläufig noch ohne Tür. Lediglich eine der Öffnungen war mit einer Bettdecke verhängt. Die Wirtin zog diese ein wenig zur Seite und ließ uns hinein.

Wie kalt es in den anderen Räumen war, so glühend heiß war es hier. In dem kleinen Herd brannte prasselnd Tannenholz. Nachdem wir einen Augenblick gestanden hatten, sagte Ostermann und nickte dabei mit dem Kopf zu mir herüber:

„Dieser Herr möchte zum Wohnen hierherkommen. Er wird das Haus mieten. Er ist auch ein Flüchtling, aus Riga. Also weißt du Bescheid. Du hast ja gesagt, du würdest bald wegziehen. Es ist, damit das Haus nicht unbewohnt bleibt. So, wie die Zeiten sind, darf man es nicht leer stehen lassen. Nichts ist vor Plünderern sicher. Hier sind noch unser Geschirr, Werkzeug, dies und das. Wann hattest du denn vor umzuziehen?"

„Ja, das hängt davon ab, wann mein Mann eine geeignete Wohnung finden wird."

„Sagen wir mal – so um Ostern herum?"

„Ich denke schon."

„Dann wäre es ja durchaus zur rechten Zeit. Es eilt nicht. Hier setzt der Frühling etwa zwei Wochen später ein als im Flachland."

Die letzten Sätze galten nur Willi und mir. Ich schaute zu allen vier Fenstern hinaus. Wald und Wasser. Fast nichts anderes sonst. Wunderbar! Und solange es darüber hinaus im Haus keine fremden Menschen gab, machte ich mir über alles andere nicht die geringsten Sorgen. Von der Vorderseite des Hauses eröffnete sich der allerschönste Ausblick. Über den grünlichen Wellen erhob sich das Dorf Körbecke mit roten Dächern und Gruppen weißer Häuser, wie auf Silberfolie geklebt. Ich drängte zur Abfahrt. Ich wollte dir so schnell wie möglich über all dies Schöne berichten.

In Greven trafen wir zwei Stunden später als verabredet ein. Du wartetest schon eine ganze Zeit mit dem Mittagessen auf uns. Darum hattest du ziemlich schlechte Laune. Als ich zu schildern begann, welche schöne Aussicht man von jenem Häuschen aus haben würde, hast du nur flüchtig zugehört. Dann hattest du einige Fragen an Herrn Ostermann:

„Wie schaut es mit Lebensmitteln aus?"

„Man kann alles vor Ort im Dorf bekommen. Im Sommer verkehrt ein Motorboot dreimal täglich über den See."

„Und im Winter?"

„Im Winter ist es etwas schwieriger. Dann muss man außen herum, wo wir heute entlanggefahren sind."

„Und das sind?"

„Allerhöchstens vier Kilometer."

Du hast die Schultern zusammengezogen, um nach einem Augenblick des Schweigens fortzufahren:

„Dass es vorläufig keine Elektrizität gibt, das haben Sie bereits heute Morgen gesagt. Sie haben auch erwähnt, dass im Hause zwar alle Klempnerarbeiten durchgeführt sind, eine Wasserleitung jedoch fehlt. Aber woher nimmt man dann das Wasser zum Trinken und fürs Kochen? Doch nicht aus dem See. Und Milch müsste auch aus dem Dorf geholt werden?"

„Ich weiß nicht, wie es jetzt ist, – früher wurde die Milch täglich aus der Molkerei angeliefert. Man musste bloß zur Landstraße runtergehen und sie abholen, wenn es läutete. Mit Wasser sieht's nicht ganz so gut aus. Das muss man sich aus dem Haus der Stielens holen, es mögen an die hundert Schritte sein oder etwas mehr. Der ganze Hang geht dort zum Wasserholen, seitdem die Engländer sich im Jugendheim festgesetzt und die Wasserleitung beschlagnahmt haben. Sie verwehren jeglichen Anschluss. Aber auch dies ist nur eine Frage der Zeit."

„Ja, ja!", kam ein tiefer Seufzer von dir. „Ich befürchte bloß, dass uns dort nicht mehr als schiere Schönheit erwartet. Aber tu, was du nicht lassen kannst. Vielleicht werde ich durchhalten. Nicht du wirst es sein, der Lebensmittel holt, und Wasser schleppen wirst du auch nicht."

Hätte ich die Angewohnheit unserer Vorväter, sich am Hinterkopf zu kratzen, hätte ich es in diesem Augenblick getan. Nun aber erkundigte ich mich bloß nach dem Mietzins – und dem Fall, dass sie es sich anders überlegen und uns womöglich rausschmeißen könnten. Wir sind ja bloß rechtlose Ausländer. Es war doch nicht auszuschließen, dass sich für einen von ihnen die Lebensumstände derart gestalteten, dass sie selber dort nicht nur im Sommer, sondern ständig wohnen müssten, und dann würden zwei Zimmer ja nicht reichen. Daraufhin sagte Ostermann: „Das wird nie passieren. Aber wenn ihr möchtet, werden wir im Vertrag festhalten, dass ihr die Wohnung für zwanzig Jahre mietet."

Das Mondscheinhaus

1.

Der Rest des Winters kam mir endlos lang und öde vor, – wie das nun einmal so ist, wenn man der Gegenwart den Rücken gekehrt hat und in Gedanken bereits woanders ist.

Kaum bedeckte das erste Grün den Boden, da schien es, der Augenblick des Umzugs sei bereits gekommen. Aber Ostern war noch fern und verabredet war ja, dass wir erst nach den Feiertagen fahren, nachdem die Verwandte der Ostermanns ausgezogen war. Weshalb sollte man sich den Leuten aufdrängen. – Allmählich entledigte ich mich aller gesellschaftlichen Verpflichtungen und regelte die Formalitäten bei der Kommandantur. Am meisten bekam ich es mit dem Offizier der Wirtschaftsabteilung zu tun. Das Lager zu verlassen war nicht weniger schwierig als aufgenommen zu werden. Es gab eine Bestimmung, wonach aus einer Wohnung nichts mitgenommen werden durfte, sogar nicht beim Überwechseln von einem Haus ins andere, ganz zu schweigen beim Verlassen des Lagers. Sogar selbst gekaufte Glühbirnen mussten zurückbleiben. Doch inzwischen war schon alles unser eigen: Geschirr, selbst gefertigte und geschenkte Möbel, der Tisch von Lintiņš, die kleine Wäschekommode von Ina, der von dir gekaufte Schrank, dem allerdings eine Seitenwand fehlte und bis heute fehlt. Ja, und deine Liege und noch dieses und jenes. Es gab genug Lauferei nach Quittungen, genug Schriftverkehr mit dem In- und Ausland, um Schenkungsbestätigungen zu erbitten.

Als wir das alles beisammen hatten und dem Abtransport der Sachen nichts mehr im Wege stand, stellte sich noch der Weg selbst in den Weg. – Du suchtest alle Spediteure auf, aber keiner wollte eine so lange Strecke fahren. Da war der Motor kurz davor auseinanderzufallen und die Reifen waren abgenutzt. Auch war Benzin nur mit Mühe zu beschaffen. Es ging um tausendfünfhundert Mark, plus Viktualien, entweder Zigaretten oder Kaffee, die wir ja nicht auf den Markt bringen durften. Freunde und Bekannte meinten:

„Was plackert ihr euch da ab! Lasst uns, wenn es so weit ist, alle zusammen nach England fahren. Es wird uns doch nicht schwerfallen, gemeinsam einen Schriftsteller zu unterhalten. Ihr werdet ein Leben ohne Sorgen haben. Was wollt ihr denn in diesem Hungerland anfangen?"

„Danke", erwiderte ich. „Schön wäre es ja. Aber als kleiner Junge habe ich ein Gedichtchen auswendig gelernt, wo sich die Wachtel mit ihren Kindern über die Weizenernte unterhält. Dort sagt die Wachtelmutter, zur Belehrung der eigenen und der Menschenkinder, dass jenen, die auf Nachbarn oder Verwandte hoffen, es an einem wahren Helfer fehlen wird. Lasst uns deshalb jeder für sich bleiben."

Das Mondscheinhaus, ca. 1949/50.

Als praktisches Beispiel führtest du noch das Erlebnis mit dem YMCA an. – Zu meinem Schriftstellerjubiläum hatte der YMCA schriftlich versprochen, wir müssten im Winter nicht frieren. Für Wärme würden sie sorgen. Wir waren natürlich sehr froh darüber und kümmerten uns selbst überhaupt nicht mehr um Holz. Und froren deswegen, wie wir noch nie im Leben gefroren hatten. Nur unsere beiden Pfarrer Bergmanis und Ulmanis, auch YMCA-Mitglieder, brachten je ein Säckchen trockenes Holz vorbei. Als du den Verantwortlichen so um Ostern einmal spaßeshalber gefragt hattest, wann denn genau mit der Wärme-Lieferung zu rechnen sei, hatte er ganz ernsthaft geantwortet: „Wer hätte das voraussehen können, dass es so ein kalter und langer Winter werden wird."

Der Winter war in jenem Jahr tatsächlich streng, das streite ich gar nicht ab; doch unterstrich dieses Erlebnis die Worte der Wachtel bestens; und deshalb bat ich die Freunde, es mir nicht übel zu nehmen, wenn ich ihr Angebot nicht annehme, das im Vergleich doch so viel mehr bedeutete als die Zusage von Wärme für einen Winter. Ich hatte Angst davor, ihnen schon in ein paar Jahren Anlass zum Klagen zu bieten, ungefähr in der Art: „Wer hätte das wohl ahnen können, dass er, zum Teufel, so lange leben wird!"

Es stimmt nicht, dass auf neun Berufe jedes Mal der Hunger als zehnter folgt. Ich hoffe zumindest, nicht eines solchen Todes zu sterben. Sollte ich meinen Unterhalt nicht anders verdienen können, werde ich Körbe flechten, Besen binden, Beeren und Pilze sammeln. Solange der Mensch arbeitet, findet er überall sein täglich' Brot.

2.

Der Tag unserer Abreise war nicht vorher festgelegt. Er ergab sich von selbst und fiel auf den 17. April 1948.

Es war acht Uhr, als ein IRO-Kraftwagen an unsere Haustür heranfuhr; ich weiß nicht, welche Macht oder Liebenswürdigkeit ihn uns geschickt hatte. Und dann blieb mir abermals nichts anderes übrig als zuzuschauen, wie unsere Habe mit Getöse die Treppe herunterwanderte und unter dem Verdeck verschwand. Ich stand draußen vor der Tür, du brachtest oben alles in Ordnung und reichtest Gepäck weiter, während Frau Norvile den Raum säuberte.

Bekannte, die zu dieser Stunde auf dem Weg zur Arbeit waren, kehrten bei uns ein, um eine glückliche Reise zu wünschen. So mancher hatte eine Blume, ein kleines Geschenk in der Hand. Es kamen Lehrer und Lehrerinnen. Beim Blick in manche Augen stiegen mir selbst die Tränen hoch. Eine Kollegin küsste mir sogar die Hand, was eigentlich ich hätte tun müssen. Doch war es so viel herzlicher; ich werde es nie vergessen.

Und als wir damit begannen, uns von den Hausgenossen und Neugierigen zu verabschieden, waren es drei Hände, die sich den unsrigen nicht entgegenstreckten. Frau Norvile stieg ein und wollte mitfahren, um dir beim Einräumen zu helfen, und Norvilis ebenso. Ķemme erklärte: „Ich möchte sehen, wo ihr bleiben werdet", und stieg gleichfalls zu.

Und so habt ihr mit den letzten Kleinigkeiten, mit Blumen, Blumentöpfen und einem zugedeckten Körbchen, in dem Mincīte[142] schlief, unter dem Verdeck Platz genommen. Da ich den Weg kannte, musste ich vorne neben dem Fahrer sitzen. Und so verließen wir Greven an einem windigen Frühlingstag mit Sonne – wie heute.

Unterwegs, du erinnerst dich, ereignete sich mit einem Rad wieder ein Malheur, das diesmal aber so erheblich war, dass wir die Dienste einer Autowerkstatt in Anspruch nehmen mussten. Das kostete uns nicht nur Geld, sondern auch zwei Stunden an Zeit. Deshalb war die Sonne schon fast untergegangen, als wir unser Ziel erreichten.

Der Fahrer mahnte uns zur Eile und so zogen wir gleich schwer beladen bergan. Du hast nur dein Kätzchen und die Blumen getragen, denn dir erschien der Pfad sogar mit leeren Händen zu steil.

Oben empfingen Frau Ostermann – dieselbe, der ich hier im Winter begegnet war – und ihre Tochter uns mehr als erstaunt. Und warum auch nicht. Wir waren doch eine große Schar fremder Menschen, die sich laut in einer fremden Sprache unterhielten und ihre Sachen heraufschleppten und in die Veranda stellten, wo nun kein Holz mehr aufbewahrt wurde. Wir packten alles dicht an dicht, bis es aussah wie eine zum Dreschen ausgebreitete Getreidelage: Kleiderbündel,

---

142 „Mincīte" ist eine der weiblichen Variationen für den typischen lettischen Katzen-Namen „Minka", vergleichbar etwa mit dem deutschen „Mieze".

Decken, Stühle, der auseinandergebaute Schrank, große und kleine Tische, Koffer, Körbe und vier große Holztruhen mit Handgriffen, für eine eventuelle Fortsetzung der Flucht. Daraufhin verschwanden die beiden Damen, die eine nach oben, die andere nach draußen. Und gerade als unsere Begleiter mit dem Herauftragen der Sachen fertig waren, tauchte flinken Schritts die Dame von draußen auf, mit drei kräftigen jungen Männern im Schlepptau.

„Nun wird man wohl versuchen, uns hinauszuwerfen", sagte ich unseren Leuten. – „Bleibt doch bitte noch kurz hier. Was würden wir zwei sonst gegen fünf ausrichten können?"

Ja. In der Tat! Einer von ihnen erhob seine Stimme:

„Ich habe mir in diesem Haus hier eine Wohnung genommen!"

„Wir auch", erwiderte ich. „Vielleicht reicht der Platz wirklich für uns alle. Wir haben sogar einen Hausschlüssel. Den schickte uns schon vor Ostern der Hauseigentümer zu."

Ich zeigte den Schlüssel vor.

„Das besagt überhaupt nichts. Zeigen Sie mal Ihre *Zuzugsgenehmigung*. Eine solche haben Sie sicherlich nicht."

Ein solches Wort hatten wir, die aus der Ferne kamen, noch nie gehört und wir wussten nicht, was es bedeutete. Ich zuckte mit den Schultern und dies gefiel unseren Kontrahenten.

„Schauen Sie mal, dem Aussehen nach ist das hier ein kleines, harmloses Stück Papier, es berechtigt jedoch, in diesem Haus ein Zimmer zu belegen. Und ohne ein solches dürfen weder Sie noch der Hauseigentümer selbst hier einziehen."

Der Sprecher hatte aus einem Taschenbuch ein zusammengefaltetes Blatt gezogen, das ich der Höflichkeit halber in die Hand nahm, aufschlug und zurückgab. – Wir durften den Wagen nicht aufhalten, der zu festgesetzter Zeit zurück sein musste. Die Norvilis wollten bleiben, um zu sehen, wie sich die Angelegenheit regeln würde. Nachdem wir die Heimfahrer hinausbegleitet hatten, sagte ich den Hausbewohnern:

„Wir kommen nicht in Feindschaft; doch werden wir nicht ohne Weiteres klein beigeben. Sollten wir tatsächlich nicht unterkommen können, hat man uns schwer getäuscht. Herr Ostermann hat uns gesagt, wir sollten bloß herfahren, er habe mit dem Bürgermeister gesprochen und alles geregelt. Aber Sie werden uns doch wohl eine Übernachtung gestatten. Morgen werde ich die Gemeindeverwaltung aufsuchen und die Sache klären."

3.

Norvilis begleitete mich, denn, ich muss gestehen, im Umgang mit Ämtern stelle ich mich seit jeher ängstlich und ungeschickt an. Doch auch zu zweit vermochten wir nichts auszurichten. Der betreffende Herr, an den wir uns in der Gemeindeverwaltung wenden mussten, hat uns rundweg abgewiesen.

So einfach lägen die Dinge nicht, dass man Hinz und Kunz gestatten könnte, nach eigenem Gutdünken irgendwo einzuziehen. Es kämen zu ihnen noch immer Leute aus den zerbombten Städten, es kämen Kriegsgefangene nach Hause zurück, es kämen Flüchtlinge aus dem Osten an ...

Gewiss, all das war klar und verständlich. Aber war es denn allen Ernstes eine Sache der Unmöglichkeit, dass zwei alte, genügsame Menschen ein Eckchen in einem Haus belegen, dessen Eigentümer mit uns so gut wie verwandt ist und uns selbst hierher eingeladen hat?

Ja, aber warum denn gerade hierher? Mit jedem zusätzlichen Einwohner handle sich Körbecke die Sorge für dessen Wohlergehen ein, für Nahrungsmittel, für alles, was ein Mensch auf dieser Erde so braucht.

Nun spielte ich meinen größten Trumpf aus. Ich erklärte, was ich von Beruf bin und dass ich nach Räumung der Ausländerlager ohnehin in Deutschland werde bleiben müssen. Aber wenn ich schon bleiben muss, dann würde ich gerne an einem so schönen Ort bleiben, wie es Körbecke ist, vor allem das Südufer[143] mit den ursprünglichen Wäldern. Zudem bin ich Angler. Ich legte nicht nur meine Trümpfe und Trümpfchen auf den Tisch, sondern deckte alle Karten auf. Und trotzdem kamen wir nicht weiter als bis zu Lebensmittelkarten für drei Tage. Das Papier mit der endlos langen Bezeichnung, das uns dazu berechtigt hätte, hier zu wohnen, wurde uns vorenthalten.

„Wie sollen wir denn nun mit einer derart betrüblichen Nachricht nach Hause gehen?", ließ Norvilis den Beamten noch als Schlusswort hören.

Doch uns blieb nichts anderes, als zu gehen, um gemeinsam zu überlegen, wie wir den Angriff fortführen konnten. Ein Rückzug würde noch größere Scherereien bedeuten, denn dann müsste man nach einer Möglichkeit suchen, entweder in demselben Lager wieder unterzukommen oder in einem anderen. Damit konnten wir uns in den Augen unserer Landsleute leicht lächerlich machen.

Wir berieten und beschlossen, Norvilis als Boten nach Bielefeld zu schicken. Seine Aufgabe – alles ausführlich zu berichten, zusammen mit Ostermann sollten sie sich dann Gedanken über das weitere Vorgehen machen. – Zögern konnte der Sache nicht dienlich sein, weshalb sich Norvilis umgehend zum Bahnhof Wamel aufmachte. Wir blieben auf unseren Bündeln sitzen, denn zum Auspacken fehlte uns der Mut. Und so saßen wir alles in allem an die zwei Wochen lang da ...

---

143 Das Ostermannsche Anwesen in Möhnesee(-Körbecke) hat bis zum heutigen Tag die Anschrift „Südufer 32".

Stöppler kam angefahren, Ostermann kam angefahren. Sie sprachen mit dem Bürgermeister, sie sprachen mit anderen maßgeblichen Herren. Sie brachten die Angelegenheit so weit voran, dass wir Lebensmittelkarten für weitere sieben Tage bekommen konnten. Ja, und das war dann auch so ziemlich alles. Außerdem setzte Herr Ostermann nun zu Hause einen richtigen Mietvertrag auf, mit einer genauen Bezeichnung der Räume, die wir belegen würden. Es wurde auch hinzugefügt, dass die Hauseigentümer zusagen, baldmöglichst Wasser und Licht zu installieren. Die Dame, die bis Ostern noch nicht ausgezogen war, wurde ermahnt, dies bis Pfingsten zu tun.

Wie die Bielefelder hergejagt waren, so jagten sie wieder davon. Auch das Ehepaar Norvilis reiste ab. Wir beide blieben zurück – wie ein eingesperrtes Taubenpaar, das nicht weiß, ob man es schlachten, verkaufen oder in die weite Welt entlassen wird.

Von allen Tagen des Exillebens priesen wir jenen am höchsten, an dem der Postbote uns den Beschluss der Gemeindeverwaltung überbrachte, uns sei die *Zuzugsgenehmigung* erteilt worden. – Plötzlich schien der Himmel leuchtender, die Menschen aufgeschlossener und freundlicher. Freudig zeigte ich Frau Ostermann das Dokument und nachdem diese davon wenig Notiz genommen hatte, zeigte ich es ihrer Tochter. Die gesamte Umgebung sollte doch wissen, dass wir nunmehr vollberechtigte Bürger Körbeckes sind. Ich schwang mich auch gleich aufs Fahrrad und strampelte zur Möhnesee-Verwaltung, um mir einen Angelschein für das ganze Jahr zu besorgen.

„Und weißt du, wie wir unsere neue Unterkunft nennen werden?", sagte ich am nächsten Morgen.

„Nun?"

„Mēnesnīca [Mondscheinhaus]! Auch wenn der Fluss im Deutschen ‚Möhne' geschrieben wird, nennen wir Letten ihn einfach ‚Mēne'. ‚Möhnesee' – das steht unserem Wort ‚mēness' [Mond] so nahe, dass ‚Mēnesnīca' der passende Name sein wird.[144] Der wird uns auch an die schreckliche Kälte erinnern, die wir in den ersten Tagen hier erfahren mussten."

---

144 In dieser Passage verkürzt Jānis Jaunsudrabiņš die Argumentation allerdings ein wenig. Festzuhalten gilt zunächst, dass das lettische Wort „mēnesnīca", für sich genommen, „Mondschein" bedeutet. Die beiden Endsilben „-nīca" tragen dann jedoch im Wort „vasarnīca" gleich „Sommerhaus" die Bedeutung „Haus", womit „mēnesnīca" sich zugleich auch als „Möhne-Haus" deuten lässt. Der Schriftsteller selbst schreibt an anderer Stelle: „Den Namen ‚Mondscheinhaus' bekam unser Häuschen erst im Laufe der Zeit. Er basiert auf einem Wortspiel, denn ‚Mēne' würden wir auf Lettisch das Wort ‚Möhne' aussprechen, so wie der Fluß heißt, der das Wasser zum Stausee seines Namens bringt. Da nun unser Häuschen am Ufer des Sees liegt und zu allem noch ein Sommerhaus ist, könnten wir es der Kürze wegen getrost ‚Mēnesnīca' nennen, was soviel bedeutet wie Mondscheinhaus. An den Mondschein erinnerte auch das schwache Petroleum- oder Kerzenlicht in den Wintermonaten der ersten Zeit, und das war wohl noch ein triftigerer Grund, das schlecht beleuchtete Haus als Mondscheinhaus zu bezeichnen", Erzählungen vom Möhnesee, Möhnesee-Körbecke 1982, S. 17.

4.

Und hier nun meine erste im Mondscheinhaus verfasste Geschichte:

Am Nordrand des Sauerlandes, zwischen den alten Städten Soest und Arnsberg, haben sich zwei kleinere Flüsse und einige Gebirgsbäche vereint, um einen großen, von Menschenhand angelegten Wasserspeicher entstehen zu lassen. Seinen Namen hat er von dem größeren der Flüsse, und so wird er Möhnesee genannt. Der See, einschließlich des etwa vierzig Meter hohen Staudammes, ist wahrlich schön und zieht wegen der Landschaft nicht grundlos Bewunderer aus Nah und Fern an. Was für Lettland Sigulda, Koknese oder Staburags[145] sind, das ist für Westfalen das Möhnetal. Den See rahmen Bergzüge ein, meistens bis zu zweihundert Meter hoch, einzelne Gipfel recken sich aber auch bis dreihundert und mehr Meter empor; unten am Ufer sieht man außer alten Dörfern und Kirchen hier und da rot bedachte Sommerhäuser, die im Sonnenlicht und Grün der Bäume an der Südseite des Sees hell leuchten, während das Nordufer in seinem Verlauf von mehr als zehn Kilometern sich mit einem Flickenteppich fruchtbarer Felder in den verschiedensten Schattierungen schmückt.

Um den See herum windet sich eine Landstraße, ohne jedoch alle Buchten nachvollziehen zu können. So entlässt der See an manchen Stellen größere oder kleinere Ausläufer auf die andere Seite der Landstraße. Steht dann das Wasser niedrig, verläuft die Straße auf der Krone eines hohen Dammes; ist der See aber wohlgefüllt, macht ein solcher Damm den Eindruck einer eigentümlichen Brücke, beiderseits mit Bäumen bestanden, die eine schattige Allee bilden. Ist das Wasser nach mehrtägigem Dauerregen ziemlich hoch gestiegen, werden die Ausläufer des Sees jenseits der Landstraße selber zu ansehnlichen Seen; still, wie sie meistens daliegen, spiegeln sie die Ufer genauso scharf umrissen wider, wie diese sich über der Wasseroberfläche erheben.

Einer dieser kleinen Seen befindet sich in der Nähe meines vorläufigen Aufenthaltsortes. Wann immer ich den Damm entlanggehe, muss ich unwillkürlich stehen bleiben und für einen Augenblick die prächtige Landschaft betrachten. – Das Ufer wird von einem Gürtel aus grünem Gras gesäumt, der den Wald von seiner Widerspiegelung im Wasser trennt. Blau umflort die höchsten Wipfel des Waldes, wo die Tannen, allmählich entschwindend, tief in den Himmel eindringen. Nicht

---

145 Es ist allerdings eine böse Ironie des Schicksals, dass von den drei Touristen-Attraktionen in Lettland, die Jānis Jaunsudrabiņš an dieser Stelle nennt, zwei inzwischen nicht mehr zugänglich sind – und dies ausgerechnet wegen eines Stausees. Koknese [Kokenhusen] war vor allem berühmt durch die von Bischof Albert 1209 errichtete Burg an der Mündung der Pērse [Perse] in die Daugava, die zwischen 1397 und 1562 als eine der drei Residenzen des Erzbischofs von Riga fungierte. Bei Staburags [Tränenfels] handelt es sich um eine malerische, etwa 18,5 Meter hohe Tuffklippe gleichfalls an der Daugava; ein kleiner, über den Felsen rinnender Born lässt sie gleichsam „weinen". Beide Objekte wurden jedoch 1965 durch den Bau der Staumauer in Pļaviņas geflutet: Staburags ganz, während die Burgruine in Koknese jetzt nur noch knapp über der Wasserfläche aufragt. Lediglich Sigulda [Segewold] im Urstromtal der Gauja ist auch heutzutage eine beliebte Sommerfrische in Mittellettland.

selten ruht eine Wolke in der Tiefe des Himmels, stehen mehrere Wolken wie weiße Blumen am Firmament ebenso wie auf der Oberfläche des Sees. An einem Ufer wachsen niedrige, dichtbelaubte Eichen. Dahinter erhebt sich unter rotem Dach ein hübsches, zweigeschossiges Gebäude. Es ist weiß mit braunem Fachwerk, braun sind auch die Fensterrahmen und -läden sowie Balkonstützen. Dieses Haus belebt die gesamte Landschaft auf so schöne Weise, dass es das Weiß der Wolken zu ergänzen scheint und alles zwischen Himmel und Erde klarer erscheinen lässt.

Mir ist seit Langem bekannt, dass die Harmonie häufig genug aus prächtigen Landschaften weicht, sobald man näher herantritt. Bäume lassen dann verdorrte Äste erkennen, es zeigen sich Maulwurfshügel im Gras, Flecken und Risse an den Hauswänden, Schlamm und Unrat auf den Wegen. Aber dessen ungeachtet überkam mich einmal der Wunsch, das schöne Haus dort am Seeufer ganz aus der Nähe zu betrachten, ja, sogar nachzuschauen, wie wohl die Menschen aussehen, denen es vergönnt ist, dort zu leben. Und so bog ich eines Sonntags in die Eichenallee ein und begab mich dorthin.

Beim Haus blieb ich stehen, um zunächst von hier aus auf den Damm dort unten hinabzublicken, auf den ganzen weiten See dahinter, auf das schöne, sonnendurchglühte Dorf Körbecke am anderen Ufer, wo die Kirchenuhr gerade die elfte Stunde schlug. Schön. Feierlich. Ergreifend.

Dann sah ich zufällig zum Balkon auf und erblickte mehrere junge Mädchen, die auf einfachen Stühlen saßen und sich leise unterhielten. Mich hatten sie nicht bemerkt oder schienen keine Notiz von mir zu nehmen. Ich lüftete den Hut und wünschte einen guten Morgen, was sie erwiderten. Daraufhin wollte ich noch etwas sagen – und bemerkte:

„Sie sind aber zu beneiden, dass Sie an einem so schönen Ort leben dürfen."

Die jungen Mädchen, fast noch Kinder, rührten sich plötzlich. Dann erhob sich eine, stützte sich mit den Ellbogen auf die Balkonbrüstung und antwortete:

„Gottes Welt ist stets und überall schön wie der Schöpfer selbst."

Hörte sich dies nicht nach Sektierertum an?

Doch das war es nicht. Es handelte sich lediglich um eine tiefere Erkenntnis, eine andere Sichtweise, nicht so äußerlich und oberflächlich wie bei uns, den Bürgern der weiten Welt, vor allem den Städtern, die wir über jeden Effekt aus seichter Freude aufschreien. Denn auf dem Rückweg sah ich an der Straßengabelung eine kleine Aufschrift, die mir vorher entgangen war:

Zur Blindenschule.

5.

Und hier meine zweite Geschichte über den See, als das Tal zur Hälfte wieder seine ursprüngliche Gestalt angenommen hatte:

Zwei Sommer lang hatte ich meine wahre Freude an dem See gehabt. Durchs eine Fenster pflegte ich zu beobachten, wie die Sonne über dem Wameler Höhenzug aufgeht, und durchs andere konnte ich verfolgen, wie sie hinter dem Delecker Buchenwald untergeht. In beiden Fällen zeichnete sie eine goldene Brücke auf der fahlen Oberfläche des Möhnesees und ich konnte mich an diesem Anblick nicht satt sehen. Die Einheimischen hatten aber vom trockenen Sommer siebenundvierzig erzählt, wie damals der Grund des Sees aus den Fluten aufgetaucht ist, freigelegt bis nach Körbecke hinunter und sogar darüber hinaus, und wie sie dann trocknen Fußes ihre Lebensmittelrationen aus dem Dorf geholt und dabei die jahrhundertealte Brücke über den Fluss benutzt hätten. Als ich das hörte, überkam mich ab und an der Wunsch, dass es auch mir einmal vergönnt sein möge, eine so außerordentliche Veränderung der Landschaft zu beobachten.

Nun ist diese Veränderung eingetreten. Seit der Mitte des Sommers ist der Pegel des Sees mit jedem Tag tiefer und tiefer gefallen. Ich kann nun auf der altehrwürdigen Brücke stehen, unter der das Wasser der Möhne wie eh und je hindurchrauscht. Bei dem Versuch, den Fluss zu erreichen, bin ich am Ufer entlanggewatet, doch reißen die lehmigen Ablagerungen einem das Schuhwerk von den Füßen. Es sind hier unten Grundmauern von Häusern aufgetaucht, kleine Brücken über Möhne-Zuflüsse, die man offensichtlich früher angelegt hatte. Unterhalb von Körbecke mache ich so etwas wie eine ehemalige Wassermühle aus. Es sind ganze Hügel aufgetaucht, felsige Anhöhen, jedoch ist die versunkene Kirche, von der man hat munkeln hören, noch nirgends zu sehen.

Das Wasser sinkt und sinkt, sodass sich der See immer rascher verkleinert. Das Ruhrtal ist auf das Nass angewiesen, weshalb die Möhnetalsperre nicht geschlossen wird. Der See lässt sich nun mit einem Menschen vergleichen, der über seine Verhältnisse lebt. Gelegentlich ist auch schon die eine oder andere Regenwolke aufgezogen, es hat sogar halbe Tage geregnet, doch hat der Rückgang des Pegels auch nicht einen Augenblick lang ausgesetzt.

Wer Fischer ist, macht jetzt bessere Fänge als sonst. Man hört, dass so mancher Fischkasten gut gefüllt sei mit Hechten, Zandern, Brassen und anderen Edelfischen. Es geht das Wort um vom massenhaften Karpfenfang mittels elektrischem Strom. Für den Angler bleibt bloß das übrig, was sich am Ende des Sees aufhält, im Flussbett, wo das Wasser zu fließen aufgehört hat. Dort watet man nun durch kisselähnlichen[146] gelben Schlamm und holt ziemlich viel aus dem Wasser. Anfangs kamen dabei auch schon mal ein Barsch oder eine Brasse unter, doch jetzt sind

---

146 Kissel ist in der deutschbaltischen Küche eine typische Nachspeise – im Prinzip ein mit Kartoffelmehl zubereitetes, zähflüssiges Kompott aus Beeren oder Rhabarber. Man kennt Kissel jedoch auch als Speise aus ungesiebtem Hafermehl mit Kleie oder säuerlichem Mehlbrei.

nur noch Plötze übrig, bei denen jede dritte von Bandwürmern befallen ist. Die erkennt man am Aussehen und wirft sie wieder zurück.

Doch sind Fischer und Sportangler nicht die Einzigen, die danach trachten, sich noch rechtzeitig etwas zu sichern. Mit ihnen konkurrieren ganze Wolken von Vögeln. Hunderte von Enten schnattern auf den Sandbänken. Möwen, die man bei vollem See vergeblich sucht, fliegen schreiend umher und stürzen sich in die Pfützen, durch die langbeinige Reiher und Krähen planschen. Aber nicht genug damit, dass diese Gelegenheit von Geschöpfen genutzt wird, die gleichsam von Natur aus zum Fischen berechtigt sind. Jeden Morgen sieht man nämlich am Ufer von See und Fluss, auf dem Streifen, der über Nacht freigelegt worden ist, neue runde Fußspuren, aufgereiht wie zu einem Halsband aus Glasperlen. Dort hat der Fuchs sein Revier akkurat inspiziert.

Beim Anblick des Möhnetals wird es einem immer schwerer ums Herz. Die Tage sind geschrumpft und dunkler geworden. Seit ihn der riesige Spiegel des Sees nicht mehr erhellt, hat sich der waldbestandene Bergabhang verfinstert. Das ganze weite Tal ist nichts als eine blasse Wüstenei. Sogar der Fluss ist schon so tief eingesunken, dass er nur noch in den Biegungen aufleuchtet, doch davon gibt es nicht viele. Wäre jetzt Sommer, würde vielleicht Grün aus dem Boden sprießen, aber nun reißt dieser nur in immer neuen Furchen auf und harrt der gewohnten Feuchtigkeit. Wenngleich alles verbliebene Leben dort am unteren Ende des Sees stumm ist, so scheint es, als würde es inbrünstig flehen, Gott möge doch endlich die Wolkenschleusen aufreißen und das ganze Tal aufs Neue mit klarem Wasser füllen.

Und dies kann innerhalb von drei Tagen geschehen, zu jedermanns Überraschung und unbeschreiblicher Freude.

*

Da sag bloß einer, es würden keine Wunder geschehen: Wo ich gerade den Schlusspunkt gesetzt habe, beginnen so richtig herbstliche Regentropfen an das Fenster zu schlagen. Da es aber Sonntag ist und dieser Beitrag für die Zeitung erst am Montag zur Post gegeben werden kann, gilt zu vermerken, dass es bereits seit dreißig Stunden ununterbrochen regnet und in unserem Tal sich das Wasser zu sammeln anfängt. Bis auf Weiteres gelber als die Fluten des Nils.

*Jānis Jaunsudrabiņš in seinem Körbecker Arbeitszimmer
am Grevener „Schubladentisch", ca. 1948/49.*

*Jānis Jaunsudrabiņš am Flechtzaun (Lettenzaun),
den er selbst um seinen Garten gebaut hatte, 1952.*

6.

Auch jemand, der noch nicht den Weg zum Mondscheinhaus gefunden hat, kann aus diesen beiden Geschichten einigermaßen erahnen, wie schön die hiesige Natur ist. Doch viele Kollegen und auch völlig fremde Landsleute sind bei uns zu Besuch gewesen. Und jeder von ihnen hat begeistert ausgerufen:

„Ihr lebt ja hier wie im Paradies!"

In der Tat, betrachtet man das Leben nur von einer Seite, scheint es auch uns selbst zuweilen so. Doch vom Paradies sind wir weit entfernt. – Adam und Eva kamen anfangs sogar ohne Feigenblätter aus. Wir dagegen brauchen Stoffe, Wolle, Leinen und Baumwolle. Wir benötigen Schuhwerk und müssen vor allen Dingen essen, essen. Selbst wenn Gott sagen würde, wir dürften, wie es in der Bibel heißt, von allen Früchten kosten, schön und gut – in unseren Wäldern finden sich aber nur Tannenzapfen und Eicheln. Weil der Boden lehmig ist, gibt es hier keine Haselbüsche, die bekanntlich auf Kies gut gedeihen. Nur alle vier oder sieben Jahre tragen die Buchen Eckern. Die haben wir nur in einem Herbst gelesen, und ich muss sagen, dass es eine verflixt schwere Arbeit war, genug für sieben Flaschen Öl zu sammeln. Doch Fett brauchten wir mehr als nötig. An Beeren haben wir in unserer Umgebung nur Himbeeren und Brombeeren. Und diese brauchen Zucker, viel Zucker. Steinpilze und Pfifferlinge sind ausgesprochen selten, dafür gibt es umso mehr Knollenblätterpilze, Stinkmorcheln und Fliegenpilze. Zudem – wenn ich mit einem selbst geflochtenen Körbchen am Arm im Opel-Wald[147] unterwegs bin, taucht der Förster auf und ruft von weitem:

„Hallo! Wo wollen Sie denn hin?"

„Nirgendwohin. Ich sammle Pilze."

„Scheren Sie sich fort! Für Hirsche und Rehe kommt die Brunft. Solches Herumgelaufe stört sie."

Mir bleibt nur, den Anstand zu wahren und umzukehren.

So sind wohl alle Paradiese beschaffen. Denn die ersten Menschen wurden doch auch vertrieben, sobald sie die verbotenen Früchte berührten.

Wir sind auch auf Wärme angewiesen. Manchmal sollen die Winter im Sauerland streng sein. Kohle bekommen wir zugeteilt. Holz ist nicht besonders teuer, aber die Anlieferung ist kaum zu bezahlen. Um Schalkanten zu besorgen, ziehe ich oft mit meinem Handwägelchen zum vier Kilometer entfernten Sägewerk Wamel und schleppe für deinen kleinen Herd leicht zu spaltendes, trockenes Brennholz nach Hause. Unser gusseiserner Ofen, der nicht größer ist als ein Fässchen zum Gurkeneinlegen, schluckt auch allerhand Reisig und Moderholz, was allerdings genauso wenig von alleine ins Haus kommt. Gemeinsam ziehen wir uns gelegentlich die ältesten Sachen an, steigen den Bergwald hoch und schleppen dabei das Wägelchen den steilen, steinigen Weg hinauf, was ich alleine nicht schaffe.

---

147 Opel-Wald – diese Ortsangabe lässt sich aus aktuellen Quellen nicht mehr nachvollziehen.

Anschließend befüllen wir es mit Tannenzapfen, denn nichts eignet sich besser als Anmachmaterial. Für gewöhnlich füllen wir noch zusätzlich zwei alte Säcke damit und packen diese quer darüber. Schließlich laden wir noch einige trockene, durch Stürme abgerissene Äste von Eichen oder anderen Laubbäumen obendrauf, zurren alles fest und rutschen den Berg hinunter, einen Stock in die Speichen der hinteren Räder gesteckt.

Zu Hause angekommen, lockt uns weder die Aussicht auf den See noch auf das Dorf dahinter oder den Wald, aus dem wir – kaum noch am Leben – hervorgekrochen sind. In all unseren Knochen, in jeder einzelnen Pore steckt der Arbeitstag. So etwas wie Sonntagsstimmung kommt nur auf, wenn der Postbote Zeitungen und Briefe von Freunden bringt. Ein Festtag ist es, wenn Geld ankommt oder ein *Care-Paket*. Bitter ist es aber für uns, wenn zusammen mit dem Päckchen eine Mitteilung der Zollverwaltung zugestellt wird, dass mehrere Mark für jene Kaffee- oder Tee-Menge zu entrichten sind, die über den erlaubten Gramm liegt.

Wie wir fast in Streit gerieten

1.

Lange vor Erscheinen dieses Buches hatte die eine oder andere Zeitung dessen Titel in die Öffentlichkeit getragen. Ohne genau zu wissen, um was es sich dabei handeln würde, ist das Werk stets als Roman bezeichnet worden. Freunde, die ihr Wissen aus den eben erwähnten Quellen geschöpft hatten, haben mich vielfach angeschrieben und sich erkundigt, wann denn nun der Roman endlich erscheinen würde. Aber der „Roman" schlummerte zu dieser Zeit als kleines Fragment vor sich hin, abgedruckt in *Latvju balss*[148], im ersten Exiljahr. Wie du weißt, handelte es sich um eine kleine, abgerundete und in der ersten Person verfasste Erzählung, die sich rundweg weigerte, an Umfang zuzulegen. Erst als ich sie einige Jahre später wieder las, kam ich auf den Gedanken, dass man in der gleichen Erzählweise das Emigranten- oder Exilantenleben fortschreiben könnte. Selbstverständlich vertrug das angelegte Fundament keine allzu schwere Last. Selbst dort, wo von Kummer und Schmerz die Rede war, musste die leichte, gleichsam im Plauderton gehaltene Erzählweise fortgeführt werden.

So skizzierte ich die Kapitel von Lettland bis zum Lager. Es wurden acht bis zehn. Doch zum Schreiben kam ich nicht. Nach dem Muster der ersten Geschichte durften die einzelnen Kapitel nicht zu kurz ausfallen; deshalb musste jedes davon in mehrere Unterabschnitte gegliedert werden, um mir selbst das Erzählen und dem Leser die Lektüre zu erleichtern.

Dass ich dir, meiner Frau, die Geschichte nicht erzähle, sondern sie gleich aufschreibe, wirst nicht nur du, sondern jedermann einsehen. Ich habe mich damit bloß an alte und neue Vorbilder gehalten, von denen es Tausende gibt. Selbst die größten Schriftsteller haben ihren Novellen und sogar Romanen glaubwürdige und unglaubwürdige Rahmen verpasst, mitunter dermaßen prächtige, dass dahinter das Gemälde selbst verschwand. Der eine gibt an, die Erzählung in der schriftlichen Hinterlassenschaft eines Ahnen entdeckt zu haben, der andere in einem ausgeblichenen Tagebuch und einem dritten hat sie jemand erzählt. Derartige Beispiele gibt es bei mir selbst zu Genüge. Diesmal habe ich mich für das simpelste Muster entschieden: Zum Erzähler mache ich mich selbst und zur einzigen Zuhörerin meine Frau, die vorgeblich in diesen schwierigen Zeiten ab und zu lachen möchte, wozu ihr von sich aus selten der Sinn steht.

Und so habe ich in meiner Erzählung, die unter dem Motto eines alten Kirchenliedes steht, hier und dort versucht, den trüben Alltag durch ein kaum merk-

---

148 Das Periodikum *Latvju balss* [*Stimme der Letten*] erschien von 1944 bis 1945 in Berlin. Das von Jānis Jaunsudrabiņš erwähnte Fragment von *Es stāstu savai sievai* wurde in den Ausgaben 6–11 abgedruckt.

liches Lächeln zu erhellen, manchmal durch ein vielsagendes Schmunzeln, gelegentlich durch ein lautes Haha, um selbst nicht vom Schmerz überwältigt zu werden, den Menschen, Tiere, die ganze Natur zu erdulden haben. Das ist derselbe Kunstgriff, den ich bereits in *Invalīds un Ralla*[149] erfolgreich angewandt habe.

2.

Plötzlich springt meine Frau auf.

„Nun werde ich dir einmal sagen, was ich von dieser Geschichte halte. Du bist durch und durch ungerecht! Da könnte man glauben, wir wüssten nichts anderes zu tun als dieses schöne Land mit Füßen zu treten, das uns so lange Zuflucht gewährt hat und weiterhin gewähren wird. Warum verweigerst du ihm dein Herz? Ist es nicht so, dass dir der Mund vor Galle übergeht, wenn du von Deutschen sprichst und sei es nur von Kindern, die dich bloß ein bisschen schief angeblickt haben? Würdest du dermaßen viele böse Eigenschaften bei einer lettischen Frau finden wie du sie bei Martha ausgemacht hast?"

Um die Waagschalen halbwegs auf gleicher Höhe zu halten, setze ich Aija[150], Auguste[151] und Ralla entgegen und frage:

„Reicht dir das noch nicht?"

„Das ist überhaupt nichts. Das ist pure Literatur."

„Aber Brimerberģis? – Es weiß doch niemand, welche Person mit ihrem richtigen und welche mit einem falschen Namen genannt worden ist, welche tatsächlich existiert hat und welche aus der Luft gegriffen ist. Ich jedoch kenne sie alle gut und weiß, dass der Name Brimerberģis echt ist. Aber wenn du damit nicht zufrieden bist, werde ich eine Lettin anführen, die all die bösen deutschen Weiber mehr als aufwiegt – auf dass du ruhig bis zum Schluss zuhörst."

„Dann tu das!"

---

149 Zu dem Stück *Invalīds un Ralla* s. Kapitel 10 („Mehr über das Lager Greven").

150 Aija ist die weibliche Hauptfigur in der gleichnamigen Trilogie aus drei langen Erzählungen (*Aija*, *Atbalss* [*Echo*] und *Ziema* [*Winter*]) von Jānis Jaunsudrabiņš, die zwischen 1910 und 1924 entstanden ist. Die tragische Liebesgeschichte gilt als Meilenstein des Naturalismus in der lettischen Literatur; die einzelnen Teile sind jeweils zunächst in Periodika veröffentlicht worden, eine erste Gesamtausgabe in Buchform ist 1927 erschienen. Die Kritik hat hervorgehoben, dass es dem Autor gelungen sei, komplexe psychologische Prozesse darzustellen, ohne darüber den sozialen Hintergrund aus den Augen zu verlieren. 1922 gibt der Verlag von Ansis Gulbis in Riga eine deutsche Übersetzung des ersten Teils heraus.

151 Bei Auguste dürfte es sich um die weibliche Hauptfigur aus dem Roman *Neskaties saulē* [*Blick nicht in die Sonne*] von Jānis Jaunsudrabiņš handeln. Das psychologisch angelegte Werk über eine schicksalhafte, unglückliche Liebesbeziehung ist 1936 erschienen, eine weitere Ausgabe wurde 1947 im westfälischen Exil veröffentlicht. Über Auguste hieß es unter anderem in *Izglītibas ministrijas mēnešraksts* [*Monatsschrift des Bildungsministeriums*]: „… eine der negativsten weiblichen Figuren unserer Literatur" (Heft 2, 1937).

„Leider wird das deine Verwandte sein, die Bäuerin vom Mašēni-Hof, die dir während der Besatzungszeit um keinen Preis auch nur einen Tropfen Milch abgeben wollte, weil sie damit ihre versteckten Schweine fütterte."

„Über die Mašēnsche müssen wir erst gar nicht reden. Aber als du selbst bei Iļķene [Hilchensfähr][152] in der Gauja geangelt hast – haben da nicht auch Kinder aus dem Sommerlager deinen Schwimmer mit Steinen bombardiert, worüber du dich hier dermaßen aufregst? – Du solltest dich auch an die Bäuerin aus Inčukalns [Hinzenberg][153] erinnern, die mit einem Backtrog, den sie in der Eile mitgenommen hatte, von Hof zu Hof fuhr, und nirgends überließ man ihr den Ofen. So schaut's aus mit den Ropaži-Leuten! – Auf allen Feldern, in allen Gärten gibt es Unkraut, nur nehmen wir es in normalen Zeiten nicht wahr, weil wir mit vielen Dingen nicht in Berührung kommen. Deshalb nicht in Berührung kommen, weil wir ihnen aus dem Weg gehen. Oft machen wir in der Fremde, unter fremden Leuten Übel nur deshalb aus, um anschließend sagen zu können: Wie schön und gut war es doch in der Heimat! – Ist es nicht so?"

„So ist es und wiederum auch nicht. Wenn du glaubst, dass ich mit meinem Volk nachsichtiger umgehe als mit den Deutschen, dann nimm mein Wort, dass dies keineswegs der Fall ist. – Habe ich nicht stets die Bäuerinnen aus dem Münsterland bewundert, von denen du während der Zeit im Lager gelegentlich Kartoffeln, Äpfel, den einen oder anderen Liter Milch oder ein paar Eier mitbrachtest? Wenn sie dir etwas von diesen Lebensmitteln überließen, dann doch zu normalen Preisen. Aber was für einen Wucher trieben die Spekulanten in unserem Lager? Denk doch bloß daran, was Galviņš mir für das Paar Schuhe abgeknöpft hat. Mit meinem eigenen Oberleder und Gummisohlen – tausend Mark! Es sollten Winterschuhe werden. Dafür Maß genommen wurde über doppelten Wollsocken. Doch die fertigen Schuhe wollten mir selbst in dünnen Baumwollstrümpfen nicht passen. Nicht einmal du konntest sie anziehen. Ich weiß gar nicht, wann er betrunken war, bei der Arbeit oder beim Maßnehmen. Vermutlich wohl ständig. Sonst hätte er mir doch nicht direkt ins Gesicht gejammert, er habe zu wenig verlangt, wo er doch sehr wohl wusste, dass die Schuhe zu klein waren. Der litauische Schuster im Lager nahm sechshundert für dieselbe Arbeit, doch ich wollte einen Landsmann unterstützen."

„Was heißt schon Landsmann, wenn es um geschäftliche Dinge geht? Hast du denn vergessen, wie Landsleute mit deiner Arbeit umgegangen sind? Sie wussten doch genau, dass dies unsere einzige Einkommensquelle war, da wir der Betreuung durch die IRO ja den Rücken gekehrt hatten. Schau doch noch einmal zurück auf *Nedēļas apskats*[154]. Dein Freund Pēteris Aigars[155] schrieb dir damals aus der Redak-

---

152 Iļķene – eine kleine Ortschaft etwa 15 km nordwestlich von Ropaži.
153 Inčukalns – eine kleine Ortschaft etwa 15 km nördlich von Ropaži.
154 *Nedēļas apskats* [*Wochenschau*] – vermutlich ist damit die zwischen September 1946 und Juni 1949 in 170 Ausgaben in Detmold erschienene und von V. Dulmanis und E. Raisters redigierte Zeitschrift dieses Namens gemeint. Siehe dazu auch I. Daukste-Silasproģe, *op. cit.*, S. 364.
155 Pēteris Aigars – Pseudonym für Herberts Tērmanis (1904–1971), lettischer Lyriker, Romancier und Journalist. Seit 1934 im Ressort Literatur der damals führenden Rigaer Tageszeitung

tion: Gib her, gib her! Und nachdem mehrere Legenden[156] abgedruckt worden waren, fast schon viertausend Zeilen, das Honorar aber noch auf sich warten ließ, hast du begonnen, leise anzuklopfen.[157] Auf deine Briefe hat keiner der halbwegs Verantwortlichen geantwortet, bloß eine stets freundliche Sekretärin. Schließlich hast du einen geringfügigen Teil des Honorars bekommen, aber selbst der ließ lange, lange auf sich warten. Schau, ich habe doch über jeden eingegangenen Groschen Buch geführt, denn ich muss ja versuchen, damit auszukommen. Ziemlich träge Zahler waren sie freilich alle, abgesehen von Dambekalns. Über den hast du mal gesagt, sollte es einst zu einer Rückkehr nach Lettland kommen und Dambekalns gewillt sein, seinen Verlag *Selga*[158] weiterzuführen, würdest du ihm mit Freude alle deine Schriften anvertrauen. Ziemlich lang hast du mit Teofils Dārziņš ringen müssen, bis er für *Nauda*[159] mit australischen Pfund bezahlte. Doch für die in *Tilts* abgedruckten Geschichten möchte Hugo Skrastiņš[160] noch heute kein Geld herausrücken. Oder vielleicht möchte er, kann es aber nicht. Alle anderen übertrifft jedoch Grīnblats mit seinen Komplizen, dem studierten Landwirt Vagulāns

---

Jaunākās ziņas [*Neueste Nachrichten*], 1944 Flucht nach Deutschland. Von 1947 bis 1949 bei der Zeitschrift *Nedēļas apskats* (s. vorige Fußnote), 1950 nach Großbritannien ausgewandert.

156 Legenden – damit dürfte Nate einen Zyklus von Beiträgen meinen, den Jānis Jaunsudrabiņš 1948 unter der Generalüberschrift „Legenden über …" in *Nedēļas apskats* veröffentlichte. Die einzelnen Artikel befassten sich mit seinem Jugendfreund, dem Dichter Fricis Hun(c)hens (Ausgabe 105–106, 1948), dem Maler und Grafiker Pēteris Kalve (1882–1913; Ausgabe 107–111, 1948), dem Maler Kārlis Kalve (1877–1903; Ausgabe 112–113, 1948) und dem Maler Aleksandrs Štrāls (1879–1947; Ausgabe 119–126). Arbeiten der Brüder Kalve sowie von A. Štrāls hatte J. Jaunsudrabiņš in seinem Haus in Ropaži hängen, s. Kapitel 1 („Abschied von der Heimat").

157 Nach den hier vorliegenden Informationen sind in *Nedēļas apskats* zwischen 1946 und 1948 insgesamt nicht weniger als 13 Beiträge von Jānis Jaunsudrabiņš veröffentlicht worden, darunter die Geschichten „Pa patumšam" [„Im Halbdunkel"] (Ausgabe 1–4, 1946) und „Maize" [„Brot"] (Ausgabe 7, 1946).

158 Paulis Dambekalns gründete nach dem Zweiten Weltkrieg in Kempten den *Selga*-Verlag, wo er auch etliche Werke von Jānis Jaunsudrabiņš veröffentlichte; I. Daukste-Silasproģe nennt in diesem Zusammenhang in der Buchfassung ihrer Dissertation die Erzählung *Liktenis* [*Schicksal*] (1946; die vom Autor selbst angegebene Datierung 1948 scheint unzutreffend, s. *Mana dzīve*, S. 271), s. *op. cit.*, S. 373; im Typoskript – Riga 1997 – führt sie hingegen auch *Stāsti par maziem pilsētniekiem* [*Geschichten über kleine Städter*] (1948) auf, S. 211. Ferner erschien 1947 in diesem Verlag eine Neuauflage des ursprünglich 1937 veröffentlichten Romans *Augšzemnieki* [*Die Oberländer*]; die Kritik hat vor allem das darin entfaltete Panorama ländlichen Lebens gelobt, sowjetische Feuilletonisten bemäkelten freilich, der Autor propagiere für gesellschaftliche Konflikte philanthropische Lösungen.

159 *Nauda* [*Geld*] – Roman von Jānis Jaunsudrabiņš, Erstveröffentlichung 1939 in Fortsetzungen in der lettischen Tageszeitung *Jaunākās ziņas*, wo zu jener Zeit „Freund Pēteris Aigars" im Literaturressort arbeitete (s. weiter oben). In Buchform erschien der Roman zuerst 1942 in Riga. Die spätere sowjetische Kritik delektierte sich vor allem an der „ziemlich scharfen, obgleich nur auf Familienebene gestalteten Verurteilung der Bourgeoisie". Eine zweite Auflage erlebte *Nauda* 1949 in Münster; es war auch eine deutsche Übersetzung geplant, die jedoch nicht zustande kam.

160 Von der „illustrierten Monatsschrift" *Tilts* [*Brücke*] erschienen noch in Deutschland 1949/50 insgesamt fünf Ausgaben. Jānis Jaunsudrabiņš veröffentlichte hier die Geschichten „Masalas" [„Masern"] und „Berģīšu gani" [„Die Berģīšu-Hütejungen" oder „Die Berģīšu-Weide"] (beide in Ausgabe 2, 1950). Nach der Auswanderung in die USA 1950 führte Redakteur Hugo Skrastiņš (geb. 1914) das Periodikum erfolgreich weiter.

und dem Buchhändler Miķelsons. Du hast doch Vagulāns die Genehmigung zur Veröffentlichung des Buches[161] erteilt, du hast gesagt: Der ist mir fast schon ein Verwandter, ein Mensch aus Augšzeme, jemand aus meiner Gegend. Doch bei Erscheinen des Buchs stand unten auf der ersten Seite ein ganz anderer Name als Verleger. Als du nun von Vagulāns das Honorar verlangt hast, hat er dir freundlich geantwortet, dass du es bekommen würdest. Daraufhin hast du Grīnblats angeschrieben, und der hat dir zweitausend Mark versprochen. Das hörte sich zunächst nach viel an. Doch als wir nachrechneten, dass das Buch in einer Auflage von fünftausend Exemplaren erschienen ist und fünf Mark kostet, ergab sich, dass dein Honoraranteil lediglich fünf Prozent ausmacht.[162] Die Mindestrate lag jedoch bei fünfzehn,[163] Dambekalns zahlte dir sogar fünfundzwanzig. Daraufhin hast du ihm geschrieben, dass du mindestens das Doppelte der gebotenen Summe haben möchtest. Und als die Antwort ganz merkwürdig ausfiel, hast du den Buchhändler angeschrieben, von dem die Antwort kam, er habe kein Geld mehr und Bücher auch nicht. Und einem Nackten kann man nicht in die Taschen greifen."

Um deine Empörung zu dämpfen und deinen Wortschwall zu stoppen, weise ich darauf hin, dass unter jenen, die sich aus dem Staub gemacht hatten, vielleicht der eine oder andere in Übersee zu Reichtum gelangen und seine Schulden begleichen würde. Als Beispiel führe ich Dickens' Micawber an, der sich auch ewig mit Schulden herumschlug und doch kein Gauner war. Er hat sie alle beglichen, nachdem er nach Australien oder Neuseeland ausgewandert war, ich weiß es nicht mehr so genau.[164] Dein Zorn will sich aber noch immer nicht legen. Du sagst:

„Dort hocken sie genauso mit alten und neuen Kumpeln beieinander wie hier und einst in der Heimat. Und niemandem ist zuwider, in ihrer Gesellschaft die Zeit zu verbringen und mit ihnen anzustoßen, wo doch jeder anständige Mensch sich eigentlich von solchen Leuten abgrenzen sollte.[165] Und wer weiß,

---

161 Jānis Jaunsudrabiņš lässt seine Frau an dieser Stelle nicht sagen, um welches seiner Bücher es sich handelt. Zieht man jedoch in Betracht, dass die Auflage des betreffenden Werkes im weiteren Verlauf des Textes auf 5 000 Exemplare beziffert wird, spricht einiges dafür, dass die 1946 in Esslingen erschiene Ausgabe der *Baltā grāmata* gemeint ist, für die der Autor 32 der ursprünglich 100 Geschichten ausgesucht hatte (die Datierung 1947 in *Mana dzīve*, S. 270, und *Kopoti raksti*, Band II, S. 359, scheint allerdings nicht zutreffend zu sein). Zu dem Buch s. Kapitel 1 („Abschied von der Heimat").

162 Hier irrt entweder Jānis Jaunsudrabiņš oder seine Frau: Bei einer Gesamtsumme von 25 000 Mark machen 2 000 Mark einen Anteil von acht Prozent aus. Allerdings war auch dies deutlich niedriger, als die kurz darauf erwähnte Mindesttaxe von 15 Prozent; s. dazu auch die nachfolgende Fußnote.

163 Auch I. Daukste-Silasproģe erwähnt, dass das Lettische Zentralkomitee als Dachorganisation der lettischen Flüchtlinge in Deutschland am 18. Februar 1946 bestimmte Mindesthonorare für Autoren und darstellende Künstler beschlossen habe. Für den Bereich Literatur gibt sie diese allerdings nicht in relativen, sondern absoluten Zahlen an: Je nach Auflage konnten Romanschriftsteller mit 0,30–0,50 Pfennig pro Zeile rechnen, Lyriker auch schon mal mit bis zu einer Mark; *op. cit.*, S. 18.

164 Jānis Jaunsudrabiņš meint Wilkins Micawber, eine der Hauptfiguren in Charles Dickens' Roman *David Copperfield* (1850). Im Übrigen wanderte die Familie Micawber nach Australien aus.

165 In der zwischen 1981 und 1985 in Riga erschienenen Jaunsudrabiņš-Werkausgabe *Kopoti raksti*, Band XII, S. 422, fehlt von dieser Stelle an der gesamte Text bis zum Ende des Absatzes. Offen-

was uns erwartet, wenn der Weg nach Hause frei wird. Vielleicht werden Typen wie diese danach trachten, anderen zuvorzukommen und die wichtigen Ämter zu besetzen. Denn Staatsämter locken schon redliche Menschen an, von unredlichen ganz zu schweigen. – Und weißt du, was dir noch an der Himmelspforte widerfahren kann? Wenn du dort einst anklopfen wirst, mag Petrus erscheinen, mit einer roten Nase, wie man sie in Kinder-Bilderbüchern zeichnet. Er wird aus der Wachtstube am Tor hervortreten, während drinnen das internationale Sauflied „Da džindžindžin stakanočki, da bulbulbul butiločki"[166] erklingt. Und hast du unterwürfig deinen Namen genannt und Einlass begehrt, ertönt aus der Stube, wie unter einem Bottich hervor, der Zuruf von Grīnblats: ‚Lass ihn bloß nicht rein, Pit – wo die Reichen feiern, hat ein Bettler nichts zu suchen!'"

Aber nun reicht es mir. Ich sage:

„Auch wenn ich die eine oder andere Person oder manches Geschehnis hier in Deutschland überzeichnet habe, jetzt gehst du zu weit. Ein Glück, dass du keine Schriftstellerin bist. Vermutlich hätten die Leute bei dir überhaupt nichts zu lachen, kein bißchen. Gestatte mir deshalb, die Geschichte im gleichen Geiste zu beenden, wie ich sie begonnen habe."

3.

Es ist ja nichts Schlimmes oder Furchtbares. Wir sind alle nur Menschen, von Engeln weit entfernt. Und wenn wir unser jetziges Leben mit dem vergleichen, das wir in Lettland hatten, dann sind es allein Erinnerungen und Einbildung, die dem Leben dort Glanz verleihen.

Vergleichen wir das Mondscheinhaus mit dem Häuschen in Ropaži, so sind sich beide ziemlich ähnlich. Ein weiter Horizont tut sich weder hier noch dort auf.

Wie oft sind wir denn in der ganzen Zeit, während wir dort gewohnt haben, nach Riga gefahren? – Ebenso selten wie jetzt nach Soest.

Im Theater sind wir seit unserer Ankunft in Deutschland nicht gewesen. Doch dafür gibt es hier im Sommer an jedem schönen Sonntag Tausende von Naturschwärmern, die um den See rasen und dabei ihre lackierten Limousinen vorführen, durch deren Fenster Frauen, Kinder und nicht selten freudige Hundeschnäuzchen blicken.

---

sichtlich wollten die Herausgeber dem sowjetlettischen Leser weder den Hinweis auf eine Rückkehr von Exilletten in die Heimat noch ein „internationales Sauflied" in russischem Gewand zumuten.

166 Da džindžindžin stakanočki, da bulbulbul butiločki – eher lautmalerisches denn korrektes Russisch, ungefähr im Sinne „Auf dass die Gläser klingen und die Flaschen gluckern".

In Ropaži hatten wir nur zwei richtig befreundete Familien: Brastiņš und Sau-kums. Hier kommen unsere Tochter und ihr Mann häufig zu Besuch vorbei, sie wohnen ja keine hundert Kilometer entfernt. Die nächsten Nachbarn sind die Großharts. Er ist ein bekannter Arzt in Duisburg. Und kommen sie zu ihrem Sommerurlaub an den Möhnesee gefahren, dann führt sie ihr erster Weg zum Mondscheinhaus.

In derselben Himmelsrichtung, im dritten Haus, wohnt das ganze Jahr über die nette Familie Gunkel. Er unterrichtet Sprachen am Gymnasium in Soest. Wir können uns über vieles unterhalten, sogar über Literatur. Sie haben Strom, Rund-funk, vieles, was uns fehlt. Dafür kommt es manchmal vor, dass wir mehr Fische haben, als wir verzehren können, und dann besuchst du sie mit einem gewichtigen Behälter, denn dort gibt es fünf Esser. Fast jeden Monat kommen wir zum Kaffee oder Abendessen zusammen, und dann vergeht die Zeit so unmerklich, dass wir uns nie vor Mitternacht auf den Heimweg machen.

Wir genießen freundliches Entgegenkommen auf jedem Amt und bei allen Menschen, auch wenn sie unseren Namen nicht aussprechen können, der ihnen in der Tat dieselbe Anstrengung abverlangt wie uns das Wort *Zuzugsgenehmigung*.

Unter den Fenstern des Mondscheinhauses blühen wie in Ropaži und einst in Pļaviņas [Stockmannshof][167] Gladiolen, Astern und auf jeden Fall Ringel- und Studentenblumen. Auf der Südseite des Hauses habe ich zwei Pfirsich- und zwei Pflaumenbäume gepflanzt. Einer der Pflaumenbäume trug in diesem Sommer schon vier Früchte. Wir haben auch eigene Tomaten, Erbsen und Sonnenblumen. Wir haben Kriksis[168], Minka[169] und fünf hanffarbene Hühner.

Lebensmittel musst du nicht mehr aus dem Dorf holen. Gleich hier unten, unter den Eichen, befindet sich Macks Laden. Erinnert das nicht an Hamsuns *Pan*[170]? Nur ist Hamsuns Mack ein reicher und mächtiger Mann in Sirilund. Unserer ist Musiker in einem Orchester, das den Engländern die Zeit vertreibt und auch zum Tanz aufspielt.

Von allem, allem haben wir genug. Nur die Heimat fehlt uns.

---

167 In Pļaviņas, einer Ortschaft an der Daugava, lebte Jānis Jaunsudrabiņš zwischen 1913 und 1935 mit seinen beiden ersten Frauen, Līze Sproģe (Mutter von Lilija) und Elza Zīverte. Siehe auch W. Raub, *op. cit.*, S. 62 ff.

168 Spätestens seit einer zwischen 1947 und 1955 erschienenen Jugendroman-Tetralogie des Exil-Schriftstellers Jānis Širmanis gilt Kriksis als typischer lettischer Hundename.

169 „Minka" ist im Lettischen in zahlreichen Variationen ein sehr beliebter Name für eine Katze; trotz der weiblichen Endung „-a" scheint das Tier in diesem Fall jedoch eher ein Kater gewesen zu sein.

170 Den 1894 erschienenen Roman Pan des norwegischen Schriftstellers Knut Hamsun kannte Jānis Jaunsudrabiņš besonders gut; er hat ihn 1906 ins Lettische übersetzt.

Andreas Raub: Exlibris für Wolfhard Raub, 2006.
Nach langen Irrfahrten hatte J.J. am Möhnesee etwas wie eine Exilheimat gefunden.

Abbildungsnachweis

Die Vorlagen der Bilder auf den Seiten 8, 15, 18, 74 und 185 wurden freundlicherweise durch Herrn Alberts Spoģis vom Jaunsudrabiņš-Museum in Münster zur Verfügung gestellt.

Die Fotos auf den Seiten 11, 185, 192, 208, 217 und dem Umschlag stammen von Jānis Vinters. Ihre Veröffentlichung erlaubte uns seine Tochter, Frau Maija Nabering.

Die restlichen Bilder wurden dem Privatarchiv von Wolfhard Raub entnommen.